U0069451

目　錄

Chapter1
下流老人的神話:理財計劃

Chapter2
上班族的政府退休金哪裡來?

Chapter3
"退休樂活"的資金基準線

Chapter4
退休前：儲蓄存股計劃 ABC

Chapter5
錢存銀行"不如"買官方金融股

Chapter6
退休後：節流花錢計劃 DEF

Chapter7
穩健型(收租)定存潛力股

推　薦　序　　　　　　　春嬌、志明

「不一樣的(退休)存股理財書，半生受用」

　　股素人找我們寫推薦序時，我們笑他是不是得了"老人痴呆症"了，不過，股素人說：「理財專家寫推薦序，全是客套話，翻一下目錄與作者序，就可以寫序了，你們不一樣，必須整本看完，再給建議」；我們是路人甲，是股素人的山友，心想有機會先睹為快也不錯，就自不量力的寫此篇"非專家"的推薦序。

　　我，春嬌(公務員，46歲)，中規中矩的上班族，夫妻兩人除了薪資收入外，沒有其他財源，只會錢存銀行、買保險，不敢買股票。認識股素人後，4年多來，依自己的經濟能力，看他買什麼，我也跟著買一些，我共買了4檔金融股及6檔優質定存股，分別存在兩名子女的帳戶內，擬作為將來的教育基金；金融股每年領股利(現金+股票)利息達5.5%以上，其他6檔定存股，是以股素人建議的**「適當買價」**買進，目前每年的現金股利約7%，其中曾經持有的松翰(5471)及大塚(3570)，今年在股價漲70%時就賣出了，賣出後才後悔沒聽股素人"不倍漲不賣"的話，僅僅隔了20多天，股素人是在"倍漲才賣"。唉！"不聽老人言，吃虧在眼前"，畢竟，上班時偶爾會滑手機，看看手中股票的行情，股價已經漲了70%了，我是正常人，能不賣嗎？

　　很高興認識股素人，看來我的退休樂活資金與子女教育費，都有著落了。此外，看了本書之後，知道將來要如何面對退休孤獨老的生活，並做個不惹人厭的母親與婆婆。

　　我，志明(退休1年勞工，66歲)，認識股素人6年多，他平時很低調，不會主動報明牌，因此，一同爬山健行時，我只會問他最近有買什麼股票？現在的價格還可以買嗎？

　　拿到「拒當下流老人的退休理財計劃」的書稿時，被書封面的「驚天大號外！85 歲安樂死」嚇一跳，立刻建議他刪除，他說：「不急，你先看完第 6 章之後再說」；下山之後，顧不得洗澡，花 1 個多小時看完第 6 章「退休後：節流花錢計劃 DEF」之後，我就沒異議了，此章除了敘述如何節流樂活外，還探討如何避免孤獨老死、成為惹人厭的下流老人等話題；既然「85 歲安樂死」不可行，書中還提「85 歲國家養」的建言。因此，我建議他在書封面加上「85 歲國家養白皮書」，希望政府的財經決策的長官有機會看到這本書，那麼，等我 85 歲時，就可以住進公立安養中心，安享晚年了。

　　我的子女已成家自立門戶，家中只剩夫妻二人，說真的，還要怪股素人太晚寫這本書，否則我可以更早進行退休理財計劃，有更多的閒錢；我不會投資理財，有閒錢時只會買郵局的 6 年期儲蓄壽險；在 60 歲時銀行存款尚不足 500 萬元，直到 5 年前才開始學股素人，只在每年 1/1 及 7/1 前後 30 天買賣股票，前後共買過 16 檔股票，其中有 4 檔股票因為倍漲賣出而換股，目前手中持有 12 檔股票，每年約有 40 多萬元的股利收入。

　　託股素人之福，至少去年兒子娶妻買房時，尚有能力贊助他三成的頭期款，並有足夠的閒錢，退休快樂活。

　　本書由進入職場的薪資行情談起，一路談低利率與通膨衝擊、儲蓄/存股理財、上班族淪為下流老人的危機，以及退休生活的應對方法等，一直到人生謝幕為止，對上班族而言，是一本風格大不同，"半生受用"(※非"終生受用")的存股理財書籍。

前　言

存股理財，飼養金雞母；
細水長流，退休快樂活。

　　本書大概是最不像"理財書籍"的理財書了，前三章只探討上班族的退休年金概況、勞保/公保等退休基金破產與否、和潛在的"下流老人"危機等問題；**第一章**是以日本「下流老人」書籍為引子，借題發揮，以日本上班族憂慮老年年金不足，普遍愈老愈不敢退休的現象，引申出台灣上班族亦面臨"在職貧窮"的問題。在世人的觀感中，日本是個富裕、低犯罪率、高福利的已開發國家，很難想像日本社會會有"下流老人"的存在，依「下流老人」作者所述，日本(2015 年)的"下流老人"約 600～700 萬人(※約占 5%)。※日文漢字的"下流"，是指下階層或下游之意，並無中文"下流"的意思。

　　普通上班族淪落至"下流老人"的可能原因是：(1)父母、子女因疾病或意外，需要長照醫療費、(2)子女為繭居族或啃老族，而依賴父母的救濟、(3)夫妻長年相敬如"兵"，導致熟齡離婚、(4)單身或家庭關係不佳，導致無可依賴的親人和(5)沒有儲蓄理財觀，"少年袂曉想，呷老毋成樣"。2018 年，日本的人均 GDP 為 40,063 美元，高收入的日本上班族，尚且有"下流老人"的危機意識，人均 GDP 僅 24,889 美元的台灣上班族，能避免"下流老人"的危機嗎？

　　由於 40 歲以下的上班族，多認為離退休的日子還很久遠，因而並不關心自己退休時要多少年金，也不知勞保年金與勞退年金的差異在哪裡，甚至誤解年金制度。因此，**第二章**談：「我國的年金制度、<u>勞保年金</u>與<u>勞退年金</u>之差異、上班族的政府版退休金哪裡來？政府版退休年金的缺口有多大？退休後每月可領多少退休金？勞保基金及公保基金的投資效益好不好？」等問題。有些勞工認為勞退基金的投資績效不佳，在 2018 年甚至虧損而扣了勞工退休帳戶的錢，實際上，到底有無扣勞工帳戶中的錢沒？此外，在不同的年資、薪資年增率及通貨膨脹率情況下，三、四十年後的退休年金相當於多少現值？亦是討論的重點。

2018 年行政院長說：「台灣勞工的月平均收入創下歷史新高，逼近 5 萬元」，您感受到了嗎？這 5 萬元是什麼薪資？**第三章**談的是：「不同年齡層及行業別之勞工的薪資行情，總平均薪資、經常性薪資及中位數薪資之差異，勞保年金的改革問題，健保、勞保和公保等各種政府基金會不會破產？投資績效如何？想退休樂活到底在退休前要存多少資金？在物價上漲率(※通膨率)及銀行零利率時代來臨的衝擊之下，退休樂活的資金需多少？」。

綜合網路上的文章資料，想要退休"樂活"的退休準備金，多為 1,000 萬、1,200 萬、1,500 萬、1,800 萬及 2,000 萬元不等。即使最低門檻的 1000 萬元，也會嚇壞目前月薪不到 4 萬元的 30 歲上班族，即使每月存 1 萬元，到 65 歲退休時存了 35 年，也頂多只有 500 萬元而已，怎麼辦？500 萬元存款夠不夠退休生活用？至此，仍未提到真正的理財計劃。

第四章才正式切入退休理財計劃的主題，分為退休前的「儲蓄存股計劃 ABC」和退休後的「節流花錢計劃 DEF」，**A 計劃是"先天不良的政府年金"**，僅供糊口維生用；**B 計劃是勞工"自提6%"**，迄今只有 8%的勞工(約 89 萬人)有辦理自提 6%，上班 35

年如果有"自提 6%"的話，退休時每月約可多領 17,000 元的勞退年金，不無小補；**C 計劃是"錢進官方金融股"**，長達三、四十年的存股計劃，首要之務是"零風險"，有超富爸(政府)撐腰的 6 檔官方金融股，殖利率雖然不是最高的股票，但是，安全性比所有的上市櫃股票還要高，且每年(現金+股票)殖利率多在 5%以上，是目前銀行定存利率(0.85%)的 6 倍，**既然"敢錢存銀行，那就沒有理由不敢買進官方金融股"**。

買官方金融股不需懂得任何的股市理財技術，只需「每年定期買，而且只買不賣」，如果每月存 5 千元(※每年存 6 萬元)，40 年後，可儲存 760 萬元的官方金融股，退休後每年就約有 36 萬元(=3 萬元/月)的股利收入。官方金融股是金雞母，每年穩定下金蛋，細水長流，是退休資金不可或缺的選項，合計「退休理財計劃 ABC」，退休時的總收入可達 8 萬元/月以上，遠超過世界銀行為退休年金所訂的「70%所得替代率」了。

第五章針對 6 檔官方金融股做詳細說明，包含基本資料及近 15 年來的股價區間、殖利率和股利分配率等，並說明官方金融股 99%不會倒的原因，買官方金融股不用挑，每年買一次，閒錢多時買(前段班)股價較高的兆豐金(2886)，閒錢少時買(後段班)股價較低的臺企銀(2834)，把閒錢分散在 6 檔官方金融股，存股三、四十年，"十年河東、十年河西"，只要不倒，後段班也可能翻身成長。

第六章是退休後的**「節流花錢計劃 DEF」**，「退休前計劃 ABC」的收入已足夠退休樂活用，然而，人算不如天算，萬一自己或家人有長照需求時，原先「C 計劃」所得的"樂活閒錢"，只好轉為長照醫療用，如果時間拉長到 10 年以上時，就可能須啟動「D

計劃：賣股維生」，不過這時候，應已累積了 600 張官方金融股，即使每個月賣 1、2 張，尚且可以賣 30 年；**「E 計劃：以房養老」** 是政府大力鼓吹的"逆向房屋抵押貸款"，**「E 計劃」** 理論上用不到，萬一，如果您無限贊助子女買房/創業，或是家有啃老族/繭居族的糾纏，就得啟動快樂不起來的 **「割股充飢：E 計劃」**；最後，如果不幸遇上"生不如死"的病痛，再多的錢也沒有用，正式成為"等吃、等睡、等死的三等老人"，只能期待已一讀通過的"安樂死"法案儘早實施了。

★退休理財計劃一覽表★

	計劃別	執行概要	用途	適用時機
退休前	A計劃	勞保老年年金+勞退雇提 6%	糊口維生	儲蓄理財養金雞母
	B計劃	勞退自提 6%	佳餚補身	
	C計劃	錢進官方金融股	樂活閒錢	
中場(休息)時間：退休樂活 Show Time				
退休後	D計劃	賣股維生	背水一戰	長照需求
	E計劃	以房養老	割股充飢	啃老族纏身
	F計劃	慷慨就義"安樂死"	退場謝幕	生不如死

最後的**第七章**，是 25 檔選自台灣 50(0050)，適合退休存股用的安穩型股票，供不想把錢全押在官方金融股的上班族用，提供四張表，並以「買前檢查表」判斷**適當買價**，並提出**「近5年最低價」** 及 **「股價淨值比」** 選股法的適用時機。

單純以現金殖利率來看，官方金融股並非"定存收租股"的最佳選項，但是，官方金融股有"超富爸"撐腰，安全性高達99%(※1%的安全疑慮，大概就是戰亂、災荒或是彗星撞台灣吧)；所以，**官方金融股**就成為(保守)退休理財者的首選了。

投資必有風險，本書的做法與建議僅供參考，讀者需自負投資盈虧之責。

我們的連絡方式：tempace@yahoo.com.tw(股素人)

卡小孜自序

上班族的危機：隱性下流老人！

40 歲以下的上班族，大概多未曾想過退休後的問題，因為離 65 歲退休還有一段很長的路要走，眨眼間，我也即將 40 歲了，雖然我從 34 歲開始"存股理財"，但當時，並非為了籌措退休資金而理財，單純的只為了賺點外快，增加收入而已。幸運的是，我沒有像家父股素人一樣，有"巨額虧損繳學費"的故事可談，我只如前三本拙作所說的，遵守紀律與原則，每年只在 1 月及 7 月買優質定存股。

我個性"超保守"，也沒有賺大錢的慾望，因此這 5 年多來，只買優質定存股，也只有股價倍漲及(買房)缺錢急用時，才會賣股票應急，平時也不看手中持股的股價漲跌，即使在 2020 年 2 月至 4 月間，股市/股價因新冠肺炎而上下激烈震盪(±30%以上)時，手中持有的股票總值跌了近 30%，也未曾買/賣任何股票。

"存款不足"是普遍 50 歲以上之上班族的隱憂，上班族要存多少錢才夠？在網路上可看到一些推文，每月存款，有人 5,000 元，有人 10,000 元，有人 20,000 元不等，比較中肯的說法是"薪水有高有低，不能看金額，應以月薪比例來衡量"，大多數上班族每月存錢的比例約在 15%～50% 之間(※有人住家，有人租屋，有人有學貸、房貸…)。

存錢儲蓄要有決心，按順位；每月領到薪水時，依①貸款/欠款，②房租，③存錢≧20%，④三餐費，⑤交通費、⑥必要生活費(生活必需品、消耗品…)及⑦非必要生活費(社交+娛樂+服裝+…)區分,前三項是不可動的固定支出,不可挪用,第③項可利用銀行的自動轉帳功能,轉到股票存摺中,以免誤用花掉;後四項是"可變動"支出,要"儘量減、儘量摳",每個月月底,剩下的再轉為存錢。

同時,宜養成記帳習慣,根據我自己的親身經歷,不須支付貸款及房租,每個月可節省 60%以上的薪水。婚前是養成記帳儲蓄習慣的重要關鍵,單身上班族如果每月可存 20%薪水,結婚後夫妻 2 人可省 45%總薪資並非難事。我 2005～2007 年在日本攻讀碩士時,住學校宿舍,有共用廚房,可自行購買食材料理三餐,領有獎學金,週末打工 2 個晚上,省吃儉用,2 年就存下半桶金。

本書是源自家父的構想,專談退休理財計劃,兼談上班族退休前/後的狀況,**退休前狀況我來說,退休後狀況由古稀之年的股素人自己談較適當**;因為日本的現況就是台灣未來的寫照,所以我花了半年時間在日本(官方)網站,收集許多可引用的數據資料,為了強調真實性,本書中有些資料直接採用日本的原文圖表,只稍作翻譯(※大部分漢字與中文意思相同)。

在日本讀書時,只覺得日本是富裕的高福利國家,而日本人多是"有禮貌、守規矩,且不想造成旁人困擾"的民族,並未特別關注日本社會的情況,因此,本書所引用的日本資料,也是我首次接觸到的資訊,才知道日本亦有需仰賴政府救濟的中低收入戶和流浪街頭的遊民,甚至可能比台灣還嚴重,很難相信日本社會有約5.2%人口的"下流老人"存在(※日本總人口約1.26億人)。

在 2000 年金融海嘯之前,日本上班族的平均年薪高達 461萬日幣,此後一路下滑,跌至 2009 年的谷底 406 萬日幣,再緩緩回升，迄 2018 年時，仍未回升至 2000 年的 461 萬日幣的水準(※圖 1-6a、6b)。此外，日本上班族 2016 年每月的退休年金，比 1999 年的最高峰仍少了 2.4 萬日幣(約少 16%)，使日本上班族不再樂觀，現在日本的普通家庭，多已沒有純家庭主婦了，妻子多會每週打工 20 小時以上，以累積退休後的晚年生活費。

　　2018 年日本金融廳的長官說：「退休後，除了退休年金外，夫妻二人至少要有 2,000 萬日幣(≒600 萬台幣)存款，供晚年之用」，而日本上班族普遍的存款目標是 2,500 萬日幣(≒750 萬元台幣)，那麼，台灣上班族的退休資金 900 萬元應該夠了吧？但是，這 900 萬元不應是放在銀行定存的儲蓄，而是在退休之前，儲蓄兼投資，用來每年買殖利率 5%的官方金融股(※金雞母)，如果月存 6,000 元，存 40 年，儲蓄本金僅 288 萬元，依 5%複利滾雪球效應，40 年後將使本利和達 913.2 萬元以上(※圖 4-5a)。現在的日本，是未來台灣的寫照，因此，退休理財計劃的「**Plan C：飼養金雞母**」應儘早啟動。何時才啟動？當然，**愈早啟動，每月儲蓄的金額愈低，而"滾雪球"的獲利效應也愈大。**

　　退休理財講的是細水長流的安穩(股利)收入，不求急漲暴利，不砍金雞母(※賣股票)、不需理財技術就能穩定獲得 5%以上的收入；老實說，不怕您見笑，我只懂得三本前拙作所寫「定存收租股準則」而已，完全不懂股市理財專家所談的各種線圖/指標分析等專業技術，因此，有媒體要求採訪時，我怕自己現出"無知"的原形，獻醜不如藏拙，只好婉拒媒體的邀約採訪。

　　本書專談退休理財，建議只買由政府撐腰"穩健不會倒"的官方金融股，所以更簡單，連「**定存收租股 SOP**」都不用懂，每年只要定期(※年終獎金發放時(1 月～2 月)，或是股利發放時(8 月

～9 月))，不定額買 1 次(或 2 次)官方金融股即可，不必理會股價的漲跌起伏，"憨憨買、不賣出"，只是，大多數人均做不到，我問了一些朋友，得到的回答是：「哪有可能！」。

　　確實不太可能，股素人和我也做不到"只買官方金融股"，主要原因是我們 5 年多前，開始嘗試「定存收租股 SOP」時，只買現金殖利率≧6.67%的優質定存股，尚未把現金殖利率不到 5%的官方金融股"看在眼裡"，直到 2018 年底稍作調整，我才買進 2 檔每年配發現金和股票股利的官方金融股，每半年再加碼一次，因為官方金融股的每年股價波動小，少有股價倍漲的機會，所以迄今只買不賣。唯一可能"只買官方金融股"當退休資金用金雞母的人，是從未買過股票，且看了本書才決定進行退休理財計劃的"超保守型"存股理財者。

　　俗話說：「師父引進門，修行在個人」；一個班級中，同一位老師以相同的教材教學，但是班上永遠有第一名和最後一名之分，因此，**「退休理財計劃 ABC」**並非人人做得到，不僅需要"決心與紀律"，還需要犧牲一些眼前的"口腹之慾"；有人寧可享受早、午各喝一杯咖啡/拿鐵/冷飲等，也不願每月存小錢，換取三、四十年後的樂活願景，因此，**退休之後，有人辛苦有人福，想要退休樂活，錢進官方金融股要趁早。**

　　★正常人必會受到股市行情的影響而買賣股票，存股理財者宜"每年只買賣股票 2 次"；飼養金雞母，細水長流！

股素人自序

我是下流老人，如果我活到 100 歲！

　　家母自 82 歲中風迄今已逾 10 個年頭，剛開始時因為措手不及，只能將家母送往離(雲林)老家 20 分鐘車程的長照機構，住了半年，每天帶自備的餐飲，早中晚各去探視一次，直到在老家附近買了一棟透天厝後，才接回家照顧。家母原本是慈濟回收場的志工，接回家住後，家母仍然保持樂觀，每週一、三、五早上前往醫院做復健，二、四、六早上到回收場做志工，在看護的協助下，仍然可以做紙張整理、瓶罐分類等簡單的工作，做了 3 年多。最近 2 年雖然每週仍會去醫院做復健(※復健已無效果，只是希望家母有機會與人互動)，但是因為身體不再硬朗，偶爾還得掛急診、住院醫療，家母雖然頭腦清楚，但目前已不再開口與家人說話，只用點頭、搖頭表示。**※哀莫大於心死，痛在母身、疼在我心。**

　　家父高齡 95 歲，勉強尚能拿拐杖走路，吃飯仍可自理，已有輕度失憶現象，約 5 年前開始，已沒有朋友來探視，因為耳背的關係，也沒有親友會打電話來問候，偶爾跟他說週日會有晚輩要來探視他，會害他連續好幾個晚上興奮得睡不著覺。雖然有看護及家人的全天候陪伴，但是他仍然會"吵著"要外出購物，或到郵局、農會去刷存款簿，查看(家母)國民年金及(家父)老農年金的入帳情形再轉戶頭，銀行理財專員偶爾會跟他說：「現在美元或人民幣的利息比較高，要不要改存？」，家父並不聽陪去家人的勸阻，堅持要依理財專員的建議，改存美元或人民幣，屢勸不聽，後來家人認為反正是家父自己的存款，也並非被詐騙，就讓他外出有機會與人交流吧！在家父的堅持下，目前每週至少要陪他外出 3、4 次，不出去則會發脾氣。**※與超銀髮父母同住的子女，要有心理準備，莫要應驗"久病床前無孝子"的流言。**

弟妹和我輪流照顧父母已 10 年，眼看父母需仰賴他人照顧的情形，不禁想到，如果我中風又活到 100 歲，這已不單是錢的問題而已，我會活得快樂嗎？子女能面對中風、失智的父母嗎？沒有為父母把屎把尿經驗的子女，切莫談"長照經"，而把照顧父母的責任全推給與父母同住的兄弟姐妹。"金錢並非萬能，沒錢卻萬事不能"，"老人有閒錢，才有發言權"；所以，自己要先存足長照預備金，才能請看護，政府的「長照 2.0」政策不切實際，本書的「C 計劃+D 計劃」，就是自己的「長照 3.0 計劃」。

※"24 孝"及"養兒防老"已經是上個世紀的童話故事，不知現代是否仍有「父母呵護我一生，我要陪他走餘生」的觀念？

去年因為陸續看了「下流老人」、「續‧下流老人」及「七十歲死亡法案，通過」三本日本的暢銷書，才知道"高收入、高福利"的日本，居然有"下流老人"的危機，而在日本被視為禁忌話題的"安樂死"問題，也浮出檯面，看日本社會如何面對"下流老人"與"安樂死"的問題，警覺到自己如果不幸長命百歲的話，是否也會成為拖垮子女的"下流老人"？乃有感而發，決定以"拒當下流老人"為題材，撰寫此本退休理財計劃的書籍。**※"家有一高齡，財產全歸零"！**

在擬訂中長期計劃時，我至少會準備「Plan B」，例如，在 35 歲生日前一天，毅然前往美國攻讀機械碩士時(※當時國內尚無"在職碩士班"可讀)，因為已離開學校 12 年，深怕自己畢不了業，故出國前我花了半年時間，去學做豆花、粉圓、米糕、鹹鴨蛋及牛肉餡餅等，並拿張餐飲補習班的(英譯公證)結業證書，以防萬一讀不下去時，可執行「Plan B：到 China Town 去打工或開台灣小吃/冷飲攤」；所幸，順利畢業拿到碩士學位，回國開啟第二階段的人生旅程。

每一計劃多難以完美無缺，因此，本書依序列出 6 項計劃，寧可備而不用，也不願淪為下流老人，大多數情況下，「**計劃 A、B、C**」就足以"退休快樂活"；我雇用 2 位看護照顧 90 多歲的父母，仍然用不到「**賣股維生：D 計劃**」，不過，因人而異，也許有人會因長照需求、啃老族纏身，或是政府大砍退休年金時(※第 3-1 節)，而需要啟動「**D、E 計劃**」，至於「**F 計劃：安樂死**」，是應由政府出面收尾，順便解決政府財務危機的**終極計劃**。

第六章是本書的重頭戲，除了談「退休後節流花錢計劃 DEF」外，我將退休老人分為(1)65～74 歲的**輕銀髮**、(2)75～84 歲的**中銀髮**、(3)85～89 歲的**重銀髮**及(4)90 歲以上的**超銀髮**四階段，如果存有足夠的退休生活資金，退休樂活也僅止於**輕銀髮**及**中銀髮**階段，一旦踏上 85 歲以上的**重/超銀髮**階段，要有面對"孤獨老"的心理準備，要承認自己是弱勢族群之"既無奈又殘酷"的現實，即使仍然有閒錢又健康地活著，也可能要面臨"孤獨老"的困境，我以自己和朋友的境遇，探討包括「如何避免"孤獨死、無人知"」、「預防"假善心、真詐財"」、「要裝瞎、做啞、裝白癡，才不會成為"討人厭"的老人」等問題，並探討已於 2019 年 11 月在立法院通過一讀的「安樂死法案」。

我每次推家母進入醫院時，看到的多是"老老照"的"老人照顧老人"(※夫妻)，或是"老人照顧更老的老人"(※老子女照顧父母)的景象，看起來頗為溫馨，但是看到推輪椅者一臉惶恐，又於心不忍；飽受病痛折磨的病人，有選擇安樂死的權利嗎？資深媒體人傅達仁先生兩度由家人陪同、遠赴瑞士接受安樂死的巨額費用，並非一般民眾所能負擔得起；病人安樂死，家屬真的能夠解脫嗎？還是要承受罪惡感的折磨？要怎樣面對生命的終點？又將如何與最愛的家人告別？一連串的問號，實在難有正確的答案。

「諫有五、諷為上」，本章節以誇張的方式，闡述"重/超銀髮族"將來要面對的，究竟是「85歲安樂死」？還是「85歲國家養」？「高齡安樂死」可以立即解決國家的財務危機，日本小說**「70歲死亡法案、可決」**(※中譯本：「七十歲死亡法案，通過」)的封面書腰聳動寫道：**「為了國家，請您去死吧。」**；台灣85歲以上的老人共有39.5萬人(※圖6-5)，如果「85歲國家養」，經費哪裡來？在此野人獻曝，漲(加值)營業稅？還是課徵地下經濟行業及類醫美業的(加值)營業稅？這只能看英明政府的決策了。
※孔子的禮運大同篇：「…；使老有所終，壯有所用，幼有所長，…」看似遙不可及的理想，卻又像是只差最後的一哩路！

「今天的日本，明日的台灣」，日本的「少子高齡化」問題比台灣還嚴重，在2018年時，日本65歲以上老人占28.4%(※全球第一)，已成為超高齡社會國家，日本安倍首相在2019年的年初記者會上，稱「少子高齡化」為"國難"，台灣的「少子高齡化」也有日趨嚴重的趨勢，在2020年第1季時，台灣的"出生率"已低於"死亡率"，人口已正式進入負成長時代，2020年8月18日，國發會推估台灣將在2025年進入超高齡社會(※65歲以上老人占20%)。

　　近幾年來，日本的老人犯罪率，有直線上升的趨勢，犯的多是在商店/超商行竊的小罪，而且以反覆偷竊的累犯居多，為的是「監獄生活比外面更美好、三餐免費、有同伴聊天、生病時不必上醫院排隊即可看診」。

　　根據日本厚生勞動省的調查數據(※圖 1-4)，日本 65 歲以上老人覺得退休生活狀況①很辛苦和②有點苦的比例高達 54.2%，2019 年 6 月，**日本金融廳的一份報告指出：「每對夫妻除了退休年金外，至少要額外準備 2,000 萬日幣(≒600 萬元台幣)的存款，以支付晚年生活費用」**，日本老年夫妻每個月生活費的缺口約 7 萬日幣，若 65 歲退休後再活 25 年到 90 歲，則需要有 2,100 萬日幣的存款，然而日本老年夫妻之存款高於 2,000 萬日幣者，僅占 40.8%(※圖 1-3)。

　　借鏡日本，防範未然，因此本書引用許多日本資料，來和台灣現況做比較，盼能觸發讀者的危機意識，儘早啟動退休理財計劃，退休後才能成為"家有一老，如有一寶"的上流老人。

Chapter 1

下流老人的神話：理財計劃

1-1. 下流老人的悲歌

　　「下流老人」是 2015 年日本出版的暢銷書，於 2016 年由如果出版社譯成中文。下流老人是日文漢字，並無鄙視老人的含意，而是指"過著中下階層生活的老人"，作者藤田孝典是日本聖學大學人類福利系客座副教授，也是日本厚生勞動省(※相當於台灣的勞動部)之社會保障審議會委員，他以第一線之社會工作者身分的親身經歷，描述日本老年化社會(※日本 70 歲以上老年人口已突破 20%(≒2600 萬人))的現況及隱憂。2015 年概估日本下流老人的人口，約為 600～700 萬人(※約占總人口 1.26 億人的 5%)，提醒青壯年的我們，離"下流老人"已不遠了。此書不僅引起讀者的共鳴(出版半年銷售達 20 萬本以上)，也對 50 歲左右的中年上班族造成極大的震撼，人人自危，因而開始思考「如何做才能不變成"下流老人"？」。「下流老人」出名後，許多的日本保險公司，順勢推出老人的長照險、醫療險及年金險等。

　　作者對下流老人的定義為：「過著及"有可能"過著相當於生活保護基準(類似台灣的**中低收入戶標準**)生活的高齡者」，亦即是「無法過著國家訂定的低限度之健康又有文化生活的高齡者」，具體來說，**下流老人的三項指標：(1)超低收入、(2)存款不足和(3)無人可依賴**。由普通上班族"淪落至"下流老人的可能原因：

　　(1) 父母、子女因疾病或意外，需要高額醫療費。

　　(2) 子女為繭居族或啃老族，而依賴父母的救濟。

　　(3) 夫妻長年相敬如"兵"，導致熟齡(≧55 歲)離婚。

　　(4) 單身或家庭關係不佳，導致無可依賴的親人。

　　(5) 沒有儲蓄理財觀，"少年袂曉想，呷老毋成樣"。

綜觀上述的下流老人定義和原因，成為下流老人最大的癥結是「當上班族時，沒有儲蓄/理財觀，退休後沒有足夠的存款」，光靠政府政策的老年年金/退休金，僅能勉強維持基本糊口的生活而已；"金錢雖非萬能，但是，沒錢卻萬事不能"，如果有足夠的存款，就不構成下流老人的三大指標，有錢，可請看護、陪護。記得看過兩則新聞報導，大意是有某無人依靠但有千萬存款的高齡老人，跟安養機構簽約，條件是：「讓他/她住到死亡，身亡後，遺產全歸安養機構」；約在 1990 年時，就有類似的案例，當時某私立專科學校的創辦人，將學校無條件捐給政府而改制為國立專科學校，但是附帶條款是保留校長宿舍，讓捐校者夫妻住到死亡為止，退休後住宿舍，仍可在校園散步、種植花草，與學校師生保持互動，不會成為社會性孤立的老人。

根據日本高齡服刑者的背景分析，約 20%與家人完全沒有聯絡，反映在高齡罪犯身上，除了貧窮無助的悲哀外，是孤獨無奈，高齡者的犯罪動機不完全是經濟因素。2016 年日本獄政總預算為 2,300 億日圓，面對監獄的福祉化，監獄對貧困孤獨的老人而言，可確保他們餐宿無虞，又可認識同病相憐的牢友，相互慰藉聊天，雖然失去自由，但不至於三餐不濟，流落街頭而悲慘的孤獨老死，有些高齡受刑者，自己有房宅，但是沒有伴，自宅只不過是沒有圍牆的監獄，他們認為關在監獄比住在自己的家還好，不用花錢，有牢友聊天，監獄還會定期給老年受刑者安排體檢…，監獄不就是"老有所終"的最佳場所？

日本高齡犯罪有增加的趨勢，這並不是意味著日本充斥著老人罪犯，以老年人口的比例來說，高齡罪犯仍占極少數，日本仍是世界上數一數二的最安全國家之一，只不過是因為不尋常的高齡犯罪率，才格外引起關切。日本的官方資料顯示，在 2016 年約有 22 萬多人被起訴，其中高齡者占 21%，主要的犯罪行為是竊盜罪，約占 70%，而 60 歲以上的受刑人約占總服刑人數的 20%，2017 年入獄的高齡者約 2,400 人，是 20 年前的 4.2 倍，值得注意的是，女性罪犯近 10 年增加了 9.1 倍，但大多數是在商店/超商犯下低單價的犯罪行為，而老人罪犯的再犯率高達 7 成。※竊盜罪是日本刑法犯罪的最大宗，在超商偷個 200 日幣的麵包，可能被判刑 2 年。

根據日本的資料顯示，日本老人的犯罪率直線上升，1997 年，65 歲以上之老人犯罪率僅約占 5%，但是在 2017 年時，65 歲以上老人的犯罪率已達 20%以上，而且日本老人犯罪的行為，多為偷竊食品和廉價品，日本老人在商店/超商行竊的比例，占商店/超商總竊案約 30%，且有上升的趨勢。日本老人犯罪行為的另一特色是反覆犯罪的累犯，多次進/出監獄。記得某次看電視台新聞，報導某老人在超商持刀恐嚇店員，要求店員趕快報警"搶劫"，等警察到現場將他逮捕時，老人家如釋重負(※深怕有人見義勇為，打他)的放下小刀，露出笑容乖乖的被銬上手銬，順從警察離去。

某位 70 多歲的累犯，對記者說，他因為貧窮無法過活，在 62 歲首次故意偷竊腳踏車，再騎到警察局自首而進監獄，因而發現「監獄生活比外面生活更美好，三餐免費，有同伴聊天，生病時不必上醫院排隊即可看診。」，從此就成為監獄的常客了。

社會福利愈好的國家，上班期間繳的稅金、福利金愈多，退休後的收入來源，對政府退休(年)金之依賴也愈高；依日本厚生勞動省「2018 年國民生活基礎調查概況」，如圖 1-1 所示，退休老人的家庭中，退休後之收入完全依賴政府退休(年)金的家庭比例占 51.1%，收入 80～99%依賴退休(年)金的家庭比例占 11.2%，足見日本上班族退休後，對退休(年)金的依賴性。除了依賴退休(年)金外，占第 2 位之退休老人的收入來源為存款(※領存款當生活費)，如圖 1-2 所示，收入第 3 位的是退休再就業的薪資，而來自子女奉養的比例竟然是最後一項，只占 2.4%，這與台灣家庭之子女奉養占第 2 位(24.3%)的情況相較(※圖 1-11)，台灣人的子女顯然"孝順"多了。

圖 1-1 退休老人生活費中，退休金所占比例

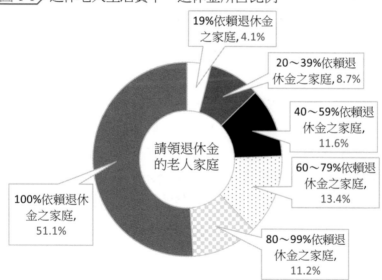

出處：日本厚生勞動省「2018 年國民生活基礎調查概況」(※本書製圖)

圖 1-2 退休老人的生活費來源

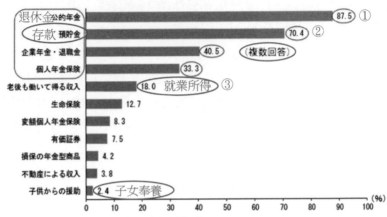

資料來源：公益財団法人生命保険文化センター
「生活保障に関する調査（2016年）」

日本老人的存款足夠嗎？圖 1-3 是日本總務省統計局的「2016 年家計調查報告(貯蓄・負債編)」資料，老夫妻存款的中央值(※台灣稱中位數)為 1,567 萬日幣，存款低於 1,000 萬的老夫妻占 37.6%，存款低於 500 萬日幣的老夫妻占 25.9%。根據內閣府「2018 年高齡社會白書」，≧65 歲老夫妻家庭戶的平均年所得(※含年金收入)中央值為 244 萬日幣/年(20.3 萬日幣/月)。

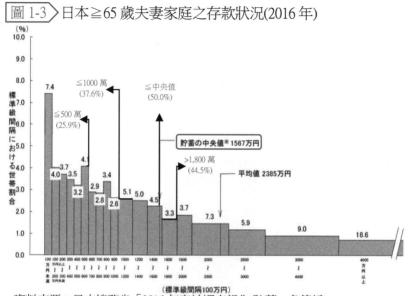

圖 1-3 日本≧65 歲夫妻家庭之存款狀況(2016 年)

資料來源：日本總務省「2016 年家計調查報告(貯蓄‧負債編)

　　再看總務省「2018 年家計調查年報(家計收支編)」，高齡夫妻的**"普通級"**平均生活費為 26.5 萬日幣/月；生命保險文化中心「2019 年生活保障調查」，顯示退休夫妻的<u>最低</u>生活費 22.1 萬日幣/月(※**"勉強級"**)，而**"不錯級"**的寬裕生活費為 36.1 萬日幣/月(※表 1-5)。高齡夫妻的所得中央值為 20.3 萬日幣/月，想過個**"普通級"**生活的生活費缺口為 6.2 萬日幣/月(=26.5-20.3)，若 65 歲退休後再活 20 年，如果沒有其他收入的話，就得有存款 1,560 萬日幣(=6.5×12×20)，因為高齡夫妻存的存款中央值為 1,567 萬日幣(※圖 1-3)，依此推論，高達五成的高齡夫妻，均是"隱性的"下流老人，萬一很不幸再多活 5 年，加上中風醫療及照護費用，沒有 3,000 萬日幣的存款，只能仰賴政府的救濟了。

★日本老人的生活過的好嗎？圖 1-4 是日本厚生勞動省「2017 年國民生活基礎調查報告」，顯示高達 54.2%的高齡者，過著"辛苦的"生活，其中有 22.0%的高齡者覺得生活"很辛苦"，覺得生活"很快樂"(快樂活)的高齡者只有 3.6%。

圖 1-4 日本 65 歲以上夫妻家庭戶之生活意識

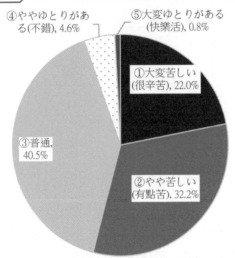

出處：日本厚生勞動省「2017 年國民生活基礎調查」(※本書製圖)

那麼，台灣老人的生活過得如何？依衛福部 2017 年「老人狀況調查」，(健康)65 歲以上老人的平均(食衣住行)生活費僅需 12,743 元/月，圖 1-5 是 2019/01/14 行政院主計總處國情統計通報(第 009 號)的資料，出乎意料之外的是，「台灣老人與日本老人大不同」，高達 62.6%的台灣老人覺得生活"不錯或普通"，而"快樂活"的台灣老人有 6.9%，遠高於日本老人的 0.8%，顯然台灣人"很幸福"。

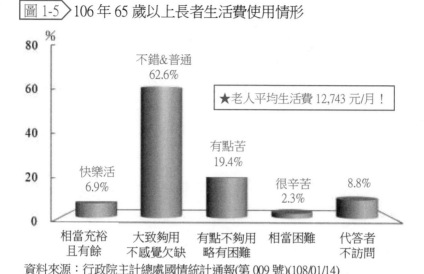

圖 1-5 〉106 年 65 歲以上長者生活費使用情形

資料來源：行政院主計總處國情統計通報(第 009 號)(108/01/14)

　　依聯合國公佈的「2020 年全球幸福報告」，前 10 名的全球幸福國家，依序為芬蘭、丹麥、瑞士、冰島、挪威、荷蘭、瑞典、紐西蘭、奧地利及盧森堡，台灣排名第 25 名(※與 2019 年相同)，是東南亞國家第一名，遠遠超越了新加坡(31)、南韓(61)、日本(62)及香港(78)；前 10 名的國家均是高所得高福利國家，我可以理解其幸福感，但是，台灣人的幸福感(25 名)居然遙遙領先日本人(62 名)，實在出乎意料之外，莫非，台灣人是「知足常樂・安貧樂道」？

　　表 1-1a 是台灣年齡別之自殺死亡人數，65 歲以上老人自殺率(24.6%，2018 年)，是以(1)情感及人際關係(35.8%)、(2)精神住院及物質濫用(32.5%)，和(3)工作及經濟關係(12.8%)等方式歸類；日本的自殺原因分析與台灣不同，表 1-1b 是日本(老人)自殺原

因與人數的統計資料，60 歲以上老人的自殺原因前三名為：(1)
健康、(2)經濟，及(3)家庭(※孤獨老死亦是)，因健康問題而自殺
的老人人數，占所有自殺老人人數的 49.7%，所有因健康問題而
自殺的老人比例為 49.2%。不過，由表 1-1a 之台灣 65 歲以上老
人的自殺率(24.6%，2018 年)，與表 1-1b 之日本的 60 歲以上老
人自殺率(37.8%)來看，台灣老人的抗壓性較高，或者說，台灣老
人較幸福。

表 1-1a 　台灣年齡別之自殺死亡人數(2014～2018 年)

	≦14 歲	≦24 歲	25～44 歲	45～64 歲	65 歲以上	自殺總數
2014 年	2 人	161 人	1,160 人	1,357 人	862 人(24.3%)	3,542 人
2015 年	6 人	183 人	1,165 人	1,424 人	897 人(24.4%)	3,675 人
2016 年	6 人	209 人	1,173 人	1,401 人	976 人(25.9%)	3,765 人
2017 年	4 人	193 人	1,200 人	1,482 人	992 人(25.6%)	3,871 人
2018 年	10 人	210 人	1,185 人	1,508 人	952 人(24.6%)	3,865 人

出處：衛生福利部統計處全國自殺死亡資料統計(2019 年 6 月) (※本書製表)

表 1-1b 日本年齡別及原因別之自殺人數統計(2018 年)

	～19 歲	20～29 歲	30～39 歲	40～49 歲	50～59 歲	60～69 歲	70～79 歲	80 歲～	不詳	合計
(1)健康問題	119 人	712 人	1,073 人	1,580 人	1,755 人	1,751 人	1,927 人	1,504 人	2 人	10,423 人 (49.2%)
(2)經濟問題	16 人	352 人	479 人	737 人	900 人	617 人	264 人	67 人	0 人	3,432 人 (16.2%)
(3)家庭問題	116 人	253 人	410 人	615 人	522 人	432 人	418 人	379 人	2 人	3,147 人 (14.9%)
(4)工作問題	32 人	414 人	425 人	522 人	456 人	134 人	29 人	6 人	0 人	2,018 人
(5)男女問題	52 人	228 人	196 人	140 人	68 人	15 人	9 人	7 人	0 人	715 人
(6)學校問題	188 人	163 人	3 人	0 人	0 人	0 人	0 人	0 人	0 人	354 人
(7)其他	45 人	152 人	147 人	152 人	134 人	129 人	148 人	173 人	1 人	1,081 人
合計	568 人	2,274 人	2,733 人	3,746 人	3,835 人	3,078 人	2,795 人	2,136 人	5 人	21,170 人 (100%)
比例	2.7%	10.7%	12.9%	17.7%	18.1%					(100%)

(1)健康問題 60 歲以上合計：5,182 人(占 49.7%)
(2)經濟問題 60 歲以上合計：948 人(占 27.6%)
(3)家庭問題 60 歲以上合計：1,229 人(占 39.1%)
合計 60 歲以上合計：8,009 人(占 37.8%)

出處：日本厚生勞動省 2019 年「自殺對策白(皮)書」；2018 年自殺死亡人數共 21,170 人。(※本書製表)

★台灣人的幸福感哪裡來？

　　人均 GDP(=國內生產總值/人口數)，長久以來一直是國際間習用的衡量國家財富的基準，有①國際貨幣基金組織(IMF)、②世界銀行(WB)及③美國中央情報局(CIA)三種版本，其公告金額及排名稍有不同，但差異不大。多年來，國人都了解，台灣的**人均 GDP**，均落後於新加坡、香港、日本及韓國，如表 1-2 所示，早在 30 年前的 1988 年，日本的人均 GDP(25,051 美元)就高於台灣 2018 年的 24,889 美元。

表 1-2 亞洲五國近年人均 GDP 及人均 GDP/PPP (單位：美元)

人均 GDP	日本	台灣	香港	新加坡	南韓
1988	25,051	6,369	10,609	8914	4,686
1992	31,464	10,778	17,976	16,135	8,001
1993	35,765	11,251	20,395	18,290	8,740
1995	43,440	13,129	23,497	24,914	12,332
1998	31,902	12,840	25,808	21,829	8,085
2007	35,275	17,814	30,594	39,432	23,060
2009	40,855	16,988	30,697	38,927	18,291
2015	34,524	22,384	42,431	55,646	27,105
2018 人均 GDP	40,063 (24 名)	24,889 (38 名)	46,077 (20 名)	55,231 (12 名)	30,919 (28 名)
2018 人均 GDP/PPP	44,227 (31 名)	53,023 (17 名)	64,216 (11 名)	100,345 (4 名)	41,351 (32 名)

出處：國際貨幣基金組織(IMF) (※本書製表)

　　但是，如果改用以**購買力平價(PPP)**作基礎，再調整各國不同生活費及匯率的另一種衡量國家財富「**人均 GDP/PPP**」法，結果就大不相同；2018 年蔡英文總統首次引用人均 GDP/PPP 法，說「台灣的人均 GDP 為 49,827 美元，全球排名第 19(2017 年)，高於韓國(※沒有說高於日本)」。依**人均 GDP/PPP** 基準，第 1 名為卡達(130,475 美元)，第 2 名為澳門(116,808 美元)，第 3 名為盧森堡(106,705 美元)，顯然，小經濟體系的國家/地區占優勢。

依 2019 年 4 月 IMF 的公告，台灣 2018 年的人均 GDP/PPP 為 53,023 美元(※表 1-2)，排名第 17，不僅領先日本的 44,227 美元(31 名)及南韓的 41,351 美元(32 名)，而且高於瑞典、德國、丹麥、加拿大、芬蘭、法國、英國等全球知名的先進國家，感覺到 "您的驚人購買力平價(PPP)"嗎？這或許是真的，否則台灣哪來的幸福感(※全球第 25 名)？

1-2. 絕對貧窮 vs.相對貧窮 vs.在職貧窮

　　世界銀行(World Bank)於 1990 年，依較落後的第三世界國家狀況，首次訂定貧窮線基準為「每日生活費(※食、衣、住，沒有行)低於 1 美元的貧窮線」，爾後升為 1.25 美元(2005)、1.50 美元(2008)及 1.90 美元(2015)； 2018 年世界銀行的報告指出：「全球 77 億人有近 50%的人口，每日生活費低於 5.5 美元(≒170 元台幣)，5.5 美元為"中偏高"的貧窮生活(※3.2 美元為"中偏低"的貧窮生活)，尚未脫離貧窮狀態」。貧窮可分為：

(1)絕對貧窮(Absolute Poverty)：
　　難以維持"最低限生活"，且無基本醫療制度的"飢餓赤貧"狀態，通常，係指需要聯合國或人道組織援助的較落後國家/地區。

(2)相對貧窮(Relative Poverty)：
　　難以維持"有文化之生活水準的窮困狀態"，通常，係指已開發國家或開發中國家，需要依賴政府救濟的經濟弱勢族群。

(3)在職貧窮(Working Poverty)：
　　係指工作報酬不足以支付個人及家庭的基本生活支出；是有工作的經濟貧困族群，"正職兼打工"，仍然活在生活壓力中，屬於"薪貧族"，有別於「相對貧窮」，雖然有工作薪資，卻無法維持一個合理的生活品質。

　　經濟合作暨發展組織(OECD)的**相對貧窮戶**定義為：「等值化的家庭可支配所得低於家庭所得之中位數的 50%者」，依日本厚生勞動省「2016 年國民生活基礎調查」報告，日本家庭的相對貧窮基準及中央值(※台灣的中位數)如表 1-3 所示，單身的貧窮基準值/基準線是 122 萬日幣/年(≒36.6 萬元/年=3.05 萬元/月)。

表 1-3 日本相對貧窮之基準與所得中央值(萬/年)

人數/戶	貧窮基準值	中央值(中位數)
1 人戶	122 萬日幣(≒36.6 萬元)	244 萬日幣(≒73.2 萬元)
2 人戶	172.5 萬日幣(≒51.8 萬元)	345 萬日幣(≒103.5 萬元)
3 人戶	211.5 萬日幣(≒63.5 萬元)	423 萬日幣(≒126.9 萬元)
4 人戶	244 萬日幣(≒73.2 萬元)	488 萬日幣(≒146.4 萬元)

出處：日本厚生勞動省「2016 年國民生活基礎調查」(※本書製表)

　　下流老人的作者，是站在第一線的社會工作者，輔導接受「生活保護」的生活窮困者，如何申請生活保護費及各種臨時性救濟，或者協助如何"脫貧"，過著「健康又有文化的生活」，並接觸許多的中流(中產)階級在退休或辭職後，成為「生活保護戶」的案例；作者所描述的，包含：①需依賴政府援助的「**相對貧窮**」和②低收入上班族的「**在職貧窮**」，「**在職貧窮**」的年薪多在 300萬日幣以下，因為收入仍高於貧窮線基準(※表 1-3)，無法領取政府的生活保護費，而活在生活壓力中，但是，也有收入佳卻入不敷出的「在職貧窮」族。在 2017 年出版的「續・下流老人」書中，作者明確指出：「在 2016 年獲得政府之"臨時救助金"援助的 65 歲以上之低所得者，達 100 萬人，約占日本總人口之 8.7%」。

　　日本的「**相對貧窮**」族群，需仰賴日本厚生勞動省「生活保護制度」，其「生活扶助基準額」是衡量「生活保護戶」(※即相對貧窮)的標準之一；日本的「生活保護基準」分的很細，依地區、戶口人數、年齡等而異，表 1-4 是日本北海道釧路市(※屬 2級帶-1)所整理的「生活保護費」速查表，以無收入的 65 歲單身老人戶而言，夏月(5～9 月)每月可領 102,928 日幣的救助金，冬月(10～4 月)每月可領 115,708 日幣的救助金，合計 1,324,596 日幣/年，略高於表 1-3 之 1 人戶的貧窮基準值 122 萬日幣/年。

表 1-4〉日本北海道釧路市之「生活保護費」

單位：円

世帶類型		夫婦子1人世帶 30代夫婦、子3～5歲	夫婦子2人世帶 40代夫婦、中學生與小學生	母子世帶子1人 30代母親、小學生1人	母子世帶(子2人) 40代母親、中學生、小學生	母子世帶(子2人) 40代母親、高校生、中學生	若年單身世帶 50代
生活扶助	1‧2類合計	137,080	165,270	111,100	139,790	145,090	72,130
	加算	10,190	20,380	28,990	42,780	42,780	0
	住宅扶助	39,000	39,000	36,000	36,000	39,000	30,000
	教育扶助	0	9,320	3,450	9,320	5,870	0
	生業扶助	0	0	0	0	7,080	0
夏季間	夏季合計	186,270	233,970	179,540	227,890	239,820	102,130
冬季間	冬季加算	20,620	22,270	18,140	20,620	20,620	12,780
	冬季合計	206,890	256,240	197,680	248,510	260,440	114,910
期末一時扶助(12月支給)		21,640	24,340	21,000	21,640	21,640	12,880

世帶類型		若年夫婦世帶 50代夫婦	高齡單身世帶 65歲	高齡單身世帶 70歲	高齡單身世帶 75歲	高齡夫婦世帶 65歲夫婦	高齡夫婦世帶 75歲夫婦
生活扶助	1‧2類合計	113,610	70,730	69,160	66,450	111,210	103,800
	加算		2,198	2,198	2,198	4,396	4,396
	住宅扶助	36,000	30,000	30,000	30,000	36,000	36,000
	教育扶助	0	0	0	0	0	0
	生業扶助	0	0	0	0	0	0
夏季間	夏季合計	149,810/日	102,928/日	101,358/日	98,648/日	151,606/日	144,196
冬季間	冬季加算	18,140	12,780	12,780	12,780	18,140	18,140
	冬季合計	167,750/日	115,708/日	114,138	111,428/日	169,746/日	162,336
期末一時扶助(12月支給)		21,000	12,880	12,880	12,880	21,000	21,000

註:夏季間之以(5月份從5月到9月份為止。冬季間之(10月份從10月份到4月份為止)。（夏季：5月～9月；冬季：10月～4月）

資料來源：city.kushiro.lg.jp

日本的(最低)"生活保護費"，相當於台灣之"最低生活費"，是衡量「低收入戶」(※即相對貧窮)的標準之一，台灣的「低收入戶」和「中低收入戶」的老人，是底層的下流老人；**台灣「中低收入戶」之認定標準：**

(1)家庭總收入平均分配全家人口，每人每月在當地區公告的**最低生活費**(※表 1-5a)1.5 倍以下。※低收入戶標準為最低生活費×1.0 倍。

(2)家庭財產未超過中低收入戶適用的當地區公告一定金額(※表 1-5b)。

例如：設籍台北市，全家有 4 人，那全家的每月總收入低於 97,172元(=24,293 元×4 人)，就代表已符合**中低收入戶**資格的 1/3，不同地區標準不同，另外 2/3 的條件，為每戶動產限額 60 萬元(=15 萬元×4 人)及不動產限額 876 萬元(※不扣除貸款)。再看表 1-5b，同樣是家庭成員 4 人，但若設籍金門縣或連江縣，則每個月全家總收入低於 69,888 元(=17,472 元×4 人)，就符合**中低收入戶**標準。

註：台灣的**低收入戶**有等級分類，可按月領取生活補助費(※台北市分 5 類)及申請一些臨時性補助，而**中低收入戶**無月補助費，僅能請領臨時性的醫療、健保、就業、看護及生育等多種補助。

表 1-5 台灣低收入戶/中低收入戶之認定標準

(a)100～109 年度最低生活費(※低收入戶審查標準之一)

地區別 年度別	臺灣省*	臺北市	新北市	桃園市	臺中市	臺南市	高雄市	福建省 金門縣 連江縣
100(1-6 月)	9,829	14,794	10,792	—	9,945	9,829	10,033	7,920
100(7-12月)	10,244	14,794	11,832	—	10,303	10,244	11,146	8,798
101	10,244	14,794	11,832	—	10,303	10,244	11,890	8,798
102	10,244	14,794	11,832	—	11,066	10,244	11,890	8,798
103	10,869	14,794	12,439	—	11,860	10,869	11,890	9,769
104	10,869	14,794	12,840	12,821	11,860	10,869	12,485	9,769
105	11,448	15,162	12,840	13,692	13,084	11,448	12,485	10,290
106	11,448	15,544	13,700	13,692	13,084	11,448	12,941	10,290
107	12,388	16,157	14,385	13,692	13,813	12,388	12,941	11,135
108	12,388	16,580	14,666	14,578	13,813	12,388	13,099	11,135
109	12,388	17,005	15,500	15,281	14,596	12,388	13,099	11,648

備註＊：臺灣省含宜蘭縣、新竹縣、苗栗縣、彰化縣、南投縣、嘉義縣、雲林縣、屏東縣、花蓮縣、臺東縣、澎湖縣、基隆市、新竹市、嘉義市

(b)2020 年中低收入戶審核標準(低收入戶標準低於本表，如高雄市例)

(1) 地區別	平均所得 (每人每月)	(2)動產限額 (存款加投資等)	(3)不動產限額 (每戶)
臺灣省	低於 18,582 元	每人每年 11 萬 2,500 元	530 萬元
臺北市	低於 24,293 元	每人每年 15 萬元	876 萬元
新北市	低於 23,250 元	每人每年 12 萬元	543 萬元
桃園市	低於 22,922 元	每人每年 11 萬 2,500 元	540 萬元
臺中市	低於 21,894 元	每人每年 11 萬 2,500 元	534 萬元
臺南市	低於 18,582 元	每人每年 11 萬 2,500 元	530 萬元
高雄市	低於 19,649 元 低收入戶≤13,099 元/月	每人每年 11 萬 2,500 元 低收入戶≤7.5 萬/人	532 萬元 低收入戶≤355 萬元
金門縣 連江縣	低於 17,472 元	每戶(4 口內)每年 60 萬元，第 5 口起每增加 1 口得增加 15 萬元	413 萬元

資料來源：衛生福利部社會救助及社工司網站

　　行政院主計總處之「2018 年家庭收支調查報告」，每戶可支配所得中位數 88.6 萬元(3.03 人/戶)，若依「中位數的 50%」計算，參考表 1-3 的日本標準，則台灣的(3 人/戶)家庭，其貧窮基準值約為 44.3 萬元/年(※日本≒63.5 萬元/月)。

　　日本的「在職貧窮」應源自"薪資倒退嚕"，如圖 1-6a 所示，日本上班族的年薪在 1997 年達到最高峰(467 萬日幣/年)，此後，歷經①派遣崛起、②油價劇漲、③網路泡沫及④金融海嘯的一連串衝擊，出現企業倒閉潮及勞工失業潮，年薪一路下滑，在 2009 年時降到 406 萬日幣/年，如圖 1-6b 所示，到 2018 年，年薪 441 萬日幣，尚未回到 1997 年的水平(467 萬日幣/年)，導致目前的退休年金難以支付"普通"生活的費用，因而誕生「下流老人」族群。

圖 1-6a 日本平均年薪變化表(1993～2009 年)

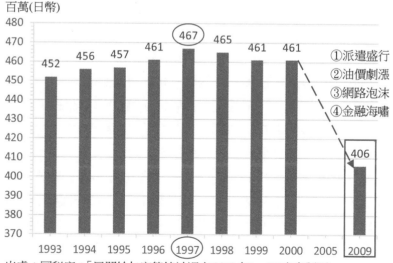

百萬(日幣)

①派遣盛行
②油價劇漲
③網路泡沫
④金融海嘯

出處：国税庁：「民間給与実態統計調査(2010 年)」(※本書製圖)

圖 1-6b 日本平均年薪變化表(2008～2018 年)

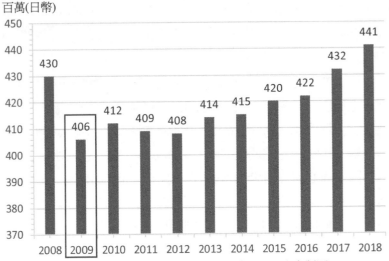

百萬(日幣)

出處：国税庁：「民間給与実態統計調査(2018 年)」(※本書製圖)

　　此外，典型的日本民營大企業，女性員工多被認為"在婚後/產前，應離開職場"，所以女性的薪資多遠低於男性員工；如圖1-7 所示，因為日本 2017 年的退休年齡為 60 歲(※預定 2021 年延為 65 歲)，所以在 55～59 歲時，薪水會達到最高峰，而日本女性的年薪在 30～34 歲達到最高峰(315 萬日幣)，即使留在職場打拼，也只能維持在約 300 萬日幣左右的"低薪水平"；因此，單身女性，在職場奮鬥 35 年後的退休年金(國民年金+厚生年金)，多難以維持"普通級"的生活。日本女性多在婚後離開職場，以家庭為重心，改以"工時"打工或短期派遣工方式，來補貼家用。※據日本的一些雜誌/媒體的調查顯示，日本女性的理想結婚對象條件之一是"年薪 600 萬日幣以上"，圖 1-7 來看，日本男性上班族，需等到 45 歲以後，才有資格結婚，不過，現實上，能嫁到

年薪 450 萬日幣以上的男性，就可以偷笑了(※2018 年日本年薪
中位數約為 350 萬日幣，平均年薪為 441 萬日幣)。

圖 1-7 日本(年齡別)男女上班族的平均年薪(2018 年)

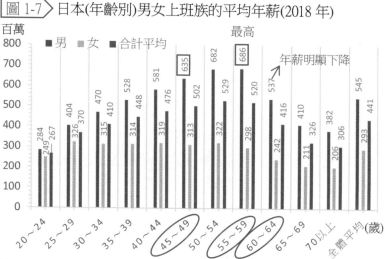

註：合計平均係依男女人口比例計算，並非圖中男女薪資之平均。
出處：国税庁：「民間給与実態統計調査(2018 年)」(※本書製圖)

　　總務省「2018 年家計調查年報(家計收支編)」，顯示退休夫
妻的平均生活費為 26.5 萬日幣/月，而退休單身老人的平均生活
費為 16.2 萬日幣/月；另外，生命保險文化中心「2019 年生活保
障的相關調查」，顯示退休夫妻的平均"最低"生活費為 22.1 萬日
幣/月，而平均"不錯"生活費為 36.1 萬日幣/月。因此，大致上可
將老夫妻的退休金生活情況分為**辛苦**、**勉強**、**普通**及**不錯**
四級，如表 1-6 所示。

表 1-6 日本退休夫妻的生活費等級(日幣/月)

生活情況	(1)辛苦級	(2)勉強級	(3)普通級	(4)不錯級
夫妻	16 萬/月	22.1 萬/月	26.5 萬/月	36.1 萬/月
	(4.8 萬台幣/月)	(6.63 萬台幣/月)	(7.95 萬台幣/月)	(10.8 萬台幣/月)
單身	11 萬/月	N/A	16.2 萬/月	N/A
	(3.3 萬台幣/月)	N/A	(4.86 萬台幣/月)	N/A

「辛苦級」為依賴政府「生活保護費」援助的金額；「生活保護費」並非全額補助，如果每個月有 9 萬日幣的打工收入(單身)，則政府只補貼不足的 2 萬日幣，或者退休後只領國民年金 6.5 萬日幣，僅能再領不足額 4.5 萬日幣。

日本政府的退休年金稱為「公的年金」，分為國民年金(又稱基礎年金)，保費由政府補貼 50%，凡是 20 歲至未滿 60 歲之國民，均有義務加入，保費固定每月約 1.5 萬日幣，65 歲起每月可領取約 6.5 萬日幣的國民年金(※也有人繳不起每月 1.5 萬日幣之保費，而在退休後無法領取國民年金)，第二層公的年金為「厚生年金」(※一般上班族適用)及共濟年金(※公務員及私校職員適用)，厚生年金隨薪資而異，以 40 年上班時間，上班期間平均年薪 527 萬日幣，約可領 9 萬厚生年金，因此退休時，每月可領取合計共 15.6 萬日幣的年金(2020 年)。※如果丈夫上班，妻子為專職家庭主婦，則妻子不必繳納國民年金保費(1.5 萬日幣/月)，退休時亦可以領取國民年金，萬一丈夫提早病逝，妻子尚可以領取先生的遺屬年金。

圖 1-8 是日本一般上班族上班 38 年，在職中平均年薪在 350 萬～750 萬的概略退休年金收入，平均年薪 350 萬日幣者，退休

時約可領取 12.4 萬日幣/月，而日本"普通級"的單身老人生活費需 16.2 萬日幣，所以，退休時至少應是中高階層的主管(※在職平均年薪約 550 萬日幣，退休年金 15.9 萬日幣)，才能勉強過著"普通"生活。

圖 1-9a 是日本的「老公上班，老婆家庭主婦」夫妻，在老公上班 38 年退休時，夫妻 2 人的退休年金約 22.1 萬日幣/月，剛好符合"勉強級"(※表 1-6)的退休生活費，如果沒有足夠的存款或股利收入，退休生活應該"不輕鬆"。因此，傳統的**單薪**家庭，多入不敷出，至少應有如圖 1-9b 的**雙薪**家庭 (薪水夫高妻低)，則夫妻工作 38 年後，2 人的退休年金合計 28.3 萬日幣/月，才能過個"普通級"生活。

圖 1-8 日本單身退休年金的收入

在職中的平均年收	国民年金	厚生年金	合計額 (月額)
350万円		約6.2万円	約12.4万円
450万円		約8.0万円	約14.2万円
550万円	約6.2万円	約9.7万円	約15.9万円
650万円		約11.6万円	約17.8万円
750万円		約12.7万円	約18.9万円

資料來源：money-viva.jp(2019/12/10)

圖 1-9a 日本**單薪**家庭夫妻的退休金收入

会社員と専業主婦の場合…

夫 平均年収 550万円
国民年金 6.2万円/月 + 厚生年金 9.7万円/月 = 15.9万円/月

妻 平均年収 0万円
国民年金 6.2万円/月 + 厚生年金 0.0万円/月 = 6.2万円/月

合計:22.1万円/月

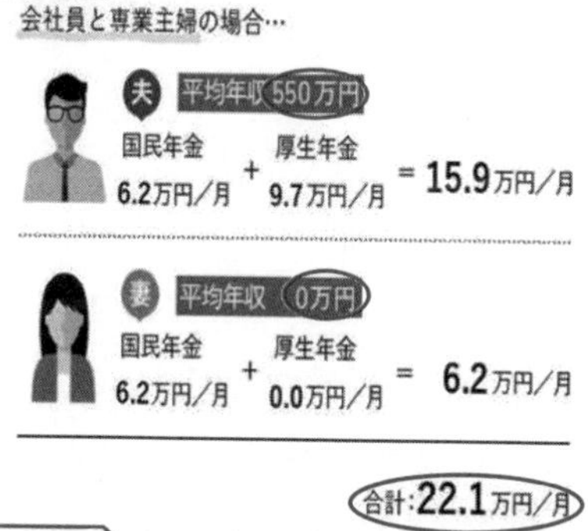

圖 1-9b 日本**雙薪**家庭夫妻的退休金收入

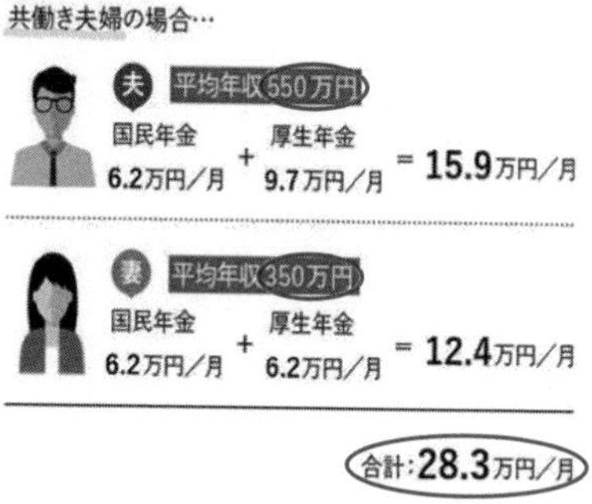

共働き夫婦の場合…

夫 平均年収 550万円
国民年金 6.2万円/月 + 厚生年金 9.7万円/月 = 15.9万円/月

妻 平均年収 350万円
国民年金 6.2万円/月 + 厚生年金 6.2万円/月 = 12.4万円/月

合計:28.3万円/月

資料來源：money-viva.jp(2019/12/10)

1-3. 越老越窮，越不敢退休

　　或許是受了不少理財名人說「50 歲就退休，財務自由了」的影響，對於三、四十歲的上班族而言，多希望能在 55 歲之前可以退休快樂活，其實，問了一些 50 歲以上的上班族，多表示，不敢在 60 歲前輕言退休，因為 50 歲以上的上班族，上有年邁退休的父母，下有尚在就讀大學/研究所的子女，即是所謂的"三明治族"，蠟燭兩頭燒，等到 55 歲時，就不再有 60 歲退休的夢想，反而希望不在 60 歲時，被雇主找理由逼退，至少繼續上班到 65 歲的法定年齡。

　　日本的上班族，愈老愈不敢退休，主要是在臨退前，上班族多會到厚生勞動省或是日本年金機構的網站，以"年金見込額試算"軟體，試算自己退休時可領的年金金額，日本上班族的退休年金，大概如圖 1-8 所示，約在 12.4 萬日幣/月～18.9 萬日幣/月之間，對單身老人而言，省點用，只要不生病、不請看護和無啃老族，尚可過著"普通級"生活，仍談不上"輕鬆"過活，但是，至少優於台灣的退休老人；股素人 2015 年滿 65 歲退休時，月領2.24 萬元(※勞保年金，尚無勞退年金月領方式)，股素人的友人在 2020 年 10 月 65 歲退休時，(勞保+勞退)月領 2.14 萬元(※無自提 6%)，哪天中風，連外籍看護都請不起。

　　「日本經濟新聞•電子版」2020 年 1 月 10 日公佈一份 2019年"想工作到幾歲？"的民調結果，如圖 1-10a 所示，想工作到 65～69 歲最多，占 26%，70～70 歲居次，占 21%，而工作到 75 歲以上的占第 3 位，16%，此份民調顯示，"越老越不想退休"，也就是"越接近退休年齡者，越想工作到更高的年齡"，"打算工作到 70 歲以上者"的受訪者中，60～69 歲的受訪者占 54%，30～59 歲的受訪者占 31%，而 30 歲以下的受訪者只占 18%。顯然，年輕的上班族，仍然感受不到"下流老人"的威脅，而年齡較大的上班族，對退休後是否能"快樂活"感到懷疑、不安。若改以正職員工與派遣工來區分，"打算工作到 70 歲以上"的正職員工占 28%，派遣工占 46%，以年收入來區分，年薪 300 萬日幣(約 90 萬台幣)者占 42%，年薪 800 萬日幣(約 240 萬台幣)者占 32%，換句話說，年收入較低及工作不穩定的勞工，越希望晚一點退休。

圖 1-10a 日本上班族想工作到幾歲？

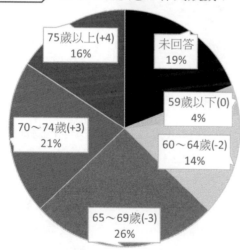

註：括號內為較上次調查的增減比例。
出處：日本經濟新聞・電子版(2020/01/20) (※本書製圖)

圖 1-10b 日本 ≧ 60 歲上班族想工作到幾歲？

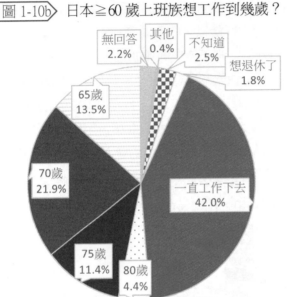

出處：日本內閣府「2014 年高齡者日常生活意識調查」(※本書製圖)

　　圖 1-10b 是日本內閣府對 60 歲以上上班族所作的調查，想一直工作下去的比例占 42%，想工作到 80 歲的占 4.4%，想工作到 75 歲的占 11.4%，足以見得，"愈老愈不想退休"。

　　由於全世界的年齡普遍呈增高趨勢，世界衛生組織對老年人的新定義是：「60～70 歲為年輕老年人，75～89 歲為老年人，90 歲以上為長壽老年人」；而已開發國家的法定退休年齡：韓、法、新加坡為 60 歲，英、美、加為 65 歲，丹麥、挪威、冰島、瑞典，(德 2025 年)為 67 歲，；日本法定退休年齡為 60 歲，不過 65 歲為請領退休金的基準，提早 1～5 年請領退休金需依比例減少，日本 2018 年制訂了「高齡者用安定法」，規定企業有義務將有意願繼續工作的員工，延遲退休年齡至 65 歲，但並非人人有機會,且改為契約制,雖非派遣工,但是 61 歲起減薪 30%～40%。事實上,如圖 1-7 所示,日本上班族的最高薪在 55～59 歲之間,此後若無機會晉升到更高階的管理層,則會被"下放",成為所謂的"打雜族"或"窗邊族"(※靠窗坐還不錯,至少可以看窗外風景),一旦達 60 歲時還賴在公司不退休,年薪就驟降 30%以上,沒有足夠存款的人,也只能忍一忍,為家計而繼續熬下去。

「下流老人」中譯本的全名是:「下流老人:即使月薪 5 萬(台幣),我們仍將又老、又窮、又孤獨」,月新 5 萬元新台幣,老後還會是窮光蛋,下流老人嗎?會不會發生在自己身上?

一般人多認為,之所以會成為「下流老人」應該是年輕時不努力,無正確儲蓄理財觀念,會成為「下流老人」是個人問題,因應了台語俗話:「少年袜曉想,呷老毋成樣」,真的是如此嗎?正確的儲蓄理財觀可以解決下流老人的經濟問題,只是,對 30 幾歲的上班族而言,可能覺得離 65 歲退休還很遙遠而輕忽了,也可能忽略了通貨膨脹效應,目前的 50,000 元月薪也許還可以,但如果不先養成節流的儲蓄習慣,35 年後,就有可能淪落至"下流老人"的地步。

日本人多認為:「不給別人添麻煩」是人際交往的準則(※生活倫理教育之成果),同時,或許是一般日本人的自尊心較強,"不想給子女添麻煩",一輩子自立自強,所以日本退休老人的三大收入來源,為①退休年金、②存款花用及③退休再就業的薪資;而子女援助/奉養的比例,如表 1-7 所示,日本在 1980 年時,子女奉養的比例仍有 15.6%,1998 年為 9.6%,2017 年時已降為3.3%;反觀,台灣老人的收入來源,"子女奉養"如圖 1-11 所示,高居第 2 位,占 24.3%,顯然台灣老人過於依賴"孝順的"子女;

不過台灣老人也別過於樂觀，"養兒防老"已不適用於千禧世代，如圖 1-12 所示， 子女奉養的比例，在短短 4 年間，已從 2013 年的 43.9%，驟降為 2017 年的 24.3%，依此趨勢來看，"六年級生"(※目前 40～50 歲)應是"末代孝子/女"，等到自己屆齡退休時，也將成為"無人奉養的起始皇"。

表 1-7 日本老人之生活費來源 (※可複選 3 項)

(%)

	2017年	2018年	2019年
就業による収入 工作所得	44.7	45.7	48.2
公的年金 政府年金	79.5	79.6	79.1
企業年金、個人年金、保険金 企業年金	39.0	37.8	38.4
金融資産の取り崩し 儲蓄存款	27.5	26.3	27.6
利子配当所得 利息所得	2.7	2.2	2.7
不動産収入(家賃、地代等) 資金收入	4.4	5.3	5.6
こどもなどからの援助 子女援助	3.3	3.2	3.7
国や市町村などからの公的援助 政府補助	4.9	4.5	5.2
その他 其他	4.1	4.0	3.4

註：子女援助(1980 年 15.6%，1998 年 9.6%，2007 年 6.1%，2013 年 4.9%)。
資料來源： kenbiya.com(2019/12/07)

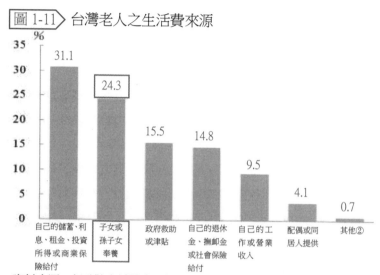

圖 1-11 台灣老人之生活費來源

資料來源：行政院主計總處國情統計通報(第 009 號)(108/01/14)

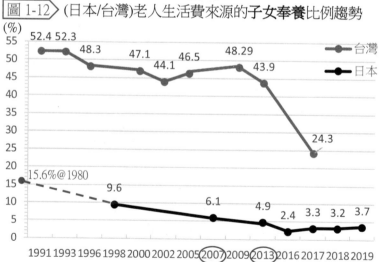

圖 1-12 (日本/台灣)老人生活費來源的**子女奉養**比例趨勢

出處：1.台灣：衛生福利部/老人狀況調查報告
　　　2.日本：a.金融広報「家計の金融行動に関する世論調査」
　　　　　　　b.內閣府「高齢者の生活と意識調査報告」(※本書製圖)

1-4. "派遣制度"開啟了低薪時代的新紀元

日本在(1945 年 9 月)第二次世界大戰後,第一次經濟起飛年代為 1957～1970 年(※1964 年東京奧運),第二次經濟起飛是 1986 年底～1991 年初的**泡沫經濟期**。此後進入近 10 年的**經濟疲軟期**,隨之而來的是 2000～2009 年之"失落 10 年"的**經濟衰退期**,薪資倒退嚕,直到 2013 年才又緩緩回升。

"失落的 10 年"(Lost Decade):當一個國家或地區長達 10 年左右之經濟不景氣的狀況,日本經濟的連續 2 個"失落的 10 年"為 1991 年～2000 年及 2001 年～2012 年,2013 年播出創下收視紀錄的知名電視劇「半澤直樹」,即是描述 1990 年代後期之日本銀行體系重整的情節。※2020 年 4 月播出「半澤直樹 2」時,又創首播 22%新紀錄。

泡沫經濟(Bubble Economy)是指資產價值遠超過實體經濟可承受的狀態,藉由如房地產及股市之炒作等投機活動而支撐的經濟狀態,資產如泡沫一般,容易破裂;泡沫經濟會導致房價、物價及股市上漲的投機熱潮(※1989 年日本股市創下史上最高點),由於帳面財產的激增,刺激了消費慾望,促使消費需求增加和經濟發展。泡沫經濟崩壞後,日本社會的資產,轉移到少數的"上流社會"手中,而許多資金套牢在土地及股市的中產階級,就淪為"下流社會"族群,因此拉大了貧富差距。

日本在 1985 年以前創下了高成長的經濟奇蹟,主要原因是日本企業採用**終身雇用制**和**年功序列制**,啟動了日本勞動市場的蓬勃發展,員工對公司有極強的向心力,以終身奉獻給公司為榮。然而,隨著在 1986 年底開始的泡沫經濟,使日本經濟在 1997

年達到最高峰，此後隨著"派遣工"的興起，日本企業精神的**終身雇用制/年功序列制**逐漸瓦解，企業為了減少支出，開始大量裁員，改用低薪的派遣工，到 2008 年的金融海嘯後，由於派遣工缺乏福利制度的保障，許多的社會問題亦逐漸浮出檯面，較引人注目的事件有：①2008 年 6 月的秋葉原派遣工殺人事件，和②2008 年底的跨年派遣村活動，日本政府才積極修改法令，來保障既成事實的"人力派遣制度"，以保障派遣工的權益，儘管如此，派遣工之薪資及福利，均遠低於正職員工，仍是不爭的事實。

　日本是亞洲第一個訂定"人力派遣制度"的國家，於 1986 年開始實施"勞動者派遣法"，迄今已 35 年，儘管對派遣工(※即非典型受雇者，包含人力派遣、臨時工及工時工等非正職人員)的勞動權、勞健保及社會福利等，已有堪稱成熟的法令規範，但是，派遣工的雇主是人力派遣公司，"要派公司"與"派遣公司"簽訂雇用契約，再由"派遣公司"提供派遣工給"要派公司"，"要派公司"可免除高薪、資遣、退休等成本，而且有"隨叫隨到，用完即丟"的彈性利用價值，普受企業的喜愛。

　據日本厚生勞動省公佈之「2014 年就業型態調查報告」，顯示在民營企業的勞動者中，非正式員工的比例已達 40.5%；因為派遣工經過派遣公司剝了一層皮，所以，派遣工的薪資及權益均普遍低於正職勞工，派遣工之薪資僅約正職員工的七成(※表 1-8)，相對的，將來可領取的退休年金也較少。因此，可以說，派遣制度開啟了日本低薪時代的新紀元。

表 1-8 正職工與派遣工年齡別薪資統計表(※日幣)

年齡	(A)正職工	(B)派遣工	(B-A)差額
20～24	327.8 萬/年	277.4 萬/年	-50.4 萬/年(-15.4%)
25～29	385.0 萬/年	307.8 萬/年	-77.2 萬/年(-20.1%)
30～34	443.0 萬/年	321.0 萬/年	-122.0 萬/年(-27.5%)
35～39	495.5 萬/年	327.7 萬/年	-167.8 萬/年(-33.9%)
40～44	552.0 萬/年	322.7 萬/年	-229.3 萬/年(-41.5%)
45～49	611.0 萬/年	326.4 萬/年	-284.6 萬/年(-46.6%)
50～54	644.6 萬/年	323.4 萬/年	-321.2 萬/年(-49.8%)
55～59	627.5 萬/年	331.0 萬/年	-296.5 萬/年(-47.3%)
60～64	499.8 萬/年	362.9 萬/年	-136.9 萬/年(-27.4%)
65～69	460.2 萬/年	340.3 萬/年	-119.9 萬/年(-26.1%)
平均	513.8 萬/年	328.2 萬/年	-185.6 萬/年(-36.1%)

出處：日本厚生勞動省「2017 年貸金構造基本統計調查報告」(※本書製表)

　　提到派遣工的辛酸，不得不順便一提膾炙人口的日劇；2007年的日劇"派遣女王"(台灣譯名，2020 年 4 月上演派遣女王(2))，正是當時最賣座的連續劇，劇中描述女主角大前春子(※藤原涼子飾演)，擁有 28 張專業證照，日薪 3,000 日幣(※其他派遣工時薪 600 日幣)，不加班、不應酬、不理會正職職貴的冷嘲熱諷，神奇的為要派企業(S&F 食品公司)解決各種危機，一聘三個月，期滿時，帶著大企業 S&F 食品公司所有員工的尊敬與不捨，帥氣的離去，神隱失蹤。※另一派遣工神劇，是派遣女醫 Doctor X(※米倉涼子飾演)，亦不遑多讓，已演到第六季。戲劇情節總是過度神化事實，看看就好，不必當真，學生族打工，值得嘉勉，但是，如果淪為經常性的派遣工，就可能脫離不了低薪的命運了。

　　日本有高達近占總受雇人口 37.3%的"非典型受雇者"(即人力派遣工、臨時工等)，表 1-9 是台灣、日本、南韓之"非典型受雇者"比例之比較表，日本及南韓之非典型受雇者的比例，均在 30% 以上，遠高於台灣的 8.3%。

2015 年曾爆發台灣博物館的派遣勞工，遭派遣公司欠薪一年半的事件，因為台灣博物館並非派遣工的直接雇主，原則上沒有"欠薪"的責任，但是錯在公家機構不應該帶頭使用派遣勞工，助長壓榨勞工薪資的惡習。

2018 年 7 月，行政院長賴清德說：「為保障勞工權益，需從政府做起，今天核定派遣人員 2 年內歸零，改以公開遴選程序聘用。」，如今 2 年過去了，政府機關的派遣人員"歸零"了嗎？依現實的工作環境與制度，派遣工有其存在的必要性，不僅大企業公司需要，公家機關也是派遣工市場的大客戶。因此，"派遣制度"不會被消滅，派遣工只能自求多福，自力自強，期待日後不會成為"下流老人"。

表1-9 台、日、韓非典型受雇者之比較

		2008	2009	2010	2011	2012	2013	2014	2015	2016	2017	2018
台灣	非典型受雇者人數(萬人)	57.2	63.2	66.7	64.1	68.2	71.0	71.5	72.8	73.3	74.5	75.6
	占受雇者比率(%)	7.2	8.0	8.3	7.7	8.1	8.3	8.2	8.2	8.2	8.3	8.3
	總受雇人數(萬人)	794.4	790.0	803.6	832.5	842.0	855.4	872.0	887.8	893.9	897.6	910.8
日本	非典型受雇者人數(萬人)	1,765	1,727	1,763	1,812	1,816	1,910	1,967	1,986	2,023	2,036	N/A
	占受雇者比率(%)	34.1	33.7	34.4	35.1	35.2	36.7	37.4	37.5	37.5	37.3	N/A
	總受雇人數(萬人)	5,176.0	5,124.6	5,125.0	5,162.4	5,159.1	5,204.4	5,259.4	5,296.0	5,394.7	5,458.4	N/A
南韓	非典型受雇者人數(萬人)	544.5	575.4	568.5	599.5	591.1	594.6	607.7	627.1	644.4	654.2	N/A
	占受雇者比率(%)	33.8	34.9	33.3	34.2	33.3	32.6	32.4	32.5	32.8	32.9	N/A
	總受雇人數(萬人)	1,610.9	1,648.7	1,707.2	1,752.9	1,775.1	1,823.9	1,875.1	1,929.5	1,964.6	1,988.4	N/A

註：台灣人口約2,400萬人；日本人口約1.26億人；南韓人口約5,160萬人。(2017年)

出處：行政院主計總處 2018/11/29 新聞稿(※本書製表)

1-5. 今日的日本；明日的台灣

在 1967 年，日本人口突破一億人(※1.04 億人，台灣 1,400 萬人)，經濟起飛後，日本企業開始快速成長，在「年功序列制」及「終身雇用制」的雙重保障下，約 1970 年以後，總理府每年之「國民生活世論調查」中，問題之一是：您認為自己的生活程度是：「①上(0.8%)、②中上(9.3%)、③中中(56.2%)、④中下(24.6%)、⑤下(6.4%)、⑥不知道(2.7%)？」(※括號內數據為 2000 年之調查值)，因為選②中上、③中中及④中下的人，均占 90%以上，因而有了「**一億総中流**」，的新詞彙，或稱為「**國民総中流**」，"**一億総**"成為日本"**全體國民**"的代名詞；著名的用語有「**一億総懺悔**」及社會評論家大宅壯一創出的「**一億総白癡化**」流行語，2015 年安倍晉三內閣提出以「**一億総活躍社會**」為目標的政策，其中一項是取消傳統 60 歲強制退休規定，排除老人就業障礙，希望老人能夠繼續扮演支撐社會經濟的角色，繼續活躍工作的「終身勞動社會」。

「下流老人」書的副標題：「**一億総老後崩壊の衝撃**」，中文版將"一億総"譯成"總計一億人"，並未表達出作者藤田孝典的原意，"一億総"是日本的特有詞彙，不能照字面翻譯，應譯為「**(日本)全國民老後崩壊の衝撃**」，頗為"危言聳聽"！

事實上，早在 2005 年，日本另有一本超暢銷的書籍，書名為「下流社會」，描述 35 歲以下年輕人的生活狀態，作者三蒲展是社會觀察家，他首創「下流社會」用語，書中預測「一億総中流」階層，將逐漸沉淪，而成為"15%上流、45%中流及 40%下流"的社會狀態。 此書出版後 2 個月內，即狂銷 40 萬冊，半年內再版 14 次，累積銷售量逼近 100 萬冊；爾後，作者又陸續出版數本以「下流社會」為主題的書籍。

作者三蒲展的**下流社會**，描述學習動力、工作意願及溝通能力均普遍低落的年輕世代，因缺乏上進的企圖心，讓"中流社會"族群逐漸萎縮，這正是 2000 年～2010 年間，日本泡沫經濟崩壞後之第二個"失落的 10 年"，此 10 年當中，日本社會默默地分流，中流社會的版圖，逐漸向左、右移動，除了極少數人往高收入的上流社會移動外，為數不少的"中流社會"年輕族群，向下沉淪往"下流社會"靠攏。日本在"失落的 10 年"之經濟蕭條期間，約有逾 10%的 35 歲以下年輕人，成為**尼特族 (※NEET 族，沒上學、沒就業、沒受訓)"**或**"飛特族(※Freeter，不想找正職的打工族)"**，這些人日後可能淪為"下流老人"。

日本的 65 歲以上老人人口為 3,588 萬人，占總人口之 28.4%(2019 年 9 月)，其中 862 萬人仍然"工作中"，而 70 歲以上占 21.5%；南韓的 65 歲以上老人人口為 802 萬人，占 14.9%(2019 年 12 月)；台灣的老人人口為 352 萬人，占 14.9%(2019 年 6 月，與南韓相同)，全球老人人口比例最高的國家①日本(27%)，②義大利(23%)，③德國(21%)，④法國(20%)，⑤英國(19%)，依聯合國世界衛生組織定義，65 歲以上人口達 14%時，為「高齡化社會」，達 20%時，則為「超高齡社會」。

根據日本厚生勞動省「平成 29 年(2017 年)國民生活基準」調查，如圖 1-4 所示，65 歲以上老人覺得退休生活狀況：①很辛苦 22.0%，②有點苦 32.2%，③普通 40.5%，④不錯 4.6%，⑤快樂活 0.8%；22%的"很辛苦"老人，大概就是"下流老人"，而 32.2%的"有點苦"老人，大概是"下流老人預備軍"。

　　日本老人的"辛苦感"，應源自少子化與人口老化，在缺乏"子女奉養"的金援下，據總務省「2018 年家計調查報告」，無工作之老夫妻的可處分所得為 19.37 萬日幣/月，支出為 26.5 萬日幣/月，每月生活費的缺口為 7.13 萬日幣，需由存款來補足，否則就得省吃儉用，降低生活品質來度日。每月 7.13 萬日幣的缺口，一年就需花掉 85.56 萬存款，65 歲退休後再活 20 年，就需要 1,711.2 萬日幣的存款，而日本存款不足 1,800 萬日幣(≒540 萬台幣)的老夫妻，占 55.5%(※圖 1-3)，退休後的存款將逐漸減少，哪來"快樂活"的幸福感？難怪，高達 54.2%的日本退休老人，覺得退休生活"有點苦"或是"很辛苦"(※圖 1-4)。

　　依行政院主計總處的調查，2018 年的≧65 歲老人人口為 333.1 萬人，但是老人的就業人口僅 28 萬人，占老人人口的 8.4%，事實上，自 2010 年起迄今，≧65 歲老人的就業人口，一直維持在 8.0～8.8%之間，遠低於美、日、韓的老人就業人口，如表 1-10 所示，台灣的老人就業率 8.4%，僅約日本(24.7%)的 1/3，南韓 (32.2%)的 1/4，就連 60～64 歲"輕高齡"的就業率也僅為日本的 52%，此狀況只有兩種原因，一是台灣老人存款多，不需再工作，或者，台灣社會認為老朽不可用，難給老人就業機會。

表 1-10 (台、韓、日、美)中高齡及高齡勞動力參與率

就業人口 (台灣)	年齡區間	台灣	南韓	日本	美國
146.4 萬	45～49 歲	84.0%	82.2%	87.7%	82.3%
130.5 萬	50～54 歲	73.5%	79.7%	87.1%	79.3%
97.9 萬	55～59 歲	55.6%	74.7%	83.4%	72.3%
57.2 萬	60～64 歲	36.7%	61.4%	70.6%	57.1%
28 萬	65 歲以上	8.4%	32.2%	24.7%	19.6%

出處：主計總處「2018 年中高齡及高齡者勞動參與狀況」(※本書製表)

　　圖 1-13 是日本家庭依戶長年齡來區分統計的存款與負債情況，日本人在 29 歲以前之主要負債為就學貸款，30 幾歲結婚後的負債主要是房屋貸款(※通常 35 年)，因此，在 50 歲以前，負債多於存款，等到房貸還了大半，子女已長大，50 歲開始，存款明顯增加，到了 60 幾歲退休時，約可累積約 2,400 萬日幣的存款；台灣主計總處並無類似的報告，不過，依 2018 年的「家庭收支調查報告」，自 1990 年起，台灣每戶家庭的每年平均存款約為 20 萬元，35 年下來，可存 700 萬元(÷0.3≒2,333 萬日幣)，與日本家庭相當，但是因為台灣的物價比日本便宜，或許這也是台灣老人不需要再依賴工作收入的原因。※自 1977 年以來，台灣家庭的儲蓄率，一直維持在 20%～30%之間。

圖 1-13 日本(年齡別)家庭戶之存款、負債與收入

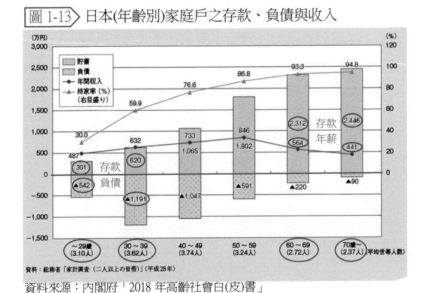

資料來源：內閣府「2018 年高齡社會白(皮)書」

看看今日的日本，想想台灣的未來，台灣自從 2016 年推行
"一例一休政策"後，派遣工對企業(※不管是民間企業或是政府
機構)有極大之誘因，因此，派遣工的比例將逐漸增加，而且老
後生活來源的子女奉養比例逐漸減少(※圖 1-12)，因此，台灣之
潛在的下流老人層將逐漸形成，年輕上班族若不趁早進行退休
理財計劃，退休後的生活並不樂觀。

雖然，台灣的平均物價低於日本，然而，有些民生用品的價
格，日本售價低於台灣，例如汽車、家庭電器，或是百元商店的
商品，均低於台灣的售價，其實許多在台灣開分店的日本名店，
並未因台灣的物價水平較低而降低售價，其產品/食品的售價反
而比日本的售價更高，但是台灣人仍然趨之若鶩。台灣的上班族
薪資或是大學畢業生的起薪，均不到日本的 50%，因此，台灣人
的超高幸福感，和實質消費能力(人均 GDP/PPP)遠高於日本人(※
表 1-1)，頗值得探討。

與先進國家相比，台灣上班族所繳的各種稅金比例，明顯偏
低，表 1-11a 是日本中上階級，年薪 500 萬日幣(※平均 441 萬日
幣@2018 年)的上班族在扣除應繳稅額後，其**實拿年薪**為
3,985,562 日幣，為**帳面年薪**的 79.7%；表 1-11b 是台灣中上階級
經常性月薪 60,300 元/月的上班族，同樣在扣除應繳稅額後，其
實拿月薪為 56,424 元/月，為**帳面月薪**的 93.6%，這應該也是台
灣人幸福感的泉源之一吧？一般言之，日本的物價及上班族月
薪均約為台灣情況的 2 倍，但是台灣上班族的**實拿月薪**比例高
於日本上班族的**實拿月薪**比例，而且消費稅僅日本的一半，此
外，台灣上班族的住宅面積(※透天或大廈)，卻約為日本上班族
住宅面積的 1.5 倍以上，似乎台灣上班族的生活舒適多了。

表 1-11a〉日本年薪 500 萬，實拿帳面薪資 3,985,562 日幣

年薪 帳面薪資 獎金

年収500万の人の手取り **給料額面294,118円** **賞与額面735,294円**

年収総額		(代扣項) 控除	
給与 (月薪×12 月)	3,529,412	健康保険 (健保)	251,218
賞与 (獎金×2 次)	1,470,588	介護保険	
年収 年薪	5,000,000	厚生年金 (勞保)	463,904
(給与手取232,381 賞与手取603,712)		雇用保険	14,996
		所得税	140,200
年間手取り金額 實拿金額		住民税	144,120
3,985,562 (79.7%)		控除合計	1,014,438

扣繳總額 (20.3%)

資料來源：shunpon.com/entry/(2018 年)年収手取り一覧

表 1-11b〉台灣月薪 60,300 元，實拿 56,424 元(93.6%)

薪俸：46,000	職務津貼：10,000
年資津貼： 1,500	交通津貼： 1,000
伙食津貼： 1,800	應發合計 :60,300

勞保費：834　福利金：302　　健保費：940

(自提)持股信託：1,800 (※公司政策，離職可領取) 應扣合計： 3,876

(93.6%) 實支金額 :56,424

資料來源：某上市公司之簡易月薪單

　　為了探討台灣人與日本人的生活意識差異，我查了日本歷年來之總務省統計局的「國勢調查報告」和「家計調查報告」，內閣府的「國民生活世論調查報告」及「高齡社會白(皮)書」，厚生勞動省的「國民生活基礎調查報告」和國稅廳的「民間薪資實態統計調查報告」，以及台灣行政院主計總處歷年來之「家庭收

支」、「老人狀況」、「中高齡、高齡勞動參與狀況」及「工業/服務業之薪資」等各種調查報告，而整理出**表 1-12「上班族/老人族之生活・收支狀況」/日本 vs.台灣**。

表 1-12 之前 15 項是上班族/老人族的一般性比較，台灣人的收入明顯低了許多，但是，"人比人・氣死人"，"量入為出"大致還過的去，我想，日本人的"辛苦感"與台灣人的"幸福感"之差異，應來自表 1-12 之最後五項：⑯非典型受雇老人比例、⑰老人經濟來源、⑱勞保之費率與負擔比例、⑲健保之費率與負擔比例和⑳消費稅率。

⑯非典型受雇者比例：日本約為台灣的 4.5 倍；⑰老人經濟來源：日本老人對退休金及工作收入的依賴性太高，均約台灣老人的 2 倍，而 65 歲以上仍然工作者為台灣的 1.93 倍，但是存款僅為台灣人的 49%；⑱勞保之費率與與負擔比例：日本勞工之勞保費率為台灣勞工的 1.83 倍，且負擔比例為台灣勞工的 2.5 倍；⑲健保之費率與負擔比例：健保費率為台灣的 1.98 倍，負擔比例為台灣的 1.67 倍；⑳消費稅(加增營業稅)，日本為台灣的 2 倍。

日本在 1989 年才開始實施(3%)消費稅(※Consumption Tax，台灣稱加值營業稅(Value Added Tax))，1994 年漲為 4%，1997 年漲為 5%，2014 年漲為 8%，2019 年 10 月再漲為 10%；日本首相安倍晉三任內共調漲 2 次消費稅(5%→8%→10%)，並在調漲消費稅 10%時，亦同步實施"16 歲(國中)以下國家養"政策，以挽救逐漸下降的生育率，使安倍晉三成為日本史上任期最長的首相。※日本在 2019 年 10 月將消費稅由 8%調漲至 10%後，如果在便利商店或飲食店購買食品(飯糰、披薩' 漢堡或冰淇淋等)，店員

會問您是"外帶或內用？"，外帶消費稅 8%，如果坐在店內享用，
消費稅 10%，因此，外帶飲料、食品等，也成為日本民眾省錢小
撇步。

表 1-12 上班族/老人族之生活・收支狀態/日本 vs.台灣
（※以 1 日幣=0.3 元台幣概算） (1/2)

項次	項別	日 本
1	總人口 / 總家庭戶	1.261 億人(2019) / 5,852.7 萬戶(2.30 人/戶)(2018)
2	人口平均壽命	84.3 歲(男 81.3 歲，女 87.3 歲) (2018)
3	大學畢業起薪	20.67 萬日幣/月(≒6.2 萬元台幣/月) (2018)
4	平均總薪資	441.6 萬日幣/年(≒132.3 萬元台幣/年) (2018)
5	中位數年薪	350 萬日幣/年(≒103 萬元台幣/年) (2019)
6	國民年金(非上班族)	≒6.5 萬日幣/月(≒1.95 萬元/月) (2020)
7	厚生年金(上班族)	≒13～17 萬日幣/月(≒3.9～5.1 萬元/月) (2020)
8	貧窮最低生活費	10.2 萬日幣/月(≒3.06 萬元/月) (2020)
9	低收入戶數	「生活保護戶」：按月補助+臨時救濟
10	中低收入戶數	163.7 萬戶(老人占 83.7 萬戶) (2016)
11	單身老人生活費	16.2 萬日幣/月(≒4.86 萬元/月) (2018)
12	夫妻老人生活費	26.5 萬日幣/月(≒7.95 萬元/月) (2018)
13	老夫妻存款(中位數)	1,567 萬日幣(≒470.1 萬)，≦1 仟萬 37.6% (2016)
14	(≧65 歲)老人人口	3,588 萬人(28.4%)。※義大利居次 23.3% (2018)
15	老人就業人口	862 萬人，占老人人口之 24.7% (2019)
16	非典型受雇者	2,036 萬人(37.3%)，薪資≒正職的 60～70% (2017)
17	老人經濟來源	退休金(63.6%)，工作(18.3%)，存款(7.6%)，政府救助(4.1%)，子女援助(2.4%) (2016)
18	勞保費率(勞工%)	厚生年金保險(勞保)：18.3%(勞工負擔 50%) (2020)
19	健保費率(勞工%)	國民健康保險(健保)：9.2%(勞工負擔 50%) (2020)
20	消費稅(加值營業稅)	3%(1989)，5%(1997)，8%(2014)，10%(2019/10)。

表 1-12 上班族/老人族之生活‧收支狀態/日本 vs.台灣
（※以 1 日幣=0.3 元台幣概算） (2/2)

項次	項別	台　　灣
1	總人口 / 總家庭戶	2,362.4 萬人(2019) / 8,643,140 戶(3.05 人/戶)(2018)
2	人口平均壽命	80.7 歲(男 77.5 歲，女 84 歲) (2018)
3	大學畢業起薪	28,849 元/月 (2018)
4	平均總薪資	53,667 元/月(含 2 個月年終≒64.4 萬元/年) (2019)
5	中位數年薪	49 萬元/年 (2018)
6	國民年金(非上班族)	≧3,772 元/月 (2020)
7	厚生年金(上班族)	≒1.6 萬元~2.5 萬元/月(※勞保退休金) (2020)
8	貧窮最低生活費	17,005 元/月(台北市)，13,099 元/月(高雄市) (2020)
9	低收入戶數	144,863 戶(304,470 人)，按月補助+臨時救濟 (2018)
10	中低收入戶數	115,937 戶(334,237 人)，可申請健保、醫療等補助(2018)
11	單身老人生活費	12,743 元/月 (2018)
12	夫妻老人生活費	N/A，概估 22,300 元/月(=單身 12,743 元/月×1.75)
13	老夫妻存款(中位數)	N/A
14	(≧65 歲)老人人口	352 萬人(14.9%)，預估 2026 年 20%(超高齡社會)(2019)
15	老人就業人口	28 萬人，占老人人口之 8.43% (2018)
16	非典型受雇者	74.5 萬人(8.3%)，薪資多為最低基本工資 (2017)
17	老人經濟來源	退休金(31.1%)，子女奉養(24.3%)，政府救助(15.5%)，存款(14.8%)，工作(9.5%) (2018)
18	勞保費率(勞工%)	勞保：費率 10%(勞工負擔 20%) (2020)
19	健保費率(勞工%)	健保：費率 4.69%(勞工負擔 30%) (2020)
20	消費稅(加值營業稅)	5%(1986 年起迄今)，何時漲？

所以，一旦表 1-12 中之⑱～⑳三項，台灣均調漲時，台灣人大概就難以再幸福了！

(1)消費稅(加值營業稅)35 年未漲，何時漲？

(2)健保費率 4.69%，2016 年 1 月迄今，何時繼續漲？

(3)勞保費率 2019 年 9.5%，每年漲 0.5%到 12%後，何時再調漲？

(4)日本的勞健保費用，勞工負擔 50%，台灣的勞保勞工負擔 20%，健保勞工負擔 30%；勞保及健保的政府負擔 10%，何時轉由勞工負擔？

孔子的禮運大同篇：「大道之行也，……；使老有所終，壯有所用，幼有所長，…」的理想，這是 2500 年前孔子的理想，2500 年後的今天，仍然是遙遠的夢想，是難以實現的神話；因此，上班族不想淪為日後的下流老人，只能自力救濟，儘早啟動「退休理財計劃 ABC」。

Chapter 2

上班族的政府退休金哪裡來？

2-1. 我國的退休(年)金制度

2-2. <u>勞保</u>投保薪資 vs. <u>勞退</u>月提繳薪資

2-3. 勞工退休時可領多少退休金？

2-4. <u>勞保</u>年金 vs. <u>勞退</u>年金

2-5. 勞工退休金速查表

2-6. <u>勞退</u>基金虧損時，扣不扣勞工退休金帳戶的錢？

2-1. 我國的退休(年)金制度

　　日本的「年金」，係指由職場退休或是年滿 60 歲/65 歲時，可按月領取的生活津貼，我國的年金制度和日本很近似，例如，國民年金與日本的國民年金(又稱基礎年金)相同，勞保老人年金即是日本的厚生年金，勞工退休金相當於日本的企業年金(確定拠出年金)，公保年金近似於日本的共濟年金(包含公務員及私校教職員)等，只不過每月繳的保費(率)和退休後領取金額不同而已。

　　我國現行的年金制度之基本架構，分為(一)社會保險和(二)(職業)退休金兩類，如表 2-1 所示，有不同的法源依據、適用對象及給付項目。由其給付項目可知，上班族(65 歲)退休後，可由(一)社會保險和(二)強制退休金兩類中，領取退休金，亦即是(一)社會保險類的老年年金和(二)強制保險類的退休金，這是年金制度為避免"老無所有"而造成社會問題所制訂的政策，各先進國家的年金制度多大同小異，只是給付金額不同而已，想要退休後領得多，退休前就得繳得多。如表 2-1 所示，歸類於(一)社會保險的勞保、公保、國保，均有老年給付或退伍給付之項目，加上老農津貼，則形成"全民皆有保"的年金制度；(二)職業退休金，是對所有上班族(軍、公、教及勞工)明訂的強制保險制度，每月扣繳保費，來確保上班族退休後可領取"不多或少"的年金。

　　政府將各種保險制度所收受的提繳金額，成立基金帳戶，統一管理及運用，因而有勞保、新制勞退、舊制勞退、退撫、郵政、公保及國保等各種基金，除了提供上班族之退休年金外，當發生重大金融相關事件，而導致金融市場失序或台灣股票市場急跌時，尚具有股市護盤的功能。

　　政府在股市護盤的基金稱為**國安基金**，自 2000 年成立以來，**國安基金**共進場護盤 8 次，最近的一次是 2020 年 3 月，因全球性新冠肺炎事件而使台股指數跌破"10 年線"時，**國安基金**宣佈開始進入護盤；**國安基金**約 5,000 億元，其資金之主要來源是**政府四大基金(勞保、勞退、退撫及郵政基金)**可運用的資金(※上限 3,000 億元)，加上國庫以所持有的股票為擔保的借款(※上限 2,000 億元)。事實上，**國安基金**護盤的主要功能並非進場買股的金額，而是在於宣示護盤的決心，以穩定投資人的信心，防止發生金融市場崩盤的效應，**國安基金**每次進場的金額多在 1,000 億元以下，第四次(2004 年 319 槍擊事件)護盤金額不到 20 億元，而 2020 年 3 月的新冠肺炎事件，國安基金進場護盤的時間長達 207 天(3/20～10/12)，但是，投入股市的金額僅 7.57 億元，創下新低記錄。

表 2-1a　年金制度之基本架構(社會保險)

		法源依據	適用對象	給付項目	實施日期
(一)社會保險	(1)勞保	勞工保險條例	年滿15歲以上、65歲以下之受僱勞工、職業工會、漁會甲類會員，在政府登記有案之職業訓練機構接受訓練者及實際從事勞動之雇主	生育、傷病、失能、死亡、(老年)	1950/3
	(2)公保	公教人員保險法	1.法定機關(構)編制內有給專任職員 2.公私立學校編制內有給專任教職員 3.其他經認定人員(如各機關之駐衛警察人員)	失能、死亡、喪葬、生育、育嬰留職停薪、(養老)	1958/9
	(3)軍保	軍人保險條例	1.志願役軍官、士官、士兵 2.軍事情報機關所屬人員 3.短期服役之人員	死亡、殘廢、育嬰留職停薪、喪葬、(退伍)	1950/6
	(4)國保	國民年金法	年滿25歲未滿65歲在國內設有戶籍、未加軍、公、勞、農保，且未領取相關社會保險老年給付者	身心障礙、遺屬、喪葬、生育、(老年)	2008/10
	(5)農保	農民健康保險條例	年滿15歲以上從事農業工作農民	生育、傷害、就醫、身心障礙、喪葬	1989/7
	(5a)老農津貼	老年農民福利津貼暫行條例	農民1.年滿65歲，且未領取其他社會保險給付 2.參加農保15年以上 3.103/7/17前已加入農保且持續加保滿6個月，但未滿15年	老年津貼(1)17,550元/月(2)3,775元/月	1995/6

資料來源：行政院年金改革辦公室

表 2-1b 年金制度之基本架構（職業退休金）

	法源依據	適用對象	給付項目	實施日期
(二)強制性職業退休金				
(1)勞工退休金制度	(a)舊制 勞動基準法 / (b)新制 勞工退休金條例	適用勞動基準法之勞工 / 適用勞動基準法之本國籍勞工、外國籍配偶	勞工退休金 / 勞工退休金	1984/8 / 2005/7
(2)公務人員退休制度	公務人員退休法	依公務人員任用法律任用，並經銓敘部審定資格或登記者，或經法律授權主管機關審定資格之現職人員	退休金、資遣給與、離職退費、年資補償費	舊制 1943、新制 1996/2
(3)軍人退撫制度	陸海空軍軍官士官服役條例、志願士兵服役條例	1.常備軍官士官、預備軍官士官 2.志願役士兵	退休俸、退伍金、贍養金、其他現金給與	舊制 1959、新制 1997/1
(4)教育人員退撫制度	學校教職員退休條例	※適用對象 1.公立學校職員之校長、教師、助教 2.在教育人員任用條例施行前(74.5.3)進用之職員 ※準用對象：公立幼兒園合格園長及教師等	退休金、撫慰金、年資補償金	舊制 1944、新制 1996/2
(5)私校教職員退撫制度	學校法人及其所屬私立學校教職員退休撫卹離職資遣條例	私立學校之校長、教師、職員及學校法人之職員(另有準用對象)	1.舊制：一次退休金 2.新制：個人退撫儲金專戶本息之總額	舊制 1992、新制 2010/1

資料來源：行政院年金改革辦公室

★政府基金委外經營發生虧損時，扣誰的錢？

　　為了盡可能增加上班族的退休金，政府的各種基金，除了自行運用投資外，每年均會辦理公開招標，徵求基金受委託經營的國內/外機構，其招標文件中，除了規定投標資格、委託額度、委託家數、委託期間、投資範圍及投資限制等規定外，另有一項重要規範是：「收益目標」；收益目標分為**(1)絕對目標**及**(2)相對目標**兩種，例如：採用**"絕對目標"**報酬型：「**以台銀 2 年期定存利率加 7%為年投資報酬目標**」；或者，採用**"相對目標"**報酬型：「**以台灣證券交易所編製之發行量加權股價報酬指數之投資報酬率加 100 個基本點為年投資報酬目標**」。

　　(1)絕對目標有明確的數值要求，不論全球股市/債市的經濟狀況如何變化，均需達成指定的目標，但是，除非委託期間之股市行情呈多頭走勢，否則多難以達到目標(※仍有多家搶標，因為即使達不到目標，每年尚有 0.05%之管理費可領取)，而**(2)相對目標**只需達到某一指定指數報酬率的加權組合，目標值隨股市/債市之波動而變化，目標較容易達成。

　　各種政府基金開始實施委外經營的初期(約 2000 年)時，多採用**"絕對目標"**方式(※剛開始實施時，曾訂定 6%的年收益率)，但是在股市呈現空頭走勢時，訂定**"絕對目標"**也是白訂，大多數的投信公司多達不到目標(※見「政府基金委外代操經理人選評鑑機制之研究」，投信投顧公會委託研究，2014 年 4 月)，約 2010年以後逐漸改用**"相對目標"**報酬率居多。

　　接受政府基金**"委託經營"**的國內/外機構，其經營期限多為 4～5 年，**如果發生虧損，或達不到投資績效目標時，受委託經營**

的投信公司要不要賠錢？不要！！表 2-2 是新制勞退基金於
2020 年第 1 次公開徵求受委託機構之「申請須知」的委託報酬
計算方式，其管理費率在 0.05%～0.45% 之間，即使投資報酬率
為負值且低於同期間台股指數報酬率，受委託經營之機構，仍然
可領取 0.05% 之管理費，即 100 億元的基金規模，每年仍然可領
取 500 萬元之管理費。受委託公司僅需"善盡經營投資之責，不
負盈虧之責"，問題是基金操盤手何其多，其個人操守及經營能
力，可能良莠不齊，所以，虧損"在所難免"，只能扣上班族退休
基金帳戶中的錢了。

表 2-2 新制勞退基金委外經營之管理費率(2020 年第 1 次招標)

每日累計投資報酬率	委託報酬(年)費率		
	基本管理費率	績效管理費率	合計管理費率
0%(含)以下且低於同期間台股指數報酬率	0.12%	-0.07%	0.05%
0%(含)以下	0.12%	-0.02%	0.10%
0%以上但未達目標報酬率	0.12%	0.03%	0.15%
目標報酬率以上但未達目標報酬率 1.5 倍	0.12%	0.08%	0.20%
目標報酬率 1.5 倍以上但未達目標報酬率 2 倍	0.12%	0.13%	0.25%
目標報酬率 2 倍以上但未達目標報酬率 2.5 倍	0.12%	0.18%	0.30%
目標報酬率 2.5 倍以上但未達目標報酬率 3 倍	0.12%	0.23%	0.35%
目標報酬率 3 倍以上	0.12%	0.33%	0.45%

2-2. 勞保投保薪資 vs. 勞退月提繳薪資

想在退休後(按月)領取年金，上班期間則需依政府規定，繳交年金保費，勞保年金保費和勞退年金保費的依據不同，分為「勞保投保薪資」和「勞退月提繳薪資」，「勞保投保薪資」和「勞退月提繳薪資」之區別，大概只有公司的會計人員才知道，上班的勞工多不關心，反正大公司會依照規定辦理，小公司則是老闆說了算，「勞保投保薪資」與「勞退月提繳薪資」，關係著勞工的權益，不可不知。

(一) 勞保投保薪資：

1. 定義：勞工保險投保薪資，是由投保單位按被保險人之月薪資總額，依照「勞工保險投保薪資分級表」的規定，申報投保的薪資。月薪資總額以**勞動基準法第 2 條第 3 款**規定之工資為準（即勞工因工作而獲得之報酬，包括工資、薪金及按計時、計日、計月、計件、以現金或實物等方式給付之獎金、津貼及其他任何名義之**經常性給與**均屬之），其每月收入不固定者，以最近 3 個月收入之平均為準；實物給與按政府公布之價格折為現金計算。

2. 勞動基準法施行細則第 10 條：本法第二條第三款所稱之其他任何名義之**經常性給與**，係指下列各款以外之給與。

一、紅利。

二、獎金：指年終獎金、競賽獎金、研究發明獎金、特殊功績獎金、久任獎金、節約燃料物料獎金及其他非經常性獎金。

三、春節、端午節、中秋節給與之節金。

四、醫療補助費、勞工及其子女教育補助費。

五、勞工直接受自顧客之服務費。

六、婚喪喜慶由雇主致送之賀禮、慰問金或奠儀等。

七、職業災害補償費。

八、勞工保險及雇主以勞工為被保險人加入商業保險支付之保險費。

九、差旅費、差旅津貼及交際費。

十、工作服、作業用品及其代金。

十一、其他經中央主管機關會同中央目的事業主管機關指定者。

理論上，勞動基準法施行細則第 10 條所列之各項名目，均可不被視為"勞保投保薪資"，有些業主為了降低人事成本，將每月或每季之**經常性給與**，改成與**勞動基準法施行細則**第 10 條之項目相同或類似的名稱，以期降低投保薪資；業主薪資表之申報獎金及津貼的名稱，琳瑯滿目，例如：房屋津貼、膳食津貼、誤餐津貼、夜點津貼、夜勤津貼、輪班津貼、技術津貼、受訓津貼、交通津貼、績效獎金、生產獎金、久任獎金、證照獎金、考核獎金、全勤獎金、不休假獎金及年終獎金等。

然而，「經常性給與」該怎麼定義，主管機關及法界人士，認為所謂的「經常性給與」不一定是逐月發給固定數額的情況才算數，例如：**最高法院 81 年度台上字第 2221 號判決文**：「…應實質依一般社會交易觀念，判斷是否具備勞工因提供勞務而由雇主獲致對價之「勞務對價性」要件，及有無於固定常態工作中可取得具有制度上「經常性給與」之要件進行審究，非僅以給付之項目與**勞基法施行細則第10條**所列各款內容相同者為形式認定，即認為給付應排除在工資之外，否則雇主將可任意變更工資名稱，而規避應給付之義務⋯」。

　　若依勞保局歷年來的解釋令函和法院的判決令來看，大概除了**年終獎金**外，其他的津貼或獎金，均可能應列入"勞工保險投保薪資"中，並依「**勞工保險投保薪資分級表**」之等級(※分16級)，替員工投保，或者，勞工可依同一分級表，按月自提(含)6%的勞退金。

　　(二)　**勞退月提繳薪資**：「勞退月提繳薪資」的定義和「勞保投保薪資」的定義相同，但是投保等級不一樣，業主需依「勞工退休金月提繳工資分級表」(※分43級)替員工按月提繳6%的退休金。

　　健保之最高級距又與勞保及勞退的級距不同，表 2-3 是「workforce 勞動力量」依勞保局/健保局之資料，整理的「勞保、健保及勞退之保費對照表」，由此表可看出勞保(※16級)、勞退(※43級)及健保(※48級)之差異，和勞工與雇主各自分擔的比例與金額，勞工除了可知道自己每個月薪資的扣繳金額外，也可了解雇主也很辛苦，他付出的金額是勞工自負額的 5 倍以上。

表 2-3 (全工時)勞保、健保及勞工退休金之保費對照表(2020/1/1 生效)(1/2)

| 級數 | 投保級距 | 勞保費（含就保費）不含「職災保險費」合計費率11% | | 工資墊償基金 | 健保費費率4.69% | | 勞工退休金(提繳6%) | 勞健保及勞退負擔費用合計 | | 備註 |
		勞工負擔(20%)	雇主負擔(70%)	雇主負擔	勞工負擔(30%)	雇主負擔(60%)	雇主負擔	勞工負擔	雇主負擔	
1	23,800 註1	524	1,833	6	335	1,058	1,428	859	4,325	勞保、健保及勞退最低級距
2	24,000	528	1,848	6	338	1,067	1,440	866	4,361	雇主 4,361÷勞工 866=5.04
3	25,200	554	1,940	6	355	1,120	1,512	909	4,578	
4	26,400	581	2,033	7	371	1,174	1,584	952	4,798	
5	27,600	607	2,125	7	388	1,227	1,656	995	5,015	
6	28,800	634	2,218	7	405	1,280	1,728	1,039	5,233	
7	30,300	667	2,333	8	426	1,347	1,818	1,093	5,506	
8	31,800	700	2,449	8	447	1,414	1,908	1,147	5,779	
9	33,300	733	2,564	8	469	1,481	1,998	1,202	6,051	
10	34,800	766	2,680	9	490	1,547	2,088	1,256	6,324	
11	36,300	799	2,795	9	511	1,614	2,178	1,310	6,596	
12	38,200	840	2,941	10	537	1,698	2,292	1,377	6,941	
13	40,100	882	3,088	10	564	1,783	2,406	1,446	7,287	
14	42,000	924	3,234	11	591	1,867	2,520	1,515	7,632	
15	43,900	966	3,380	11	618	1,952	2,634	1,584	7,977	
16	45,800	1,008	3,527	11	644	2,036	2,748	1,652	8,322	勞保最高級距
17	48,200	1,008	3,527	11	678	2,143	2,892	1,686	8,573	
18	50,600	1,008	3,527	11	712	2,250	3,036	1,720	8,824	
19	53,000	1,008	3,527	11	746	2,356	3,180	1,754	9,074	
20	55,400	1,008	3,527	11	779	2,463	3,324	1,787	9,325	
21	57,800	1,008	3,527	11	813	2,570	3,468	1,821	9,576	
22	60,800	1,008	3,527	11	855	2,703	3,648	1,863	9,889	
23	63,800	1,008	3,527	11	898	2,837	3,828	1,906	10,203	
24	66,800	1,008	3,527	11	940	2,970	4,008	1,948	10,516	雇主 10,516÷勞工 1,948=5.3

註 1：2020 年 8 月 18 日勞動部宣佈自 2021 年起，最低工資為 24,000 元/月。

註 2：本表勞保費之計算包括(勞保費率 10%⊕就業保險費率 1%)，例如第 13 級 40,100 元/月，勞工負擔 882 元/月=40,100 元/月×11%×20%。

表 2-3 (全工時)勞保、健保及勞工退休金之保費對照表(2020/1/1 生效)(2/2)

級數	投保級距	勞保費（含就保費）不含「職災保險費」合計費率11%		工資墊償基金	健保費費率4.69%		勞工退休金(提繳6%)	勞健保及勞退負擔費用合計		備註
		勞工負擔(20%)	雇主負擔(70%)	雇主負擔	勞工負擔(30%)	雇主負擔(60%)	雇主負擔	勞工負擔	雇主負擔	
25	69,800	1,008	3,527	11	982	3,103	4,188	1,990	10,829	雇主 10,829÷勞工 1,990=5.44
26	72,800	1,008	3,527	11	1,024	3,237	4,368	2,032	11,143	
27	76,500	1,008	3,527	11	1,076	3,401	4,590	2,084	11,529	
28	80,200	1,008	3,527	11	1,128	3,566	4,812	2,136	11,916	
29	83,900	1,008	3,527	11	1,180	3,730	5,034	2,188	12,302	
30	87,600	1,008	3,527	11	1,233	3,895	5,256	2,241	12,689	
31	92,100	1,008	3,527	11	1,296	4,095	5,526	2,304	13,159	
32	96,600	1,008	3,527	11	1,359	4,295	5,796	2,367	13,629	
33	101,100	1,008	3,527	11	1,422	4,495	6,066	2,430	14,099	
34	105,600	1,008	3,527	11	1,486	4,695	6,336	2,494	14,569	
35	110,100	1,008	3,527	11	1,549	4,895	6,606	2,557	15,039	
36	115,500	1,008	3,527	11	1,625	5,135	6,930	2,633	15,603	
37	120,900	1,008	3,527	11	1,701	5,375	7,254	2,709	16,167	
38	126,300	1,008	3,527	11	1,777	5,615	7,578	2,785	16,731	
39	131,700	1,008	3,527	11	1,853	5,856	7,902	2,861	17,296	
40	137,100	1,008	3,527	11	1,929	6,096	8,226	2,937	17,860	
41	142,500	1,008	3,527	11	2,005	6,336	8,550	3,013	18,424	
42	147,900	1,008	3,527	11	2,081	6,576	8,874	3,089	18,988	
43	150,000	1,008	3,527	11	2,111	6,669	9,000	3,119	19,207	勞退最高級距
44	156,400	1,008	3,527	11	2,201	6,954	9,000	3,209	19,492	
45	162,800	1,008	3,527	11	2,291	7,238	9,000	3,299	19,776	
46	169,200	1,008	3,527	11	2,381	7,523	9,000	3,389	20,061	
47	175,600	1,008	3,527	11	2,471	7,807	9,000	3,479	20,345	
48	182,000	1,008	3,527	11	2,561	8,092	9,000	3,569	20,630	健保最高級距

出處：Workforce 勞動力量(twworkforce.com)整理

由表 2-3 可知，勞工的薪水愈高，雇主的負擔愈重，雇主除了要支付勞工應有的月薪外，每月尚支付(勞保⊕勞退)金額共約實際月薪的 14%，若再加上健保之雇主分擔率(約實際月薪的 3%)，雇主共需分擔實際月薪的 17%，此是有些非上市櫃的中小企業對於勞工的投保金額會"以多報少"之原因。由此可知，勞工上班很辛苦，雇主經營公司也不容易。

勞基法規定之**勞退年金**的月提繳率(雇主 6%+勞工自提)的計算，等級和一般勞工較熟知的勞工保險等級(※表 2-3，16 級)並不相同，**勞退年金**的月提繳等級，共分 43 級(※表 2-3)；此兩種等級有重疊之處，如表 2-3 所示，勞保、勞退及健保的第 1 級均為 23,800 元，而勞保的最高級為第 16 級(45,800 元)，勞退的最高級為第 43 級(150,000 元)，健保的最高級為第 48 級(182,000 元)。當你的實際月薪在等級(1-16 級)之間時，則勞保、勞退及健保之月薪等級均相同。

反之，若你的實際經常性月薪高於<u>勞保</u>等級之月投保薪資時，則以<u>勞退</u>等級來提繳退休金，例如，志明之實際月薪為 40,000 元，則勞保、勞退及健保等級，均為 16 級，勞保及勞退均依 40,100 元來計算，如果春嬌的實際月薪為 60,000 元，則勞保應繳金額，是依勞保最高級(16 級)的 45,800 元來計算，但是要以勞退的第 22 級(60,800 元)來計算退休金的月提繳金額。

志明與春嬌的每月應扣繳金額的計算方式如表 2-4 所示：

表 2-4 〉勞保自付額與勞退提繳金額之差異

實際月薪	勞保應自付金額 (※參考表 2-2)		勞退應提繳金額 (※不含自提)
志明 40,000 元/月	(a) 40,100 元×11%(費率)×20%(自付率) =882 元/月	(b) 40,100 元×11%(費率)×70%(雇主負擔) =3,088 元/月(※由雇主支付)	40,100 元×6% =2,406 元/月 (※由雇主支付)
春嬌 60,000 元/月	(a) 45,800 元×11%(費率)×20%(自付率) =1,008 元/月	(b) 45,800 元×11%(費率)×70%(雇主負擔) =3,527 元/月(※由雇主支付)	60,800 元×6% =3,648 元/月 (※由雇主支付)

註:費率 11%=(勞保費率 10%⊕就業保險費率 1%)。

依不同單位的統計資料顯示,中小企業的平均壽命僅 7～12 年。根據經濟部**中小企業處之中小企業白皮書(2019 年)**,中小企業有 146.6 萬家,占全體企業家數的 97.64%,其中 80%是服務業且 47.3%為批發及零售業,經營未滿 10 年占 48.9%,未滿 5 年者占 3 成。

註:經濟部之中小企業定義:

(1)製造業、營造業、礦業及土石業,採取實收資本額≦8 仟萬元或經常性雇用員工≦200 人。

(2)除前款規定行業外之其他行業,前一年營業額≦1 億元或經常性雇用員工≦100 人。

(3)小企業係指經常性雇用員工≦4 人。

2-3. 勞工退休時可領多少退休金？

勞工退休時可以領取二種退休金：(1)勞保老年給付和(2)勞工退休金，不少人搞不清楚這兩個名詞的差異，光是勞保老年給付，在勞保局網站，有時候又稱為老年年金給付、年金給付、勞保退休金及勞保年金，為了容易分辨，本書統一稱為**勞保年金**，而勞工退休金統一稱為**勞退年金**。

勞工退休金制度有新制及舊制之分，新制是在 2005 年 7 月開始實施，稱為「勞工退休金條例」，新制的最大優點，是讓勞工轉換雇主時，其工作年資可合併計算，且勞工退休金確實領得到。

勞工老人年金 (※簡稱**勞保年金**)和勞工退休金(※簡稱**勞退年金**)，是個常被混為一談的名詞，其實「勞保」和「勞退」是兩個完全不相同但相關的項目，兩項均是勞工退休後最基本的經濟來源。

勞保年金制度，是依「勞工保險條例」規定的社會保險，強制雇主替員工加入保險的制度，**勞保年金**是勞工負擔 20%、雇主負擔 70% 和政府負擔 10%的退休金政策，由雇主每月向「勞動部勞工保險局」繳交保險費，來獲取保險項目，包含傷害、殘廢、生育。目前的勞保年金制度是 2009 年 1 月開始實施，其「老年給付」的給付方式有三種：

(一) 老年年金給付：有 2 條計算式，擇優給付。

　　(1) 平均月投保薪資×0.775%+3,000 元。

　　(2) 最高 60 個月之平均月投保薪資×年資×1.55%。

(二) 老年一次金給付：

　　　　給付金額=最高 60 個月之平均月投保薪資×給付月數。

（三）一次請領老年給付：

　　　　給付金額=近三年平均月投保薪資×給付月數。

　　光看這三種名稱，唸起來就"卡卡的"，第一種給付方式適用於所有勞工；第二種給付方式僅適用於 2009 年 1 月 1 日以後才具有勞保資格者；第三種給付方式僅適用於 2009 年 1 月 1 日以前就具有勞保資格者。第一種的「老年年金給付」，尚有「減額年金」與「展延年金」之分，細節詳見勞動部勞工保險局。

★「勞保年金」之試算

　　勞保年金之計算較為簡單，有二條計算公式，取計算結果之較大值；假設 25 歲進入職場，起薪 30,000 元/月，投保級距為 30,300 元(第 7 級)，工作 40 年到 65 歲退休，投保級距為最高級(第 16 級)45,800 元 (※最高 60 個月之投保月薪平均值) ，依計算式(1)、(2)分別計算：

　　(1) 45,800(元/月)×40(年)×0.775%+3,000(元)=17,198 元/月。

　　(2) 45,800(元/月)×40(年)×1.55%=28,396(元/月)。

　　(1)及(2)擇優，故取 28,396(元/月)。

　　圖 2-1 是勞工保險局網站的勞保年金試算軟體，依序填入①民國出生年度、②欲退休年齡、③最高 60 個月之月平均投保薪資和④到退休時之參加保險年資後，再點選「試算」鍵，即會顯示二條計算式的計算結果，取較大值即是日後退休時可按月領取的**勞保年金**。由於目前的**勞保年金**的投保薪資上限僅 45,800 元，而你在 65 歲退休時，保險年資 40 年，如圖 2-1 之試算結

果，僅 28,396 元/月，不到退休前最後月薪的 40%(※退休時月薪多會高於 45,800 元/月)，因此，政府才於 2005 年 7 月實施「勞工退休金新制」，以彌補偏低的**勞保年金**。

圖 2-1 勞保年金試算表

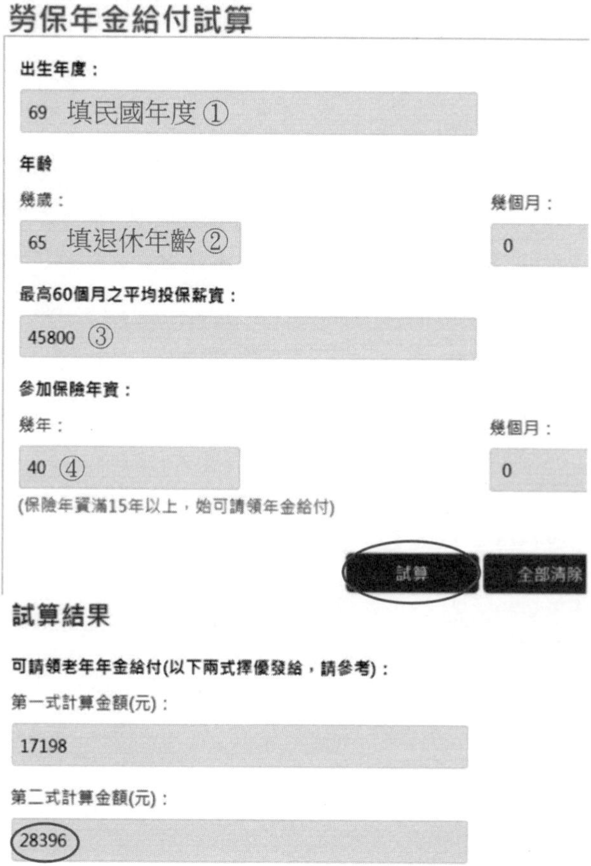

勞保年金給付試算

出生年度：

69　填民國年度 ①

年齡

幾歲：		幾個月：
65　填退休年齡 ②		0

最高60個月之平均投保薪資：

45800　③

參加保險年資：

幾年：		幾個月：
40　④		0

(保險年資滿15年以上，始可請領年金給付)

試算　　全部清除

試算結果

可請領老年年金給付(以下兩式擇優發給，請參考)：

第一式計算金額(元)：

17198

第二式計算金額(元)：

28396

★ 「勞退年金」之試算

依「勞工退休金新制」規定,雇主需為勞工按月提繳投保薪資 6%的退休金,到勞工的「個人退休金專戶」(※相當於在銀行開個"零存整付"帳戶),而勞工也可以自願提繳≦6%的退休金自付額,存入自己的帳戶。勞工退休金之保費是強迫性儲蓄,勞退帳戶是屬於您個人的,所以,個人帳戶不會倒,而是勞退基金才有"倒不倒"的問題。

勞退年金的計算式頗為複雜,可到勞動部的網站(https://calc.mol.gov.tw/trial/personal_account_frame.asp)去試算,例如 25 歲進入職場的起薪 30,000 元/月,投保年資 40 年、勞退基金之投資報酬率 3%、薪資成長率 2%及退休金雇主提撥率(6%),並預估平均餘命 24 年(※65 歲退休後可活到 89 歲),依圖 2-2 之試算結果,預估每月可領**勞退年金** 11,498 元。

圖 2-2 勞退年金試算表

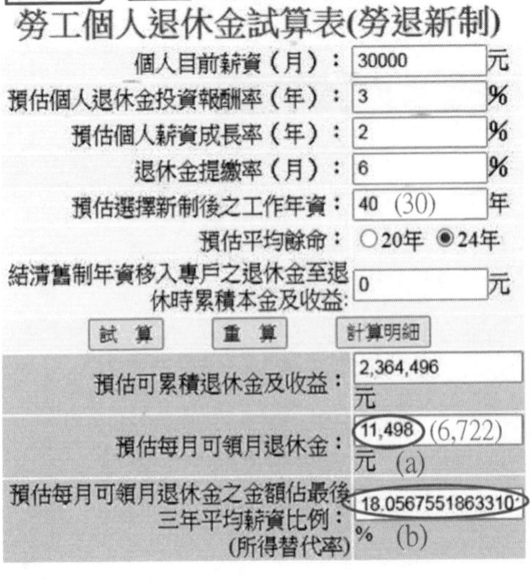

勞工個人退休金試算表(勞退新制)

個人目前薪資(月):	30000	元
預估個人退休金投資報酬率(年):	3	%
預估個人薪資成長率(年):	2	%
退休金提繳率(月):	6	%
預估選擇新制後之工作年資:	40 (30)	年
預估平均餘命:	○20年 ●24年	
結清舊制年資移入專戶之退休金至退休時累積本金及收益:	0	元

| 試算 | 重算 | 計算明細 |

預估可累積退休金及收益:	2,364,496	元
預估每月可領月退休金:	11,498 (6,722)	元 (a)
預估每月可領月退休金之金額佔最後三年平均薪資比例:(所得替代率)	18.0567551863310	% (b)

　　勞退新制是 2005 年 7 月才開始實施，迄今 2020 年，剛好 15 年而已，所以圖 2-2 中之工作年資 40 年，是 25 歲進入職場，迄今 40 歲，剛好加入勞退新制 15 年，再工作 25 年到 2045 年，滿 65 歲時的工作年資即是 40 年。

　　由圖 2-2 中之(a)與(b)，可推算出退休時之月薪≒(a)÷(b)=63,677 元/月。※粉紅字為新制勞退年資 30 年(※其他條件不變)之預估可領月退休金 6,722 元。不論是**勞保年金**或是**勞退年金**，想在退休後，年金領的多，共通點就是"年資要長"，以 40 年的工作加保年資，如圖 2-1 及圖 2-2 之試算，勞保年金(28,396 元/月)與勞退年金(11,498 元/月)合計共 39,894 元/月，是勞工退休金的第一道防護罩；若以目前的物價水準來看，也許談不上"快樂活"，但至少還可以過個"尚可"的生活吧？但是，若以通膨率 1.5% 計算，則 39,894 元/月之 25 年後的"等價現值"相當於現在的 27,496 元/月(※參考表 2-7a，39,894 元x0.68923)，似乎也只能過著"不生病、健康活"的普通生活吧？若以通膨率 2.0%(※通膨率≦2.0%是先進國家努力的目標)計算，則 39,894 元/月之 25 年後的"等價現值"為 24,317 元/月(※參考表 2-7c，39,894 元x0.60953)，回頭看表 1-4(b)的台北市中低收入戶審核標準 24,293 元/月，應該就是"下流老人"了吧？

2-4. 勞保年金 vs. 勞退年金

勞保老人給付(※勞保年金)和勞工退休金(※勞退年金)係分別屬於不同的制度,故請領規定亦不同,勞工需要年滿 60 歲且提繳年資滿 15 年以上,才可請領勞退年金,可選擇一次領或依"平均餘命"按月領取。※未滿 15 年需一次請領。

新制勞工退休金制度(※勞退年金)是 2005 年 7 月 1 日開辦,至 2020 年 7 月約有 7 萬名勞工首次符合"滿 60 歲且提繳年資滿 15 年"的請領條件,平均每人可領取 60 萬(※一次領),或是依平均餘命 24 年,每月領取約 2,100 元。

但 2020 年申請提領勞退年金的勞工並不多,勞保局曾分析,勞工不急著請領新制勞退年金的原因:(1)帳戶金額不多,暫不想領、(2)尚未離開職場,不急著用錢、(3)有些勞工不知道有勞退年金可以領取,和(4)故意不想領取,想要保留退休金在帳戶裡繼續分紅,所以勞工保險局還得發函給年滿 65 歲的勞工,催促領取勞工退休金。

對於剛進入職場不久之二、三十歲上班族,談退休理財計畫似乎有點不切實際,無關痛癢,畢竟這是三、四十年後的事,暫且不談勞保基金、勞退基金是否會倒,萬一未退休前意外身亡或病故,家屬可領回之前所提繳的費用嗎?

先說勞保老年給付(※勞保年金)部份,勞保年金不管是繳納期或是退休後月領勞保年金期間,若不幸身故,家屬尚可請領遺屬年金,不過有些限制,例如,需為未成年子女,無工作配偶,或者 25 歲以下學生且(打工)收入低於勞保第一級者,均可請領遺屬年金,細節規定詳見勞工保險局網站。根據勞工保險局的試算顯示，勞保年金(※非勞退年金)的月領者，只要超過 7 年，則所領的 7 年總和將超過(7 年前)一次領的金額，所以應是以月領勞保年金，對退休者較有保障。※自 2009 年 1 月 1 日，勞保年金制度實施後，首次加入勞保者，退休後只能選擇"月領"的勞保年金給付方式。

　　至於勞退年金部份，並不相同，勞保年金是"活得愈久，領得愈多"，但是勞退年金並非如此，按月領取勞退年金時，是將勞工退休時所結算的退休金，按平均餘命(※60 歲退休 24 年，65 歲退休 20 年)計算，按月領取，只不過因為"勞退基金"尚可分配投資績效紅利，和最低 2 年定期存款年利率之保障，合計領取的實際金額，應比(結算退休金÷(平均餘命×12))稍多一些，勞工若在退休後五年不幸身故，家屬尚可領回差額，所以勞工並不吃虧。

　　不管月領多少錢(勞保年金⊕勞退年金)，退休後每個月都有現金入帳，"量入為出"感覺上至少比較安心。※目前約有 80%的退休勞工選擇月領方式。

表 2-5 〉請領勞保(老年)年金之年齡變化

出生年次	1957 年	1958 年	1959 年	1960 年	1961 年	1962 年	≧1963 年
請領年齡	60 歲	61 歲	62 歲	63 歲	64 歲	65 歲	66 歲？67 歲？
請領年份	～2017 年	2019 年	2021 年	2023 年	2025 年	2027 年	未知

★勞工幾歲才可以請領<u>勞保年金</u>？

有不少勞工以為年滿 60 歲，退休就可以請領<u>勞保年金</u>，事實上並非如此；<u>勞保年金</u>制度是 2009 年才開始實施，如果你是在(含)1957 年以前出生者，確實是可以在年滿 60 歲時，請領<u>勞保年金</u>，但是勞保條例規定，自 2009 年開始，的第 10 年起，要提高 1 歲，爾後每二年提高 1 歲，如表 2-5 所示，(含)1962 年 1 月 1 日以後出生的勞工，在 65 歲時才能請領<u>勞保年金</u>，如果你是 1962 年 1 月 1 日以後才出生者，你只能慢慢熬，最快也僅能在 2027 年，才可以請領<u>勞保年金</u>。

未來勞保局財務困難時，再延長請領勞保老年給付年齡是解決方案之一，歐洲之瑞典、丹麥及德國等高福利國家的現行政策來看，可預見台灣將來也可能會將法定退休年齡延為 67 歲、69 歲。

勞保年金制度，另外訂有前/後各 5 年的調整彈性，亦即是勞工可有「提前請領」和「延後請領」，兩種機制可以選擇。如果選擇「提前請領」，則提前 1 年請領，金額減 4%，提前 2 年請領，金額減 8%，依此類推，最多可提前 5 年請領，則金額將減少 20；反之，如果你到 65 歲還是 1 尾活龍，或是暫不缺現金，也可以選擇「延後請領」，若是延後 1 年請領，金額將增加 4%，延後 2 年請領，金額增加 8%，依此類推，最多可延後 5 年請領，則金額將增加 20%。每年穩賺 4%是目前銀行定存的 5 倍，表 4-10 之 9 種退休相當的官方基金，其近 10 年的平均收益率僅 3.02%，由此可知，大概很少有可以白紙黑字"保證"年賺 4%的股票、基金或投資型保單等金融商品吧？

2-5. 勞工退休金速查表

在勞工保險局的網站，有(1)勞保年金試算表(※圖 2-1)和(2)勞退年金試算表(※圖 2-2)，可供勞工試算退休時可領多少(1)勞保年金和(2)勞退年金；勞退年金制度是 2005 年 7 月開始實施，為方便計算，本書假設以 2005 年為勞工進入職場的第一年，當時年齡 25 歲，亦即(含)1980 年(以後)出生，依規定，年滿 65 歲可請領的勞保年金和勞退年金，經以勞保局之試算軟體試算後，整理出如表 2-6 之退休金(元)速查表。※實際金額以勞保局數據為準。

如果是 1980 年以前出生者，因為勞退年金是 2005 年才開始辦理，所以，因為提繳勞退年金的年數不及 40 年，則 65 歲退休可領取的勞退年金將減少許多，例如您是 1970 年出生，同樣是 25 歲就當職場新鮮人，則在 2034 年滿 65 歲退休時，因為勞退年金的提繳年資只有 30 年，所以，(2)勞退年金(雇主 6%)之金額僅 6,722 元(※圖 2-2 之括號內粉紅色數值)。

表2-6 勞工退休金(元)速查表

※假設25歲進入職場,分別60歲退休(年資35年)、65歲退休(年資40年)、67歲退休(年資42年)	年資35年 平均餘命24年	年資40年 平均餘命20年	年資42年 平均餘命20年	年資35年 平均餘命24年	年資40年 平均餘命20年	年資42年 平均餘命20年	年資35年 平均餘命24年	年資40年 平均餘命20年	年資42年 平均餘命20年	年資35年 平均餘命24年	年資40年 平均餘命20年	年資42年 平均餘命20年
	起薪25,000 元/月			起薪30,000 元/月			起薪35,000 元/月			起薪40,000 元/月		
(1)勞保年金	19,878	28,396	32,201	19,878	28,396	32,201	19,878	28,396	32,201	19,878	28,396	32,201
(2)勞退年金(雇主6%)	7,397	10,900	12,028	8,883	13,081	14,437	10,363	15,273	16,861	11,827	17,410	19,225
(1)+(2)小計	27,275	39,296	44,229	28,761	41,477	46,638	30,241	43,669	49,062	31,705	45,806	51,426
(3)勞退年金(自提6%)	7,397	10,900	12,028	8,883	13,081	14,437	10,363	15,273	16,861	11,827	17,410	19,225
(1)+(2)+(3)合計	34,672	50,196	56,257	37,644	54,558	61,075	40,604	58,942	65,923	43,532	63,216	70,651
退休年齡	60歲	65歲	67歲	60歲	65歲	67歲	60歲	65歲	67歲	60歲	65歲	67歲

註1:勞保年金試算之「最高60個月平均投保薪資」,係依2020年1月公告實施之上限45,800元計算,以後必會再調高,此表未做預調。

註2:勞退年金試算採用勞保局試算表:薪資成長率2%和投報率3%計算。

　　圖 2-1 及圖 2-2 之試算結果，或表 2-6 之退休金速查表，均未考慮通膨率的影響，可能會高估而過於樂觀；因此，本書以三種不同的通膨率及薪資年增率組合，整理出目前月薪之未來值及等價現值的對照表。

　　表 2-7a 是以「月薪年增率 2.0%和通膨率 1.5%」為基準，估算目前月薪 30,000 元/月～70,000 元/月之 5 年後～42 年後的未來值及換算回目前價值的"等價現值"；例如：月薪 50,000 元/月，@薪資年增率 2.0%時，35 年後的薪資為 99,995 元/月，但是，受通膨率 1.5%之影響，其"等價現值"僅 59,383 元/月。如果您認為月薪年增率應比 2.0%稍高，表 2-7b 則可查，是以「月薪年增率 2.5%和通膨率 1.5%」為基準，所估算的目前月薪之未來值及"等價現值"；例如：月薪 50,000 元/月，@薪資年增率 2.5%時，30 年後的薪資為 104,879 元/月，但是，受通膨率 1.5%之影響，其"等價現值"僅 67,096 元/月。

　　如果您是較保守的的上班族，則可查表 2-7c，是以「月薪年增率 1.5%和通膨率 2.0%」為基準，所估算的目前月薪之未來值及等價現值；例如：月薪 50,000 元/月，@薪資年增率 1.5%時，25 年後的薪資為 72,548 元/月，但是，受通膨率 2.0%之影響，其"等價現值"僅 44,220 元/月，比目前現值 5 萬元/月還低。

表2-7a　目前月薪之未來值、等價現值(元)對照表(@月薪年增率2.0%,通膨率1.5%)

起薪或現值		5年後	10年後	15年後	20年後	25年後	30年後	35年後	40年後	42年後 @67歲退休
30,000 元/月	未來值	33,122	36,570	40,376	44,579	49,218	54,341	59,997	66,241	68,917
	等價現值	30,746	31,511	32,296	33,098	33,923	34,765	35,630	36,517	36,877
35,000 元/月	未來值	38,643	42,665	47,105	52,008	57,421	63,398	69,996	77,281	80,403
	等價現值	35,868	36,764	37,678	38,613	39,576	40,559	41,568	42,603	43,024
40,000 元/月	未來值	44,163	48,760	53,835	59,438	65,624	72,454	79,996	88,322	91,890
	等價現值	40,992	42,016	43,061	44,130	45,230	46,352	47,506	48,689	49,170
45,000 元/月	未來值	49,684	54,855	60,564	66,868	73,827	81,511	89,995	99,362	103,376
	等價現值	46,117	47,269	48,443	49,646	50,884	52,147	53,444	54,775	55,316
50,000 元/月	未來值	55,204	60,950	67,294	74,298	82,031	90,568	99,995	110,402	114,862
	等價現值	51,240	52,521	53,826	55,163	56,538	57,941	59,383	60,861	61,463
55,000 元/月	未來值	60,724	67,044	74,023	81,727	90,234	99,625	109,994	121,442	126,348
	等價現值	56,364	57,772	59,209	60,678	62,192	63,735	65,321	66,947	67,609
60,000 元/月	未來值	66,245	73,139	80,752	89,157	98,437	108,682	119,993	132,482	137,834
	等價現值	61,489	63,024	64,591	66,195	67,846	69,529	71,259	73,033	73,755
65,000 元/月	未來值	71,765	79,234	87,482	96,587	106,640	117,738	129,993	143,523	149,321
	等價現值	66,612	68,276	69,974	71,711	73,499	75,323	77,198	79,120	79,902
70,000 元/月	未來值	77,286	85,329	94,211	104,017	114,843	126,795	139,992	154,563	160,807
	等價現值	71,737	73,528	75,357	77,227	79,153	81,117	83,136	85,206	86,048
未來值比		1.10408	1.21899	1.34587	1.48595	1.64061	1.81136	1.99989	2.20804	2.29724
等價現值比		0.92826	0.86167	0.79987	0.74245	0.68923	0.63975	0.59386	0.55127	0.5351

註1：月薪未來值(SFV)=(月薪現值)SPV×$(1+2.0\%)^n$。等價現值(EPV)=SFV÷$(1+1.5\%)^n$。

註2：例如：月薪50,000元/月,@薪資年增率2.0%時,35年後的薪資為99,995元/月,
但是,受通膨率1.5%之影響,其等價的現值僅59,383元/月。

表 2-7b 目前月薪之未來值、等價現值(元)對照表(@月薪年增率 2.5%，通膨率 1.5%)

起薪或現值		5 年後	10 年後	15 年後	20 年後	25 年後	30 年後	35 年後	40 年後	42 年後 @67 歲退休	
30,000 元/月	未來值	33,942	38,402	43,449	49,159	55,618	62,927	71,196	80,552	84,630	
	等價現值	31,505	33,091	34,754	36,498	38,334	40,258	42,280	44,406	45,286	
35,000 元/月	未來值	39,599	44,803	50,691	57,352	64,888	73,415	83,062	93,977	98,735	
	等價現值	36,756	38,607	40,546	42,581	44,723	46,967	49,327	51,807	52,833	
40,000 元/月	未來值	45,256	51,203	57,932	65,545	74,158	83,903	94,928	107,402	112,840	
	等價現值	42,007	44,122	46,338	48,664	51,112	53,677	56,374	59,208	60,381	
45,000 元/月	未來值	50,913	57,604	65,174	73,738	83,427	94,391	106,794	120,828	126,945	
	等價現值	47,257	49,637	52,131	54,747	57,500	60,387	63,421	66,609	67,928	
50,000 元/月	未來值	56,571	64,004	72,415	81,931	92,697	104,879	118,661	134,253	141,050	
	等價現值	52,509	55,152	57,923	60,830	63,890	67,096	70,468	74,010	75,476	
55,000 元/月	未來值	62,228	70,404	79,657	90,124	101,967	115,366	130,527	147,678	155,155	
	等價現值	57,760	60,667	63,715	66,913	70,279	73,805	77,515	81,410	83,023	
60,000 元/月	未來值	67,885	76,805	86,898	98,317	111,236	125,854	142,393	161,104	169,260	
	等價現值	63,011	66,183	69,507	72,995	76,667	80,515	84,562	88,812	90,571	
65,000 元/月	未來值	73,542	83,205	94,140	106,510	120,506	136,342	154,259	174,529	183,365	
	等價現值	68,262	71,698	75,300	79,078	83,056	87,225	91,608	96,213	98,119	
70,000 元/月	未來值	79,199	89,606	101,381	114,703	129,776	146,830	166,125	187,954	197,470	
	等價現值	73,513	77,213	81,092	85,161	89,446	93,934	98,655	103,613	105,666	
未來值比		1.13141	1.28008	1.44830	1.63862	1.85394	2.09757	2.37321	2.68506	2.82100	
等價現值比		0.9282	0.8617	0.79987	0.74245	0.68923	0.63975	0.59386	0.55127	0.5351	

註 1：月薪未來值(FV) =PVx(1+2.5%)^年。等價現值(EPV)=FV÷(1+1.5%)^年

註 2：例如：月薪 50,000 元/月，@薪資年增率 2.5%時，30 年後的薪資為 104,879 元/月，但是，受通膨率 1.5%之影響，其等價的現值僅 67,096 元/月。

表2-7c　目前月薪之未來值、等價現值(元)對照表(@月薪年增率1.5%，通膨率2.0%)

起薪或現值		5年後	10年後	15年後	20年後	25年後	30年後	35年後	40年後	42年後 @67歲退休
30,000 元/月	未來值	32,318	34,816	37,507	40,406	43,529	46,892	50,516	54,421	56,066
	等價現值	29,271	28,568	27,868	27,192	26,532	25,888	25,260	24,647	24,406
35,000 元/月	未來值	37,705	40,619	43,758	47,140	50,783	54,708	58,936	63,491	65,410
	等價現值	34,151	33,329	32,513	31,724	30,954	30,203	29,470	28,754	28,473
40,000 元/月	未來值	43,091	46,422	50,009	53,874	58,038	62,523	67,355	72,561	74,754
	等價現值	39,029	38,091	37,157	36,256	35,376	34,517	33,680	32,862	32,540
45,000 元/月	未來值	48,478	52,224	56,260	60,609	65,293	70,339	75,775	81,631	84,098
	等價現值	43,908	42,851	41,802	40,788	39,798	38,832	37,890	36,970	36,608
50,000 元/月	未來值	53,864	58,027	62,512	67,343	72,548	78,154	84,194	90,701	93,443
	等價現值	48,786	47,613	46,447	45,320	44,220	43,146	42,100	41,078	40,676
55,000 元/月	未來值	59,250	63,830	68,763	74,077	79,802	85,969	92,613	99,771	102,787
	等價現值	53,665	52,374	51,092	49,852	48,642	47,461	46,309	45,185	44,743
60,000 元/月	未來值	64,637	69,632	75,014	80,812	87,057	93,785	101,033	108,841	112,131
	等價現值	58,544	57,135	55,736	54,384	53,064	51,776	50,520	49,293	48,811
65,000 元/月	未來值	70,023	75,435	81,265	87,546	94,312	101,600	109,452	117,911	121,475
	等價現值	63,422	61,897	60,381	58,916	57,486	56,090	54,729	53,401	52,878
70,000 元/月	未來值	75,410	81,238	87,516	94,280	101,567	109,416	117,872	126,981	130,820
	等價現值	68,301	66,658	65,025	63,448	61,908	60,405	58,940	57,508	56,946
未來值比		1.07728	1.16054	1.25023	1.34686	1.45095	1.56308	1.68388	1.81402	1.86885
等價現值比		0.90573	0.82053	0.74301	0.67297	0.60953	0.55207	0.50003	0.45289	0.43530

註1：月薪未來值(SFV)=(月薪現值)SPV×(1+1.5%)^年。　等價現值(EPV)=SFV÷(1+2.0%)^年

註2：例如：月薪50,000元/月，@薪資年增率1.5%，25年後的薪資為72,548元/月；
但是，受通膨率2.0%之影響，其等價的現值僅44,220元/月，比目前現值5萬元/月還低。

2-6. 勞退基金虧損時，扣不扣勞工退休金帳戶的錢？

　　「勞動部勞動基金運用局」會於每年 2 月底前，通知「勞保局勞工退休基金」前 1 年度損益，勞保局會於 3 月底前辦理收益分配。您可親至勞保局總局或各地辦事處，以自然人憑證上勞保局網站，或透過智慧型手機、平板電腦下載「勞保局行動服務 APP」（需先以自然人憑證完成行動裝置的認證），或以勞動保障卡、郵政金融卡（請先至郵局辦理勞保局資料查詢服務之申請手續）至發卡金融機構自動櫃員機（ATM）查詢您分配到的收益。

　　2019 年 3 月初，勞保局完成「2018 年勞退基金運用收益之盈虧分配」，並轉入勞工個人專戶中，個人帳戶收益呈現"負值"，因此，2019 年 3 月上旬，網路上開始傳出「勞退新制平均每人虧損 3,700 元，要從個人帳戶扣錢」的消息，引發不少勞工上勞保局網站查詢自己的勞退帳戶，確實，2018 年每個人帳戶之收益金額均為負值，有人被扣 4,000 元、9,000 元及上萬元不等。

　　2018 年「新制勞退基金」的運用收益：「虧損 423.8 億元，收益率為-2.07%」，若以約 650 萬個新制勞工帳戶估算，平均每位(新制)勞工約虧損 6,520 元；勞保局官員趕緊出面澄清：「勞工退休時所領取的退休金，歷年提繳的**本金不會減少"**，而且政府有 2 年期定存利率的"最低保證收益率"，亦即勞工個人專戶一定會賺錢，個人專戶中雖然是負值，這只是呈現勞退基金當年度運用的收益結果，**「絕對不會從勞工個人帳戶中扣錢」**，真的"本金不會減少"嗎？真的"絕對不會從勞工個人帳戶中扣錢"嗎？勞保局官員的解釋是否避重就輕、玩文字遊戲？

　　表 2-8 是讀者阿美由勞保局網站下載之「個人專戶明細資料

表」，由序號 18 可知，106 年(2017 年)之雇提收益 41,814 元，已轉入帳戶中，使帳戶金額由 106 年 12 月(序號 17)之累計金額 562,958 元，增加到 604,772 元，阿美高興的不得了；再由序號 31 可知，107 年(2018 年)之雇提收益-12,524 元，也已從帳戶中扣除，使帳戶金額由 107 年 12 月(序號 30)之累計金額 646,388 元，因為扣掉虧損 12,524 元，而只剩下 633,864 元(序號 31)，阿美"心慌慌"，深怕如果投資收益率負值居多時，帳戶內的錢豈不被扣光了；怎會如勞保局官員斬釘截鐵的說：「…**不會影響勞工退休金權益**」？唯一可能成真的狀況是：「長期三、四十年提繳期間的總投資收益金額，低於累計之最低保證收益金額」時，才會有"不會影響勞工退休金權益"的可能，勞保局官員應"說清楚、講明白"，讓勞工了解"扣錢"的事實真相。

表 2-8 由勞保局網站列印之阿美的個人專戶明細

序號	資料時段	摘要說明	提繳單位名稱	金額	累計金額
16	10611	雇主提繳	股份有限公司	3,468	559,490
17	10612	雇主提繳	股份有限公司	3,468	562,958
18	106	雇提收益		41,814	604,772
19	10701	雇主提繳	股份有限公司	3,468	608,240
20	10702	雇主提繳	股份有限公司	3,468	611,708
21～28 略					
29	10711	雇主提繳	股份有限公司	3,468	642,920
30	10712	雇主提繳	股份有限公司	3,468	646,388
31	107	雇提收益		-12,524	633,864
32	10801	雇主提繳	股份有限公司	3,468	637,332
33	10802	雇主提繳	股份有限公司	3,468	640,800
34	10803	雇主提繳	股份有限公司	3,468	644,268
35	10804	雇主提繳	股份有限公司	3,468	647,736
36	10805	雇主提繳	股份有限公司	3,468	651,204
37	10806	雇主提繳	股份有限公司	3,468	654,672
38	10807	雇主提繳	股份有限公司	3,468	658,140
39	10808	雇主提繳	股份有限公司	3,468	661,608
40	10809	雇主提繳	股份有限公司	3,648	665,256

報表代號：personalaccount　已繳納勞工個人專戶明細資料
身分證號：　　出生日期：　　姓名：
累計提繳年資：14年03月(含舊制 00年00月)　108年12月20日 第3頁 / 第3頁
雇主提繳累計：561,240元　個人提繳累計：0元
雇主提繳收益累計：104,016元　個人提繳收益累計：0元
選擇之查詢範圍(提繳單位編號)：全部　　資料時段：(全部)

*本專戶最後累計金額不含最近年度尚未分配收益，倘請領勞工退休金時，以申請當月勞動基金運用局公告最近月份之收益率，計算至申請月止，請領前可先至勞局網站(www.blf.gov.tw/front/main/300)查詢。
1. 本資料僅供參考，實際領取金額以申請時本局核定為準。
2. 勞工依法請領退休金時，除累計已繳納的退休金外，可享有存儲期間不低於二年定期存款利率計算的保證收益，勞工權益絕對受到保障。

表 2-9 是到勞工局網站調閱王小明加入勞退新制 10 年之勞工的退休金個人專戶資料，可看出，在 2011 年、2015 年及 2018 年，(b)收益金額分別被扣了 479 元、139 元及 4,066 元，為什麼勞保局官員說的，老是跟勞工們的感受不一樣？若看表 2-8 中的 2018 年，當年虧損 4,066 元，因為前 8 年的累積收益金額已超過 4,066 元；因此，勞保局官員說：「**本金不會減少**」尚"硬拗"的過去；但是，再看 2010 年度，本金提繳 4,300 元，當年收益 1 元 (※剛進公司 3 個月)；2011 年本金提繳 26,779 元，當年虧損 479 元，所以，2011 年**本金確確實實地被扣了 478 元(=-479 元+1 元)**，而且已於次年 3 月結帳轉入新制勞工個人帳戶中，怎會如勞保局官員所說：「**本金不會減少，…絕對不會從勞工個人帳戶扣錢**」？

表 2-9 〉某勞工之個人勞退帳戶金額(元)

年度	勞退提繳	(a)年提繳本金	(b)收益金額	(c)累積(本金+收益)	(d)保證收益率	(e)自估保證收益額
2010	雇提 6%	4,300	1	4,301	1.0476%	423 (9 年)
2011	雇提 6%	26,779	-479	30,601	1.3131%	2,946 (8 年)
2012	雇提 6%	32,195	2,036	64,832	1.3916%	3,270 (7 年)
2013	雇提 6%	24,307	4,108	93,247	1.3916%	2,101(6 年)
2014	雇提 6%	24,509	6,426	124,182	1.3916%	1,753 (5 年)
2015	雇提 6%	14,329	-139	138,372	1.3722%	803 (4 年)
2016	雇提 6%	14,400	4,671	157,443	1.1267%	492 (3 年)
2017	雇提 6%	21,845	12,753	192,041	1.0541%	463 (2 年)
2018	雇提 6%	20,330	-4,066	208,305	1.0541%	214 (1 年)
2019	雇提 6%	26,712	25,158	260,175	1.0541%	未滿 1 年(略)
	合計	209,706	50,469			12,465 元

註(1)：雇主提繳累計金額：209,707 元；個人提繳累計金額：0 元(※未自提)
註(2)：收益部份：以實際收益或保證收益較高金額發給。
註(3)：至 2019 年 12 月 31 日止，實際收益累計金額：50,469 元
註(4)：估至 2019 年 12 月 31 日止，保證收益累積金額：11,871 元
註(5)：試算結果：預估現在請領一次退休金，以下列 2 式之較高金額發給：
　　　第 1 式：本金累計(209,706 元)+實際收益累計(50,469 元)=260,175 元
　　　第 2 式：本金累計(209,706 元)+保證收益累計(11,871 元)=221,577 元

※(e)欄自估保證收益額，係以(a)每年之本金(PV)與(d)保證收益率(rate)，計算到 2019/12/31 的單筆(e)未來值(FV)，計算式為 $FV=PV \times [(1+rate)^{年}-1]$。

　　表 2-9 中的註(4)"保證收益累計金額：11,871 元"是怎麼算出來的，勞保局並未提供計算公式，其計算方式確實很複雜，因為每月/每年的提繳本金及最低保證收益率均可能為變數，無法以一般之固定的本金及收益率來計算未來值(FV, Future Value)，但可逐年分開計算，概估累積總收益金額；表 2-9 第(e)欄是本書之"自估保證收益額"，係以每年提繳的本金(a)(※單筆計算)，依存入年數及當年度保證收益率(d)，概估的保證收益金額 12,465 元(※僅供參考，以勞保局之數值為準)，與勞保局提供的 11,871 元，有 5.01%之誤差。

　　不過，這不是重點，網友的問題是：「**虧損年度的收益，應該以當年度的最低保證收益率計算？還是如勞保局的計算方式，等退休時再**全部以**勞保期間之平均"最低保證收益率"來計算？**」，由表 2-9 之註(4)的保證收益累積金額 11,871 元來看，顯然，勞保局是以「**等勞工退休時，再**全部以每年平均**"最低保證收益率"**」方式來計算的。

　　勞保局之說明如表 2-10(A)及(B)所示，茲將勞保局之計算方式的法源依據，整理如表 2-11 所示之(A)(B)(C)，只是找不到表 2-9 之註(5)的(取較大值)計算方式的法源依據或解釋函；對於表 2-10 之勞保局說明，有 3 項疑問：

Q1：**超過保證收益時，真的將其**全數分配至勞工個人帳戶中嗎？
　　依表 2-11(A)之條文：「**應**"…先減除…後，有超過最低收益(率)金額時，…再將超過部分之半數，於每年度決算後，分配至勞工個人帳戶"」。

Q2：**"立法背景"是法源依據嗎？**勞工退休金條例第 23 條(表 2-11(B))規定「有不足者，由國庫補足之」。

Q3：收益金額為負數(※虧損)，為何不會影響勞工權益？ 依表 2-11(A)之條文，每年之收益，於每年度決算後三個月內，已分配到勞工個人帳戶內，如表 2-8 及表 2-9 的個人帳戶中，均已結算扣款，使個人帳戶的累計金額減少，而確實已影響勞工退休金權益。

表 2-10〉 最低保證收益率之**勞保局說明**(※本書製表)

(A)勞工退休基金之運用，政府負有二年期定存之最低收益保證，絕不會損及勞工退休金權益
www.blf.gov.tw 勞動部勞動基金運用局；發布日期：2009/04/03
勞委會表示，為保障勞工權益，勞工退休金條例第 23 條及該條例施行細則第 32 條明定，提繳期間之運用收益，如低於同期間當地銀行二年定期存款利率之平均數計算之收益時，應以保證收益給付之，而若超過保證收益時，則將其全數分配至勞工個人專戶中，因此，勞工所領之歷年運用收益金額，不僅不會是負數，且絕對不會低於保證收益之數額，勞工退休權益絕對可以確保。
復查勞工退休金條例第 23 條之立法背景，在於保障勞工領取之「歷年」提繳退休金運用之最低收益，並非勞工退休基金年度收益遇有低於保證收益時，即由國庫予以補貼差額，以兼顧國庫負擔及勞工權益之平衡，該條之立法意旨在立法院審查記錄亦已明載。我國資本市場屬淺碟型，基金依財務會計準則公報第 34 號規定辦理資產評價時，自有產生未實現損失之可能，惟未來並不表示市場價格不會回升，若每年辦理結算，恐生「勞工獲利、全民買單」之不公平情形。

(B)如何計算個別勞工退休金專戶之收益金額？每年什麼時候辦理收益分配？我要怎麼知道我的退休金分配到多少收益？若勞退基金運用產生虧損時怎麼辦？會影響我的退休金（本金）嗎？

www.blf.gov.tw 勞動部勞工保險局；更新日期：2015/04/14

　　勞退基金經由「勞動部勞動基金運用局」整體投資運用後，每年獲得的收益，均分配於勞工個人專戶內，其收益分配的計算公式，係依勞退基金當年度損益，乘以個別勞工退休金專戶當年度每日結餘金額累計數，除以基金當年度每日結餘金額累計數，所得金額分配，分配金額以元為單位，角以下四捨五入。其理由係考量個別勞工退休金的繳納日期、金額不同，其參與基金運用獲得收益的貢獻度亦有所差異，為公平合理起見，於計算分配收益時，以個別勞工退休金專戶「每日結餘金額累計數」占「全體勞工退休金專戶每日結餘金額累計數」的權數，計算應分配收益金額。　Q3？

　　勞退基金運用若產生虧損，則該年度實際分配入個人專戶之收益金額雖為負數，惟該分配金額僅係呈現當年度基金運用結果的方式，並不會影響勞工退休金權益。當勞工或其遺屬或指定請領人請領退休金時，除累計歷年已繳納的退休金外，會再加上從開始提繳退休金之日起至依法領取退休金之日止期間的運用收益數，如運用收益數低於同期間當地銀行 2 年定期存款利率計算的收益數（即保證收益），差額將由國庫補足，勞工權益絕對受到保障。

表 2-11 最低保證收益率之**法源依據**(※本書製表)

(A)勞工退休基金收支保管及運用方法 / 第 10 條 (2018/05/21 修正)

law.moj.gov.tw 全國法規資料庫

　　本基金之運用，其每年決算分配之最低收益，不得低於依當地銀行二年定期存款利率計算之收益。本基金運用所得，於減除「期末投資運用評價未實現利益」，並補足「前二年度累積短絀」後，有超過當地銀行二年定期存款利率計算之收益時，應以其超過部分之半數，於每年度決算後三個月內完成分配。

　　運用所得分配後賸餘全數提列作為累積賸餘。提列累積賸餘中已實現利益之總額，有超過當年十二月底基金淨額之百分之六者，應併同於每年度決算後三個月內完成分配。第二項運用所得，應將股票及受益憑證等投資運用期末評價之未實現跌價損失予以排除後，再計算基金運用最低收益。

　　上開最低收益如未達當地銀行二年定期存款利率計算之收益時，不足部分應先以累積賸餘補足之；如有不足，得留待翌年之累積賸餘補足之，並以二年為限。如仍無法補足時，應經主管機關核准由國庫補足其差額。

★公告當地銀行二年期定期存款利率計算之最低保證收益率

www.blf.gov.tw 勞動部勞動基金運用局；(2020/06/01 發佈)

當地銀行係指台銀、一銀、合庫、華銀、土銀及彰銀等六家銀行。

年份	最低保證收益率	年份	最低保證收益率
2020 年 6 月	0.7858%	2013 年	1.3916%
2020 年 5 月	0.7858%	2012 年	1.3916%
2020 年 4 月	0.7858%	2011 年	1.3131%
2019 年	1.0541%	2010 年	1.0476%
2018 年	1.0541%	2009 年	0.9200%
2017 年	1.0541%	2008 年	2.6494%
2016 年	1.1267%	2007 年	2.4320%
2015 年	1.3722%	2006 年	2.1582%
2014 年	1.3916%	2005 年	1.9278%

(B)勞工退休金條例 / 第 23 條 (2019/05/15 修正)

退休金之領取及計算方式如下：

一、月退休金：勞工個人之退休金專戶本金及累積收益，依據年金生命表，
　　以平均餘命及利率等基礎計算所得之金額，作為定期發給之退休金。

二、一次退休金：一次領取勞工個人退休金專戶之本金及累積收益。

> 前項提繳之勞工退休金運用收益，不得低於以當地銀行二年定期存款利率計算之收益；有不足者，由國庫補足之。

(C)勞工退休金條例實施細則 / 第 32 條 (2019 年 07 月 29 日修正)

本條例第 23 條第二項所定勞工退休金運用收益，不得低於「以當地銀行二年定期存款利率計算」之收益，為「開始提繳之日起，至依法領取退休金之日止期間之累積收益，<u>不得低於</u>同期間以每年當地銀行二年定期存款利率之全年平均利率計算之累積收益」。

勞動部勞動基金運用局（以下簡稱基金運用局）應每月公告前項平均年利率，作為當月之最低保證收益率。

勞工退休金之計算式，若採用「逐年計算"實際收益或最低保證收益"」，則(表 2-9)每年的收益金額不會有負值，對勞工有利；反之，目前採用的「退休時全部一起結算，並比較(1)實際收益和(2)最低保證收益，取較大值」方式，因為近 12 年來的"2 年期定存年利率"均在 1.4% 以下，自 2020 年 4 月起，又降至 0.7858%，則對勞保局有利，但是，如果銀行存款年利率回升至 2000 年以前之 5%～10% 的水準，對勞保局是否有利，就不一定了。

對於表 2-11(A)、(B) 和 (C) 之法令條文，我們的綜合解讀是："投資收益應**每年**決算後三個月內完成分配，且勞退基金之運用所得，應減除**期末投資運用評價未實現利益**，並補足**前二年度累積短絀**後，有超過當地銀行二年定期存款利率計算之收益時，**應以其超過部分之半數，再分配至勞工個人帳戶**(※並非如表 2-10 之"Q1？"**全額**分配)"；同時，若當年度發生虧損時，應改用"最低保證收益率"計算收益金額，並於次年度 3 月前存入勞工個人帳戶」，此與勞保局的說明(※表 2-10)不同；表 2-9 中有 3 個年度 (2011、2015 及 2018 年)，個人帳戶確實扣了虧損的金額，怎會"不會影響勞工退休金權益"？不知表 2-11 之法令條文，應否由"**大法官解釋**"，看看勞保局的說明(※表 2-10)是否正確？

Chapter 3

"退休樂活"的資金基準線

3-1. 退休基金會破產嗎？

上班族的退休生活資金是寄託在三、四十年後之政府的各種退休基金，因此，想要"退休樂活"的前提，至少是"自己相關的退休基金不會倒"。

2018 年，勞保基金之勞保費收入/支出首次出現逆差，加上投資運用損失 158.24 億元，導致勞保基金短絀 413.8 億元；勞保基金之所以可能破產的主要原因，並非全是勞保基金之投資績效太差之故(※近 10 年的平均績效尚有 4.16%，見表 3-1)，而是勞保年金制度屬於社會保險，除了老年年金給付項目外，尚有生育、傷病、失能及死亡等給付項目，當(保費+投資收益)等收入，少於所有給付項目之支出時，政府若不設法改善，即必然會破產；其實，不止是勞保基金，其他如健保、公保、軍保、國保及農保等包含多種給付項目的政府基金，當收入與支出出現逆差，且不設法改善的話，均必定會破產，世界各國均同，每隔 3～5 年，多會喊出「政府基金將破產的危機」，以爭取社會民眾的支持，來提高保費。

勞保局每 3 年會更新一次的勞保精算報告，每次總會"提醒"勞保基金破產的年限，勞保局「2018 年勞工保險普通事故保險費率精算及財務評估」指出：「**若現行勞保費率及給付金額不改變的話，2026 年勞保基金即將破產**」；勞保現行的費率是 2017 年 3 月決定，由 2017 年的 9.5%開始，以"溫水煮青蛙"方式，每年調漲 0.5%，預定到 2022 年先調漲至 12%，屆時再視狀況決定未來的費率調漲幅度，直到預定上限 18%為止。

　　健保的現行費率是 4.69%外加 1.91%的補充健保費率，自 2017 年起，健保財務已連續 4 年出現赤字，若不調漲，2021 年也不例外，虧損赤字會更大；健保費率之現行法令規定是「每 5 年調整一次」，所以 2021 年勢必會調漲，而且調整年數已可能減為 2 年或 3 年。

　　所以，勞保及健保等基金均不會倒，只是勞工只能"多繳、少生病"。※台灣的健保制度良好，但是保費偏低，因此台灣的孤獨"中上流老人"喜歡逛大醫院(※下流老人逛不起)；突然想起一則笑話：「在早期的健保聯合門診中心之大廳，一如往常門庭若市，熱鬧非凡，許多退休老人群聚聊天，突然老劉發問：「老張今天怎麼沒來？」，老王回答說：「哦，我剛才打電話給他，他說今天感冒發燒，不能來！」」。

　　政府的勞動基金包括勞退、勞保等多種基金，基金規模均逐年穩定成長，為了分散投資風險，基金的資產配置，積極朝向全球化及多元化布局，逐步增加另類投資，審慎建構資產核心及衛星部位，並因應市場變遷及經濟金融情勢變化，對各類資產進行動態彈性調整，以兼顧基金安全性及收益性。如表 3-1 所示，(IV)、(V)、(VI)三種基金是以穩健收益優先，資產配置以銀行存款為主，故收益率偏低。

表 3-1 勞動基金規模與資產配置(2019 年 12 月)

基金名稱	規模	資產配置			10 年平均收益率
(Ⅰ)新制勞退基金	24,449 億元	(1)銀行存款 20.53%	(2)國內債務證券 10.16%	(3)國內權益證券 17.65%	3.51%
		(4)國外債務證券 16.73%	(5)國外權益證券 23.54%	(6)另類投資:11.39%	
(Ⅱ)舊制勞退基金	9,442 億元	(1)銀行存款 16.75%	(2)國內債務證券 11.22%	(3)國內權益證券 20.82%	3.95%
		(4)國外債務證券 17.32%	(5)國外權益證券 24.19%	(6)另類投資 9.70%	
(Ⅲ)勞保基金	7,410 億元	(1)銀行存款 9.22%	(2)國內債務證券 11.10%	(3)國內權益證券 22.58%	4.16%
		(4)國外債務證券 19.71%	(5)國外權益證券 21.68%	(6)另類投資 15.71%	
(Ⅳ)就業基金	1,329 億元	(1)銀行存款 44.08%	(2)國內債務證券 35.83%	(3)國外債務證券 20.09%	1.20%
(Ⅴ)欠資基金	130 億元	(1)銀行存款 50.32%	(2)國內債務證券 38.09%	(3)國內權益證券 11.59%	1.99%
(Ⅵ)職災基金	111 億元	(1)銀行存款 100%			0.89%

註：收益率為 2010～2019 年之 10 年平均值。另類投資係指不動產證券及基礎建設證券等。
出處：勞動基金運用局(2020/2/3 發佈)(※本書製表)

　　政府的各種基金多達 10 餘種，每一種基金均有一定的管理運用規則，即使用來投資理財，也不會把所有雞蛋放在同一籃子裡；如表 3-2 所示，勞退基金自委託國內/外 40 家以上的投資機構經營，以分散風險，但是，2005 年以來的 15 年中，有 4 次(2008 年、2011 年、2015 年及 2018 年)虧損，再加上 3 次(2005年、2006 年、2007 年)之收益率低於保證收益率，15 年中有 7 年(占 46.7%)低於當年度的保證收益率，難怪勞保局會採用如表 2-8 之註 5 所示，等勞工退休時，再以第 1 式及第 2 式之計算結果，取較大值的方式，來計算累積收益了，在這種超低(定存)年利率的時代，勞保局占了便宜，但是，萬一在 5 年、10 年後，銀行定存利率回到 2010 年以前之 5%以上的水準時，勞保局是否有利，就不一定了。

表 3-2　新制勞退基金之經營概況

單位：新臺幣元、家、% ; Unit：NT$、Unit、%

年月底別	基金運用餘額	基金淨值	基金收益數	委託經營家數 國內	委託經營家數 國外	收益率	保證收益率
End of 2005	28,213,609,808	46,792,309,826	60,203,663	-	-	1.5261	1.9278
End of 2006	127,768,299,335	148,813,579,863	1,235,817,006	-	-	1.6215	2.1582
End of 2007	234,680,505,271	256,333,333,978	755,515,381	10	-	0.4206	2.4320
End of 2008	340,315,655,469	352,596,060,170	-17,663,319,361	14	4	-6.0559	2.6494
End of 2009	472,413,672,548	514,326,294,056	48,112,567,359	14	11	11.8353	0.9200
End of 2010	597,374,432,109	648,482,340,942	8,203,512,235	14	13	1.5412	1.0476
End of 2011	742,798,131,149	759,515,553,196	-26,401,058,305	13	13	-3.9453	1.3131
End of 2012	884,124,826,043	944,970,920,640	40,634,829,079	12	18	5.0154	1.3916
End of 2013	1,078,776,307,251	1,149,551,871,062	55,659,922,376	13	16	5.6790	1.3916
End of 2014	1,310,203,361,008	1,380,640,220,566	75,399,973,008	11	19	6.3814	1.3916
End of 2015	1,521,272,125,359	1,542,170,070,448	-1,308,526,576	12	27	-0.0932	1.3722
End of 2016	1,698,179,649,707	1,761,462,921,009	51,540,825,275	12	30	3.2303	1.1267
End of 2017	1,898,358,168,516	1,936,047,165,521	140,696,839,913	10	32	7.9314	1.0541
End of 2018	2,195,771,274,632	2,221,782,605,510	-42,384,324,212	10	30	-2.0686	1.0541
End of 2019	2,444,847,328,684	2,683,954,871,830	267,007,170,930	10	34	11.4477	1.0541
End of 2020							
1月底 End of Jan.	2,474,719,934,877	2,683,435,709,408	-18,027,202,976	10	34	-0.7342	1.0541
2月底 End of Feb.	2,500,046,075,946	2,625,966,397,231	-92,456,645,154	10	34	-3.7437	1.0541
3月底 End of Mar.	2,496,978,007,568	2,451,242,027,707	-282,397,371,405	10	34	-11.3739	1.0541
4月底 End of Apr.	2,492,269,968,293	2,572,239,119,278	-178,599,761,506	10	34	-7.1190	0.9870
5月底 End of May	2,522,518,595,899	2,633,603,178,265	-135,371,755,517	10	34	-5.4349	0.9467
6月底 End of Jun.	2,530,514,749,399	2,694,609,906,630	-92,841,904,433	10	34	-3.7163	0.9199
7月底 End of Jul.	2,562,293,348,115	2,812,676,350,758	7,380,097,218	10	34	0.2947	0.9007
8月底 End of Aug.	2,630,670,111,807	2,860,622,000,451	36,897,679,408	10	34	1.4664	0.8864

※新冠肺炎影響

資料來源：勞保局財務管理組

　　表 3-3 是勞保基金的資產配置明細表，委外經營的比例占 35.2%(※國內機構僅占 3.13%，外來和尚會唸經？似乎是如此)，加上自行運用投資的 38.1%(18.5%+19.6%)，其他的資金則運用在 (低收益率)穩健投資上，因此，長期來看，政府的各種基金，均會有收益，只是投資收益率之多寡而已。

表 3-3 勞工保險基金的資產配置(2019 年 11 月底)

項 目	餘 額	占基金運用比例（%）
自行運用	477,362,990,213	64.48
轉存金融機構	78,386,930,627	10.59
短期票券	12,084,412,349	1.63
公債、公司債、金融債券及特別股	69,896,915,017	9.44
房屋及土地	1,673,808,820	0.23
政府或公營事業貸款	3,560,000,000	0.48
被保險人貸款	29,720,958,615	4.01
股票及受益憑證投資（含期貨）	136,966,566,651	18.50
國外投資	145,073,398,134	19.60
固定收益	74,245,307,935	10.03
權益證券	63,389,679,482	8.57
另類投資	7,438,410,717	1.00
委託經營	263,059,946,416	35.52
國內委託經營	23,207,490,536	3.13
國外委託經營	239,852,455,880	32.39
固定收益	71,651,252,273	9.68
權益證券	94,435,684,711	12.75
另類投資	73,765,518,896	9.96
合 計	740,422,936,629	100.00

資料來源：勞動部勞動基金運用局

　　政府的各種基金管理機構，為了開源，會以自營及委外經營方式(※表 3-3)，在國內外市場進行投資理財，大多數上班族相關之 9 種退休基金如表 3-1 及圖 3-1 所示，其近 10 年的平均收益率(亦稱報酬率、投資績效或經營績效)，多在 1.0%～4.0%之間，其中 2011 年、2015 年及 2018 年均為負值的虧損狀態，平心而論，各大基金的收益率不佳，不能全怪受委託(國內外數十家)的投信機構，各基金管理單位，除了報酬率外，對於投資組合、類型及工具等都有限制，尤其在 2012 年爆發**"盈正案"**後，金管會要求各基金管理單位，要嚴格控管，保留一定比例之固定收益的(低報酬率)投資項目，股票投資也以大型權值股為主。※或許，限制多是好事，否則可能虧損更多。

　　"盈正案"：盈正公司(3628)是由上市公司漢唐(2404)分割出來的部門，於 2010 年 9 月掛牌上櫃，資本額僅 4.5 億元，上櫃當時，股價高達 570 元，卻在 3 個月不到的時間跌到 230 元，跌勢快又猛，才引起金管會注意，又盛傳某些涉案的投信操盤手買豪宅、開名車，過於招搖才會引起關切，爆發出來。其實，盈正案並非特例個案，"內線交易、炒作股票"是股市理財真正可以"確保不虧損"的方法，若能不招搖，見好就收，有船過水無痕的功力，就不會被查辦。

　　涉及盈正案的投信公司約佔了 1/3，金管會在 2011 年 3 月時曾對凱基、安泰及德盛安聯等 13 家投信公司開罰，理由是：「投資分析報告明顯欠缺合理的基礎與根據」，13 家投信公司的總罰款金額不到 500 萬元，對投信公司而言，連零頭都談不上，不痛不癢。

　　盈正案的涉案投信公司，其中有數家為政府退休基金的操盤手，利用人頭炒作盈正，坑上班族(政府基金)的錢，因此，各基金管理制度才稍作修改，增加對受委託機構的操作限制。

　　圖 3-1 是各種基金之 2010～2019 年之 10 年間的年化報酬率，除了保守型私校退撫基金的 1.85%年化報酬率最低外，其他 8 種基金上有 3.41%～5.49%的年化報酬率(※見 4-2 單元)，至少

仍高於近 15 年的平均通貨膨脹率 1.21%(※見表 3-9)。

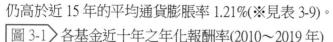

圖 3-1 各基金近十年之年化報酬率(2010～2019 年)

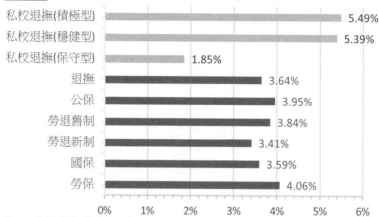

註 1：私校退撫僅成立 7 年，故使用近 7 年之年化報酬率。
註 2：年化報酬率係採用近 10 年之平均收益率，並以幾何平均數計算。
出處：中華民國退休基金協會(※本書製圖)

　　各種(退休)基金為了應付財政困境，(退休)制度的條文必然是需要修改，**"多繳、少領、延退"**是世界各國共通的退休金改革策略，**<續>下流老人**書中提及"2016 年之退休年金比 1999 年，每月少領 2.41 萬日幣(※約減少 16%)。依監察院(108 財調 0054，2019/09/06)調查報告，精算後之各退休基金破產年度，分別為軍保基金(2020 年)、勞保(2026 年)、教保(2030 年)及公保(2031 年)，但是，軍保基金迄今尚未破產；所以，任何與上班族(※勞工及軍公教人員等)相關的退休基金，其提繳費率及給付方式等，均會逐漸改革，不會維持不變，例如，(勞保)保費負擔比例、(勞保)投保級距、(勞退)提繳級距及法定退休年齡等，均可能修改，可預見的政策中，不外是：「提繳愈多、給付愈少、愈晚申請退休金」等方式，安啦，所有的政府基金均不會破產！

3-2. 砍完軍公教 18%後，勞工退休金剉咧等？

事實上，政府尚有許多可開發的財源(※第 6-5 節)，因此，不用擔心「退休基金倒不倒」，勞工倒是要擔心「未來的退休年金會被砍多少」？或者，「需要再增繳多少稅金和保費」？

2018 年 7 月「軍公教年金改革」正式上路後，雖然後續之爭議不斷，但是，如今已塵埃落定，「軍公教年金改革」之所以能夠成功的三大因素是：(1)銀行定期存款利率不到 2%，軍公教之 18%優率存款普遍引起"非軍公教人員"的公憤、(2)軍公教年金確實數倍於勞工的退休年金(※平均 17,577 元/月)和(3)(含已退)軍公教人員僅約 90 萬人；因此，「軍公教年金改革」獲得軍公教人員以外之絕大多數上班族的支持。

或許是受到「軍公教年金改革」成功的鼓舞，政府急就章的想推動「勞保年金改革計劃」，2020 年 8 月 27 日勞動部許銘春部長信誓旦旦(※就算是掉烏紗帽都要做)表示，將於年底提出勞保年金改革草案，改革方向包含：(1)調整年資給付率、(2)提高勞保費率速度、(3)拉長平均投保薪資採計期間、和(4)提高政府每年撥補，並溯及既往，否則對年輕人不公平，目前領勞保年金的 133 萬退休勞工將會因調降而受影響。

學者專家提出的改革方向球為：(1)將現行年資給付率 1.55%，降到 1.3%、(2)將現行勞保費率 10%逐年調升至 13%、(3)將現行投保薪資最高 60 個月平均，延長為 120～180 個月、及(4)爭取提高政府補助預算高於 200 億元。學者專家預估，調降後的勞保老年年金可能會少掉 1/3 到 1/4，目前已退的勞保年金多在 15,000 ～22,000 元/月間，以 22,000 元/月為例，勞保年金改革之後，如果砍了 30%，則只剩下 15,400 元/月，比 2020 年台北市之「低收入戶」審核標準的最低生活費 17,005 元/月(※表 1-5a)還低，那麼，退休老人大概就是"名符其實"的"下流老人"了。

　　許部長可能忘了這 133 萬的已退休勞工，也曾年輕貢獻過，並依政府規定繳了勞保/健保費用，"溯及既往"政策，必然受到青壯年勞工的歡呼，但是，對於 133 萬人的已退休勞工也不公平吧？政府成功地砍掉"軍公教之 18%優惠利率"之後 (※大受勞工族群的鼓掌叫好)，食髓知味，想乘勝追擊，再大砍勞保年金；不過，"砍 18%優惠利率"僅波及約 90 萬人的(含已退)軍公教人員，且不影響生計(※僅影響生活品質而已)，而(含已退)勞工人數高達 1,300 萬人以上，且勞保年金已偏低(※平均僅 17,577 元/月)，勞動部只著眼"勞保基金"不要倒，而不顧勞工生計，下砍勞保年金，在"勞工生計和選票至上"的前提之下，真的砍得下去嗎？

　　許部長期盼此次改革之後，可以延長勞保 10 年、20 年的財務危機。勞動部的改革方向，似乎只想把勞保的財務困境往後延而已(※治標不治本)，並未提如何增加政府的財源收入，和如何把勞保基金的投資績效提高到 6%以上(※近 10 年(2011/1～2020/6)投資績效僅 3.39%)等積極的改善方案。

　　此外，一旦實施「新版勞保年金」政策後，可能引起臨退勞工放棄"月領年金"方案，而改選"一次領"方案，一次請領金額約每人 200 萬元，若以 2018 年勞工退休人數 10 萬人的一半，5 萬人改選"一次領"方案，則每年約需 1,000 億元來應付"一次領"老年給付金額，不知勞動部將如何因應？政府每年 200 億元的補助，對於勞保基金的財務黑洞，只是杯水車薪而已，難不成要規定"不得一次領"？

　　本以為勞工的退休年金改革之後，能提高勞工的年金給付金額，縮小與軍公教人員退休年金之差距，然而，若依目前的"改革草案"，勞工與軍公教之退休年金的差距反而拉大了；此次改革方向將溯及既往，故已退休的 133 萬勞工之勞保年金，在改革後將立即受到波及；但是，高達 1,150 萬之勞工族群也別高興的太早，"本是同根生，相煎何太急"；目前 45 歲的勞工，在 20 年後又將面臨另一波的勞保財務危機，到時候領得到退休金嗎？還是再砍一次並溯及既往，則領到的勞保年金可能不到 10,000 元，而經過 20 年的平均 2% 通貨膨脹率，屆時將成為約 6,730 元/月的等價現值(※表 3-10a)。因此，除非政府實施「**85 歲安樂死**」政策(※6-4 節)，否則豈不成為"全民皆下流"的社會？

　　世界銀行之退休金所得替代率標準是 70%，2018 年 7 月「軍公教年金改革」之後，公務員退休年金的「所得替代率」為 60%(※表 4-5)，而起薪 30,000 元/月且年資 35 年之勞工，其(勞保+勞退)退休年金之「所得替代率」不到 40%(※2-3 節及 4-2 節)；此外，公務員公保年金樓地板(下限)為 32,160 元/月，軍人年金的下限為 38,990 元/月，勞保年金的下限在哪裡？

　　"下砍年金"的先決條件是「改革前的年金遠高於退休生活所需的費用」；然而，依勞保局的統計資料，迄 2020 年 6 月底，有 133.9 萬的已退勞工在月領勞保年金，平均每人僅 17,557 元/月，且高達 66.5% 的已退休勞工領不到 20,000 元/月，**勞工的勞保年金已經偏低，不宜再砍下去了，反而應比照軍公教人員，設定勞保年金樓地板**。蔡總統心中最軟(好砍)的勞工之年金樓地板，好歹也應有 22,000 元/月(※公務員年金×70%)吧？**砍在勞工身，焉能不痛總統心？**

　　因為勞工退休時可領取(1)<u>勞保</u>年金及(2)<u>勞退</u>年金 2 種年金(※2-3 節)，因此，<u>勞保年金應與勞退年金同步改革</u>，例如，將「雇主提撥 6%」提高為 9%，以及免稅獎勵「勞工自提 9%」，並逐年提高勞保投保薪資上限(※目前僅 45,800 元/月，但<u>勞退</u>提繳薪資上限為 150,000 元/月，表 2-3)，**"繳多、延退"也許還 OK(※台灣稅金多遠低於已開發國家)，但是，"少領"將影響退休勞工的生計，政府宜三思！**

政府養不起你，家人養不起你；只能自力救濟，自己奉養自己。

※勞保年改革案"方向球"見光後，引發勞工族的強烈反對，本文完稿時，勞動部 9 月 17 日見風轉舵發表聲明"喊卡"，原本訂在年底提出的勞保年改革案，僅 20 天的時間就急轉為"無限期暫緩"和"政府會負最終給付責任"；這下子，勞工族應可暫時安心，除非有完善的配套措施(※如提高(勞保+勞退)年金之所得替代率)，否則應該砍不下去了，若再拖一年，2022 年的六都市長選戰也將開打，高達 1,300 萬的勞工選票(※是軍公教人員的 13 倍)不容小覷，碰上人多勢眾的勞工族"氣炸鍋"，應該連執政黨的縣市長、立法委員及民意代表也不敢表態支持吧？也許政府的最佳策略是"以拖待變、原地踏步"，將「勞保年金改革」的燙手山芋，留給下一任的總統處理吧！

※目前蔡總統完全執政之"府院一致"程度，可媲美老蔣總統時代，馬前總統時代雖然曾經"完全執政"過，可惜府院之間的明爭暗鬥，使得許多政策無法推行；然而，目前執政黨的府院之間，"一個口令、一個動作"，再不合理的政策也照樣能推動；**若能"用對方法、做對功課"，「勞保年金⊕勞退年金」一起改，尚能提高「勞工退休年金」的所得替代率，殘念！**

3-3. 薪資行情比個夠！

確定退休基金不會倒後，就該了解退休時大概可累積多少退休年金，知道自己的薪資行情，在同性別、同行業及同年齡層的薪資差距，甚至了解一下哪一種行業的薪資較高，作為下一次(或下輩子)跳槽時的參考。

2018 年「五一勞動節全國模範勞工表揚典禮」時，當時的行政院長賴清德說：「台灣勞工平均收入創下歷史新高，逼近 5 萬元」，許多網友不以為然，在網路上留言：「對不起大家，我拉低薪資平均值了！」、「抱歉，我是台灣勞工薪資的毒瘤。」…。2020 年 2 月 19 日行政院主計總處的新聞稿說：「2019 年，本國籍全時受雇員工之每人每月**總薪資平均**為 56,652 元…」。這是官方的統計數字，讓大多數的上班族欲哭無淚，無語問蒼天。長官的幕僚多是"柿子挑軟的吃，數據挑好的報"，其實，統計學本身就有數種統計方式，而薪資金額亦有多種名目，光是行政院主計總處的資料中，薪資分為①總薪資、②經常性薪資、③中位數薪資、④十分位數薪資、⑤平均薪資、⑥實質經常性薪資和⑦實質總薪資；而勞動部的資料中，薪資分為①經常性薪資、②非經常性薪資、③勞保投保薪資及④勞退提繳薪資之分，尚有⑤本國籍員工薪資及⑥全體員工薪資等之分，相信完全搞懂上述 10 餘種薪資定義的人，大概少之又少。

★行政院主計總處之薪資定義：

(1) 總薪資：

總薪資係指受雇員工每月經常性薪資（含本薪與按月給付之固定津貼及獎金）及非經常性薪資（含加班費、年終獎金、非按月發放之績效獎金與全勤獎金等）之報酬總額；但不含雇主負擔或提撥之保險費、退休金與資遣費等非薪資報酬。

(2) 經常性薪資：

1. 係指每月給付受雇員工之工作報酬，包括本薪與按月給付之固定津貼及獎金，如房租津貼、交通費、膳食費、水電費、按月發放之工作（生產績效、業績）獎金及全勤獎金等。

2. 薪資統計的經常性薪資為每人每月經常性薪資，若為年資料，是指受雇員工 1 至 12 月各月經常性薪資的平均（加權平均，受雇員工人數為權數），不是受雇員工全年經常性薪資總額。累計資料亦同。

(3) 總薪資(經常性薪資)**中位數**：

係指將全體受雇員工按總薪資(經常性薪資)由小到大排列，取位於中間點的數字，即「總薪資(經常性薪資)在中位數以上的人數，與總薪資(經常性薪資)在中位數以下的人數」是相等的。※**中位數**即是日本的**中央值**。

(4) 總薪資(經常性薪資)**十分位數**：

第 1、第 2…第 10 十分位數係指將總薪資（或經常性薪資）由小到大排列，取位於第 10%、第 20%...第 90%的數字；第 5、第 6 分位的中間，即中位數，如表 3-4。

表 3-4 (工業及服務業)十等分位組分界點之全年總薪資 單位：萬元

	十等分位組之分界點									
	1	2	3	4	5 (中位數)	6	7	8	9	10
101 年	23.2	27.6	32.6	38.3	44.2	51.0	60.1	73.4		101.2
102 年	24.3	28.3	33.0	38.6	44.4	51.0	60.1	72.9		100.6
103 年	25.0	29.1	34.0	39.9	45.4	52.3	61.4	75.7		104.7
104 年	25.2	29.5	34.3	40.1	46.3	53.3	63.0	77.8		108.0
105 年	25.6	29.9	34.8	40.5	46.4	53.4	62.9	78.3		108.4
106 年	26.4	30.7	35.5	41.5	47.4	54.6	64.3	80.1		111.3
107 年	27.9	32.6	37.2	43.1	49.0	55.9	66.3	82.3		114.9
107 年較 101 年 增減(%)	20.39	18.01	14.06	12.54	10.86	9.50	10.26	12.11		13.50
(6 年)年化 報酬率(%)	3.14%	2.80%	2.22%	1.99%	1.73%	1.52%	1.64%	1.92%		2.13%

註 1：第 5 十分位數即為中位數，係指將人數分為二等分之薪資分界點。
註 2：表示有 10% 受雇員工的薪資低於此數值。
註 3：中位數：表示有 50% 受雇員工的薪資低於此數值。
註 4：表示有 90% 受雇員工的薪資低於此數值。
資料來源：行政院主計總處 2019/12/29 新聞稿

(5) 總薪資(經常性薪資)**平均數**：

係指全體受雇員工之總薪資(經常性薪資)的平均值。由
於薪資有下限(勞保第一級 23,600 元)，而沒有上限，電
子新貴及金融業、保險業等高所得之私人企業的員工，
有所謂的"極端高薪者"，其薪資使**平均數**與**中位數**的差
距愈來愈大，如表 3-5 所示。

表 3-5 (工業及服務業)受雇員工總薪資之**中位數**與**平均數**

年份	2012	2013	2014	2015	2016	2017	2018
中位數(萬元/年)	44.2	44.4	45.4	46.3	46.4	47.4	49.0
年增率	—	0.28%	2.42%	1.84%	0.39%	2.00%	3.52%
平均數(萬元/年)	55.3	55.4	57.4	58.8	59.1	60.6	62.9
年增率	—	0.14%	3.59%	2.49%	0.49%	2.46%	3.82%
中位數與平數差距 (萬元/年)	-11.1	-11.0	-12.0	-12.5	-12.7	-13.2	-13.9
中位數與平均數比值	0.799	0.801	0.792	0.786	0.786	0.782	0.780

出處：行政院主計總處 2019/12/29 新聞稿(※本書製表)

　　賴院長說的，應該是工業及服務業之本國籍全工時員工的總薪資平均月薪，但是，大多數上班族想到的，應該是每個月拿到手的實領薪資月薪(※扣除勞健保自付額、勞退自提 6%、員工福利金等費用)，顯然會有很大的差距，所以上班族要了解自己的薪資行情，應以全年總薪資(含年終獎金、績效獎金、考成獎金、工作獎金等各項名目的獎金)作比較，在行政院主計總處網站中，有稱為「薪情平台」的個人薪情比比看的試算軟體，您可輸入全年總薪資(※含經常性薪資及非經常性薪資)，依序點選"比較對象"，全體受雇員工、不同年齡、不同行業、不同教育程度等組別作比較。

　　一般上班族應該看中位數薪資，才不會"太鬱卒"，主計總處 2019 年 12 月 19 之新聞稿，提及 2018 年工業及服務業受雇員工全年總薪資之**中位數**為 49.0 萬元，亦即百分之五十之受雇員工的總薪資低於 49 萬元，表 3-4 是十等分位組之總薪資分佈表，以 2018 年(107 年)為例，10%全體受雇員工的全年總薪資低於

27.9 萬元，50%的全體受雇員工**全年總薪資低於 49.0 萬元(※中位數)**，而 10%全體受雇員工的全年總薪資高於 114.9 萬元。

　　圖 3-2 是依性別、年齡及公司規模來區分的全年總薪資中位數之比較；男員工薪資的比女性員工高 14.2%，並沒有像日本之高達 1 倍以上的情形，依自己的年齡層來比較薪資較為合理，未滿 25 歲的職場新鮮人，年薪中位數僅 33.7 萬元/年，而 40～49 歲時，年薪中位數達到最高峰(59.6 萬元/年)，再看圖 3-2 最左邊，500 人以上公司之薪資(68.5 萬元/年)為 4 人以上小公司(34.1 萬元/年)的 2 倍，此頗為合理，因為小公司之員工的年資多不長，往往只把小公司當作尋找下一個較高薪工作的跳板。

圖 3-2 (2018 年)全年總薪資中位數及年增率/依特性別分

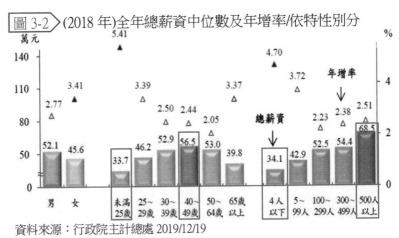

資料來源：行政院主計總處 2019/12/19

　　圖 3-3 是依行業別區別之總薪資排行榜，電力及燃氣供應業之總薪資中位數最高，115.6 萬元，金融及保險業次之，93.8 萬元，第三名為出版、影音製作、傳播及資通訊服務業，68.7 萬元；而藝術娛樂及休閒服務業、住宿及餐飲業、其他服務業、教育業

之年薪均未達 40 萬元，可能因多為部分工時員工所致，其中教育業（不含公私立學校等）僅 25.5 萬元。

圖 3-3 〉(2018 年)全年總薪資中位數及年增率/依行業別分

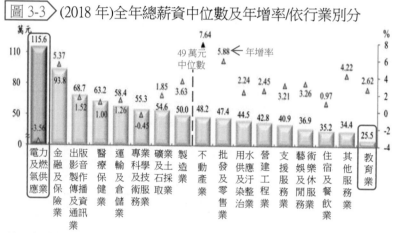

註：教育業不含各級公私立學校等，僅涵蓋如各類補習班、才藝班、
　　汽車駕駛訓練班及代辦留(遊)學服務等。
資料來源：行政院主計總處 2019/12/19 新聞稿

　　通常，上班族的薪資多會隨年資而增加，但是，如圖 3-2 及圖 3-3 所示，各行各業甚至各年齡層的薪資年增率，均無準則可循(※我第 1 個工作之薪資，上班 4 年多，月薪未曾調整過，只好自動離職)，也只能以過去 40 年，主計總處的統計資料，來了解上班族的平均薪資年增率，作為概估退休金的參考。

　　表 3-6 是自 1980 年以來，40 年的薪資變化，自 1981 年薪資大幅增加後，每年薪資仍然平均約 6%的年增率，但自 2000 年以後，薪資的年增率多不到 1.5%，2000 年～2019 年之 20 年間的經常性薪資之平均年增率僅 1.2%，這也是我們在表 2-6 中不敢高估薪資年增率的原因(※勞保局網站的勞退年金試算表(※

117

圖 2-2)中，其預設的薪資年增率為 3.0%)。

表 3-6 (工業及服務業)受雇員工薪資、年增率(1980～2019 年)

年別	經常性薪資(元/月)	年增率(%)	總薪資(元/月)	年增率(%)	年別	經常性薪資(元/月)	年增率(%)	總薪資(元/月)	年增率(%)
1980	7,759	—	8,843	—	2000	33,926	2.75	41,831	2.57
1981	9,572	23.37	10,677	20.74	2001	34,480	1.63	41,952	0.29
1982	10,397	8.62	11,473	7.46	2002	34,746	0.77	41,533	-1.00
1983	11,020	5.99	12,122	5.66	2003	34,804	0.17	42,068	1.29
1984	11,995	8.85	13,410	10.63	2004	35,096	0.84	42,684	1.46
1985	12,534	4.49	13,981	4.26	2005	35,382	0.81	43,162	1.12
1986	13,237	5.61	15,119	8.14	2006	35,725	0.97	43,492	0.76
1987	14,186	7.17	16,497	9.11	2007	36,318	1.66	44,411	2.11
1988	15,563	9.71	18,400	11.54	2008	36,383	0.18	44,418	0.02
1989	17,542	12.72	21,247	15.47	2009	35,623	-2.09	42,299	-4.77
1990	19,882	13.34	24,315	14.44	2010	36,233	1.71	44,646	5.55
1991	22,033	10.82	26,875	10.53	2011	36,735	1.39	45,961	2.95
1992	23,903	8.49	29,436	9.53	2012	37,193	1.25	46,109	0.32
1993	25,593	7.07	31,689	7.65	2013	37,552	0.97	46,174	0.14
1994	27,063	5.74	33,637	6.15	2014	38,218	1.77	47,832	3.59
1995	28,376	4.85	35,355	5.11	2015	38,712	1.29	49,024	2.49
1996	29,722	4.74	36,655	3.68	2016	39,213	1.29	49,266	0.49
1997	30,930	4.06	38,435	4.86	2017	39,928	1.82	50,480	2.46
1998	31,928	3.23	39,603	3.04	2018	40,959	2.58	52,407	3.82
1999	33,019	3.42	40,781	2.97	2019	41,883	2.26	53,667	2.40
20年平均	19,813	7.61	23,928	8.05	20年平均	36,955	1.20	45,671	1.40

出處：行政院主計總處統計專區/薪資及生產力統計/查詢系統(※本書製表)

3-4. "零利率時代"來臨：存款利息不見了

即使薪資多會逐年增加，但是，面對"零利率時代"的來臨，錢存銀行的利息縮水了，怎麼辦？台灣自 2020 年 4 月 1 日，將自 2017 年實施的 1 年期定存年利率，由 1.0514%突然降為 0.875%，民眾的存款利息也跟著少了 16.8%，**零利率**時代來臨了嗎？事實上，所謂的**零利率**是指一般民眾在銀行的存款利率而言，**零利率**是源自**"負利率"**(Negative Interest on Excess Reserves)政策，是一種各國政府之中央銀行與一般銀行之間的貨幣政策，**負利率**政策旨在促使一般商業銀行提出存在中央銀行的"超額準備金"，從而迫使商業銀行積極向民間放出貸款，此是政府應付通貨緊縮(Deflation)及經濟成長長期停滯狀態的一種策略。

約自 2000 年起，歐洲及日本開始出現經濟衰退現象，通貨緊縮問題日趨嚴重，傳統的貨幣政策已無法改善經濟惡化的狀況，再加上貨幣升值，不利於貨物出口的隱憂，"低利率政策仍無法挽救經濟衰退的趨勢"，因此先進國家之中央銀行開始採用**負利率**政策來促進經濟發展，解決通貨緊縮的壓力。圖 3-4 是實施**負利率**政策的國家及地區，2014 年 6 月，歐洲中央銀行(ECB)率先執行負利率政策，之後又陸續有瑞士、瑞典及日本等國跟進。

圖 3-4　實施負利率之國家/地區

マイナス金利を導入した主な中央銀行 (實施負利率之中央銀行)	現在の政策金利
導入決定時期	(利率)
歐州中央銀行　2014年6月	−0.5%
スイス国立銀行　14年12月　瑞士	−0.75%
スウェーデン・リクスバンク　15年2月　瑞典	−0.25% (2015/02)　0% (2019/12)
日銀　16年1月　日本	−0.1%

資料來源：mainichi.jp(2020/01/21)

理論上，當中央銀行採取**負利率**政策時，一般商業銀行也可能將負利率的負擔，轉嫁給一般存款客戶，但是實務上，如此作可能會衍生出民眾擠兌/提款的事件，而使銀行立刻面臨經營危機，所以，面對社會民眾的一般商業銀行，不會如此作，頂多將存款利率降至 0.001%，意思意思。

表 3-7 是(官方)日本銀行 2020 年 6 月 10 日公告之定期存款利率 0.005%，台灣熟知的日本民營銀行，如三菱 UFJ 銀行及三井住友銀行的定期年利率均為 0.002%，表 3-8 是日本定存利率前 6 名的民營銀行，目前日本民營銀行的存款利率多在 0.2%～0.001%之間，差距達 200 倍，利率最低的銀行也沒有倒，足見每一間銀行均有應付**零利率時代**的對策。

表 3-7 ▷ (官方)日本銀行之定期存款利率

1. 定期預金の預入期間別平均年利率　　　2020年6月10日
Average Interest Rates on Time Deposits by Maturity 日本銀行金融機構局 (年利率%)

預入期間 Maturity	1か月 1M	3か月 3M	6か月 6M	1年 1Y	2年 2Y
1千万円以上(注1) 10 million yen or more[1]	0.005	0.005	0.005	0.005	0.005
3百万円以上 1千万円未満(注2) 3 million yen or more and less than 10 million yen[2]	0.005	0.005	0.005	0.005	0.005
3百万円未満(注2) Less than 3 million yen[2]	0.005	0.005	0.005	0.005	0.005

圖 3-5 是日本郵局歷年來的定期存款之利率變化趨勢，日本在 1996 年時，存款利率就已降至 1%以下，而自 2012 年起，其定存利率就已降至 0.01%以下了。

表 3-8 日本定存利率前 6 名之民營銀行

預金額/順位	1位	2位	3位	4位	5位	6位
10～100万未満	auじぶん銀行 (0.200%)	SBJ銀行 (0.120%)	ローソン銀行 (0.030%)	GMOあおぞらネット銀行 (0.030%)	ジャパンネット銀行 (0.020%)	新生銀行 (0.010%)
100～300万未満	auじぶん銀行 (0.200%)	オリックス銀行 (0.150%)	SBJ銀行 (0.120%)	ローソン銀行 (0.030%)	GMOあおぞらネット銀行 (0.030%)	ジャパンネット銀行 (0.020%)
300～500万未満	auじぶん銀行 (0.200%)	オリックス銀行 (0.150%)	SBJ銀行 (0.120%)	ローソン銀行 (0.030%)	GMOあおぞらネット銀行 (0.030%)	ジャパンネット銀行 (0.020%)
500～1000万未満	auじぶん銀行 (0.200%)	オリックス銀行 (0.150%)	SBJ銀行 (0.120%)	ローソン銀行 (0.030%)	GMOあおぞらネット銀行 (0.030%)	ジャパンネット銀行 (0.020%)
1000万以上	auじぶん銀行 (0.200%)	オリックス銀行 (0.150%)	SBJ銀行 (0.120%)	ローソン銀行 (0.030%)	GMOあおぞらネット銀行 (0.030%)	ジャパンネット銀行 (0.020%)

資料來源：www.woman110.com(2020/6/10)

圖 3-5 日本郵政儲金之年利率變化

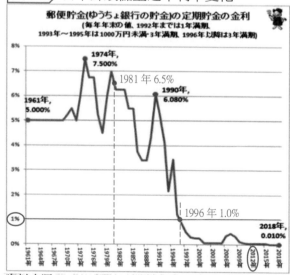

資料來源：news.yahoo.co.jp(2018/08/16)

　　反觀台灣的定期存款利率，圖 3-6 是合作金庫自 1975 年起之 2 年期定存之年利率變化趨勢，1981 年達到最高的 13.25%(※同年度之日本僅約 6.5%(※圖 3-5))，而在 2009 年才開始觸及 1.00%，好不容易撐到 2020 年 3 月，終於降至 0.765%。綜合先進國家對應經濟不景氣的**負利率**政策，顯然台灣民眾即將隨日本及歐洲國家的後塵，進入"零利率"時代，上班族在 3～5 年之內，大概難以期待 2000 年以前之 5%以上的年利率時代了，因此，想要"退休樂活"，上班族"錢存銀行"的策略可能需要調整了。

 圖 3-6 合作金庫歷年 2 年期定存利率(%)

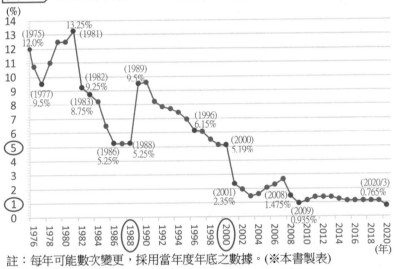

註：每年可能數次變更，採用當年度年底之數據。(※本書製表)

　　中央銀行的**負利率**政策，將一般商業銀行的準備金"趕出"中央銀行，商業銀行無法把這些成本直接轉嫁給存款戶，因此，可能迫使一般商業銀行調降貸款標準，提供貸款給風險較高的客戶，或者選擇貸款給投機者從事金融、土地炒作，而危害金融體

系的穩健性；此外，壽險業和退休基金商品之原本已發行的高利
率產品，也可能因為"零利率"的環境而造成營運虧損。但是，另
一方面，在"零利率"時代，對於需要購屋、創業及投資等資金者，
卻是極佳的時機，也可能增加銀行放款的機會，"低利多貸"或許
就是轉機。

　　在此種"低利率、不景氣"的大環境之下，(日本)銀行有倒閉
潮嗎？沒有，日本銀行出現最大危機的時期，是發生在 1997 年
泡沫經濟之後，與 2008 年美國有 158 年歷史的第 4 大投資銀行
"雷曼兄弟"宣告破產，而引發全球金融海嘯的期間。那麼，台灣
的(官方)銀行有倒閉危機嗎？因為有日本銀行的經驗可供借鏡，
鑑往知來，日本的銀行沒有倒，因此，台灣的銀行會因為"零利
率"而出現經營危機的機率微乎其微，只是銀行要調整經營策略
而已。

3-5. 通膨怪獸吃掉薪資年增率

除了錢存銀行的利息不見了之外，通貨膨脹更是退休金的隱憂；當**薪資年增率**跟不上**通貨膨脹率**時，"退休樂活"的夢想將難以達成。通貨膨脹率(Inflation Rate)是貨幣超發行量與實際需求量之比值，用以反映貨幣貶值的程度；或是物價上漲的幅度，但是通貨膨脹率並無一定的衡量指標，而是以消費者物價指數(CPI, Consumer Price Index)之年增率，來衡量通貨膨脹率；通貨膨脹率$=(P_1-P_0)\div P_0\times100\%$；$P_1$為現今物價平均水準，$P_0$為去年的物價水準。

當物價指數(CPI)上漲 3%，亦即通貨膨脹率 3%，此表示貨幣的購買力較去年同期下降 3%，手中的錢能買到的東西變少了，當**通貨膨脹率**高於**薪資年增率**或**銀行定存利率**時，生活就愈來愈苦了，例如，本來 100 元的便當，變成 110 元才能買得到。通常，CPI≦±2%，應屬於溫和的物價波動正常範圍，若 CPI≧±3%時，表示通貨膨脹日趨嚴重。通貨膨脹率太高(※通貨膨脹)或太低(※通貨緊縮)都有不良效應，年通膨率≦2%是先進國家的共同目標。

CPI 是市場經濟活動和政府的貨幣政策的重要參考指標，當 CPI 年增率持續上升時，表示物價水平持續上升；反之，當 CPI 年增率持續下滑，表示物價水平持續下降。CPI 過高時，將導致惡性通貨膨脹，會傷害消費和經濟，但 CPI 並非愈低愈好，如果 CPI 年增率轉為衰退(※負值)，反而會景氣蕭條，企業不願意投資，也就是通貨緊縮(Deflation)，**在目前的貨幣政策制度下，通貨膨脹是必然現象。**

　　由表 3-9 所示，由 2006 年至 2020 年的 15 年間，通貨膨脹率平均值為 1.21%，而銀行 1 年期定存年利率為 1.38%，銀行利率僅比通貨膨脹率高 0.17%，也就是說，銀行存款的實質年利率僅 0.17%，聊勝於無；圖 3-7 是台灣(工業及服務業)經常性薪資的年增率，平均只有 1.19%；再看圖 3-8，2005 年～2020 年的 15 年間，平均通膨率 1.21%，高於平均薪資年增率 1.19%，表示 15 年薪資的實質購買力，衰退了 1.65%(=(1.21%-1.19%)÷1.21%)，因此，薪資並沒有實質上的成長。如果把時間拉長，今日的職場新鮮人，在 35 年後、40 年後屆齡退休時，將面臨薪資的實質購買力減半的困境，如圖 3-9 所示，若以通膨率 2.0%計算，35 年後的 50,000 元，僅能減半購買今日 25,002 元的等值商品而已；所以，如果沒有其他適量的收入，下流老人？上班族人人有機會！

表 3-9 消費者物價指數(CPI)年增率(1991～2020 年)

CPI 年增率(≒通貨膨脹率)				台銀 1 年期定存利率			
年/月	年增率(%)	年/月	年增率(%)	年/月	(固定)年利率	年/月	(固定)年利率
1991M01	4.99%	2006M01	2.68%	1991M01	9.500%	2006M01	1.999%
1992M01	3.76%	2007M01	0.35%	1992M01	8.250%	2007M01	2.200%
1993M01	3.66%	2008M01	2.95%	1993M01	7.750%	2008M01	2.635%
1994M01	2.91%	2009M01	1.47%	1994M01	7.625%	2009M01	1.420%
1995M01	5.23%	2010M01	0.26%	1995M01	7.300%	2010M01	0.900%
1996M01	2.29%	2011M01	1.1%	1996M01	6.800%	2011M01	1.135%
1997M01	1.98%	2012M01	2.36%	1997M01	6.050%	2012M01	1.355%
1998M01	2.00%	2013M01	1.12%	1998M01	6.075%	2013M01	1.355%
1999M01	0.39%	2014M01	0.82%	1999M01	5.550%	2014M01	1.355%
2000M01	0.51%	2015M01	-0.94%	2000M01	5.000%	2015M01	1.355%
2001M01	2.36%	2016M01	0.81%	2001M01	5.002%	2016M01	1.205%
2002M01	-1.68%	2017M01	2.24%	2002M01	2.500%	2017M01	1.035%
2003M01	1.08%	2018M01	0.89%	2003M01	1.875%	2018M01	1.035%
2004M01	0.01%	2019M01	0.18%	2004M01	1.400%	2019M01	1.035%
2005M01	0.49%	2020M01	1.86%	2005M01	1.525%	2020M05	0.755%
15 年平均	2.00%	15 年平均	1.21%	15 年平均	5.48%	15 年平均	1.38%
30 年平均		1.60%		30 年平均		3.43%	

出處：行政院主計總處及臺灣銀行(※本書製表)

圖 3-7 (工業及服務業)**經常性薪資**之年增率(%)

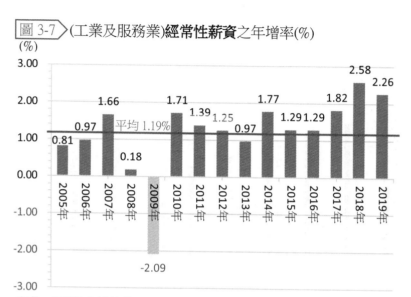

出處：行政院主計總處 2020/2/19 新聞稿(※本書製圖)

圖 3-8 通膨率 vs. 薪資年增率 vs. 銀行年利率(2005～2020 年)

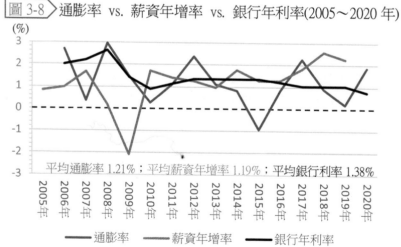

出處：行政院主計總處、臺灣銀行(※本書製圖)

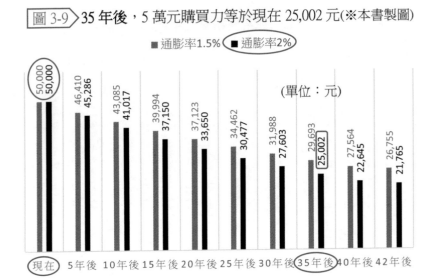

圖 3-9 **35 年後**，5 萬元購買力等於現在 25,002 元(※本書製圖)

為了方便了解因通貨膨脹因素，在 5 年、10 年～42 年(※67歲退休) 後之目前現值的未來值，本書以通膨率 2.0%及 1.5%，分別整理出表 3-10a 及表 3-10b 之未來值速查表，例如，以表 3-10a 之通膨率 2.0%而言，如果目前的月薪是 50,000 元，在 35 年後的等價未來值，僅 25,002 元，或者，當您 65 歲退休時，有 1,000萬元存款放在銀行裡，等到 20 年後 85 歲時，其等價未來值為673 萬元，如果這段期間，每個月提領 2.5 萬元來補貼家用，20年後就僅剩下棺材本 73 萬元了(673 萬元-2.58 萬元/月×12 月×20年)；同理，可查表 3-10b 通膨率 1.5%時的等價未來值。

表 3-10a　目前現值之等質未來值(元)速查表(@通膨率 2.0%)

目前現值	5年後	10年後	15年後	20年後	25年後	30年後	35年後	40年後	42年後
30,000元	27,172	24,610	22,290	20,190	18,286	16,562	15,001	13,587	13,059
35,000元	31,700	28,712	26,005	23,555	21,334	19,322	17,501	15,852	15,236
40,000元	36,229	32,814	29,720	26,920	24,381	22,082	20,001	18,116	17,412
45,000元	40,757	36,915	33,435	30,285	27,429	24,843	22,501	20,381	19,589
50,000元	45,286	41,017	37,150	33,650	30,477	27,603	25,002	22,645	21,765
10萬元	90,572	82,034	74,300	67,300	60,953	55,206	50,003	45,290	43,530
500萬元	453萬元	410萬元	372萬元	337萬元	305萬元	276萬元	250萬元	226萬元	218萬元
600萬元	543萬元	492萬元	446萬元	404萬元	366萬元	331萬元	300萬元	272萬元	261萬元
700萬元	634萬元	574萬元	520萬元	471萬元	427萬元	386萬元	350萬元	317萬元	305萬元
800萬元	725萬元	656萬元	594萬元	538萬元	488萬元	442萬元	400萬元	362萬元	348萬元
900萬元	815萬元	738萬元	669萬元	606萬元	549萬元	497萬元	450萬元	408萬元	392萬元
1,000萬元	906萬元	820萬元	743萬元	673萬元	610萬元	552萬元	500萬元	453萬元	435萬元
1,200萬元	1,087萬元	984萬元	892萬元	808萬元	731萬元	662萬元	600萬元	543萬元	522萬元
1,500萬元	1,359萬元	1,231萬元	1,115萬元	1,010萬元	914萬元	828萬元	750萬元	679萬元	653萬元
1,800萬元	1,630萬元	1,477萬元	1,337萬元	1,211萬元	1,097萬元	994萬元	900萬元	815萬元	784萬元
2,000萬元	1,811萬元	1,641萬元	1,486萬元	1,346萬元	1,219萬元	1,104萬元	1,000萬元	906萬元	871萬元
等質現值比	0.90572	0.82034	0.7430	0.6730	0.60953	0.55206	0.50003	0.4529	0.4353

註 1：假設年通膨率 2.0%(即 CPI 年增率 2.0%)。(等質未來值)EFV=(目前現值)PV÷$(1+2.0\%)^年$。

註 2：例如：目前現值 50,000 元之 35 年後的等質未來值為 25,002 元，詳見圖 3-8。

拒當下流老人的退休理財計劃

表 3-10b 目前現值之等值未來值(元)(實末來值)速查表(@通膨率 1.5%)(※本書製表)

目前現值	5 年後	10 年後	15 年後	20 年後	25 年後	30 年後	35 年後	40 年後	42 年後
30,000 元	27,846	25,851	23,996	22,274	20,677	19,193	17,816	16,538	16,053
35,000 元	32,487	30,160	27,995	25,986	24,123	22,391	20,785	19,294	18,729
40,000 元	37,128	34,468	31,995	29,698	27,569	25,590	23,754	22,051	21,404
45,000 元	41,769	38,777	35,994	33,410	31,015	28,789	26,724	24,807	24,080
50,000 元	46,410	43,085	39,994	37,123	34,462	31,988	29,693	27,564	26,755
10 萬元	92,820	86,170	79,987	74,245	68,923	63,975	59,386	55,127	53,510
500 萬元	464 萬元	431 萬元	400 萬元	371 萬元	345 萬元	320 萬元	297 萬元	276 萬元	268 萬元
600 萬元	557 萬元	517 萬元	480 萬元	445 萬元	414 萬元	384 萬元	356 萬元	331 萬元	321 萬元
700 萬元	650 萬元	603 萬元	560 萬元	520 萬元	482 萬元	448 萬元	416 萬元	386 萬元	375 萬元
800 萬元	743 萬元	689 萬元	640 萬元	594 萬元	551 萬元	512 萬元	475 萬元	441 萬元	428 萬元
900 萬元	835 萬元	776 萬元	720 萬元	668 萬元	620 萬元	576 萬元	534 萬元	496 萬元	482 萬元
1,000 萬元	928 萬元	862 萬元	800 萬元	742 萬元	689 萬元	640 萬元	594 萬元	551 萬元	535 萬元
1,200 萬元	1,114 萬元	1,034 萬元	960 萬元	891 萬元	827 萬元	768 萬元	713 萬元	662 萬元	642 萬元
1,500 萬元	1,392 萬元	1,293 萬元	1,200 萬元	1,114 萬元	1,034 萬元	960 萬元	891 萬元	827 萬元	803 萬元
1,800 萬元	1,671 萬元	1,551 萬元	1,440 萬元	1,336 萬元	1,241 萬元	1,152 萬元	1,069 萬元	992 萬元	963 萬元
2,000 萬元	1,856 萬元	1,723 萬元	1,600 萬元	1,485 萬元	1,378 萬元	1,280 萬元	1,188 萬元	1,103 萬元	1,070 萬元
等價現值比	0.9282	0.8617	0.79987	0.74245	0.68923	0.63975	0.59386	0.55127	0.5351

註1：假設年通膨率 1.5%(即 CPI 年增率 1.5%)。(等質未來值FV=(目前現值PV/(1+1.5%)^年)。

註2：例如：目前現值 50,000 元之 35 年後的等質未來值為 29,693 元，詳見圖 3-8。

3-6. "退休樂活"的資金缺口有多大？

如第 1-2 節所述，經濟合作暨發展組織(OECD)訂有**相對貧窮戶**的基準線，那麼，**"退休樂活"**的資金基準線為？

依 2019 年 1 月 14 日行政院主計總處的國情統計通報(第 009號)，65 歲以上老人的平均月生活費為 12,743 元(※男性 13,714元/月，女性 11,916 元/月)，而且，如圖 1-5 所示，僅有 21.7%的人認為"略有困難"或"相當困難"，果真如此，在職場工作 40 年後，只要第 2 章所述的 39,894 元/月(※圖 2-1 及圖 2-2 合計)政府退休金，"退休樂活"就綽綽有餘了！您認為呢？

綜合網路上的文章資料，想要退休"樂活"的退休準備金，多為 1,000 萬、1,200 萬、1,500 萬、1,800 萬及 2,000 萬元不等。即使最低門檻的 1000 萬元，也會嚇壞目前月薪不到 4 萬元的 30 歲上班族，若每月存 1 萬元，到 65 歲退休時存了 35 年，也頂多只有 500 萬元而已，怎麼辦？500 萬元存款夠不夠退休用？

換一種方式試算看看；根據行政院主計總處 2020/2/19 之新聞稿，台灣上班族的經常性平均薪資為 41,883 元/月，總薪資平均為 53,667 元/月。依此數據推估，假設目前 35 歲，在未來 30年的(丈夫)平均總薪資為 5 萬元，則 30 年總收入為 1,800 萬元，那麼，若妻子的 30 年總收入為 1,200 萬元，則合計未來 25 年之家庭總收入為 3,000 萬元，扣除生活費與小孩教育費及購自用宅費用後，65 歲退休時夫妻二人可存多少錢？如果購屋時有父母(※上流老人)的贊助，應該可以存到 1,000 萬元吧！

以內政部公布的 2018 年國人平均壽命 80.7 歲(男性 77.5 歲，女性 84 歲)，平均壽命會逐漸增加，若以 85 歲來計算，也就是說 65 歲退休後，好歹也得再活 20 年，若含通膨因素，平均加減算，夫妻二人的基本生活費約 4 萬元/月，想再活 20 年，真的需要至少 960 萬元，加上 40 萬元喪葬費，剛好 1,000 萬元，我目前月薪不到 4 萬元，天啊！退休前真的可以存到 1,000 萬元嗎？

上述的算法是「退休前存足 1,000 萬元，供往後 20 年生活用」，這種算法，並不正確，這多是推銷保險、投資等金融商品的廣告計算方式；依世界銀行公告之「所得替代率 70%」標準，也就是說，如果退休時的月薪是 10 萬元，退休金收入每月至少宜有 70,000 元(10 萬元×70%)的收入，那麼，扣除「勞保年金」和「勞退年金」後，"退休金缺口"有多大？

事實上，即使在退休前真的存足了 1,000 萬元，你也不會真的"退休樂活"安享天年，因為如果 65 歲退休後，如果除了退休年金外，沒有其他現金進帳，會活得"心驚膽跳"，夫妻兩人每年花費約 50 萬元，當你 70 歲時，1,000 萬元退休金僅剩 750 萬元，75 歲時僅剩 500 萬元，再想下去，"有錢不敢花"，越活越痛苦，會惡夢連連，壓力大到嚇出病來，就要再見、提早進天堂了。因此，"存款"不能只是"存款"，應是能生"利子"的金雞母，不能"殺雞取卵"，因為近 10 年來銀行定期存款的平均利率，均在 1.5% 以下，2020 年 4 月之一年定存利率已降至 0.8%，2020 年 6 月日本銀行的定存利率僅 0.005%，台灣亦無法跳脫**零利率時代**的潮流，存款的減少速度已經煞不住了。

股素人的友人張自強，於 2020 年 10 月年滿 65 歲退休時，勞保年資僅 23 年(※早年在小公司上班，無勞保年資)，勞保最高投保月薪為 45,800 元(最高級)，勞退月提繳薪資為 58,600 元/月，只有雇主提繳 6%，未辦理自提 6%(※臨退時才後悔)，雇主

6%的勞退月提繳金共 52 萬元,提繳收益約 14 萬元,2020 年 10 月退休時,可一次領約 66 萬元,若以餘命 20 年領到 84 歲,約 可月領 2,800 元(※僅 15 年的新制勞退年資),加上勞保老年給付 月領 18,600 元,則退休後每月可領 21,400 元,比台北市、新北 市、桃園市及台中市的「中低收入戶審核標準(※表 1-4b)還低, 應已符合"下流老人"的條件了。

這不是危言聳聽,21,400 元/月,應該連夫妻二人過個"不生病"的"勉強級"生活都有困難,目前若沒有 800 萬元以上的存款, 則可能拖垮子女的正常生活…。以通膨率 1.5%來說,21,400 元/ 月在 15 年後的實質購買力將減少 20%,即相當於現在的 17,120 元/月,相當於台北市的"低收入戶"標準 17,005 元。

假設張自強有①銀行存款 500 萬元,②有自住房(屋齡 35 年), 且③無貸款,每月僅可領 21,400 元退休金(※所得替代率 36.5%, 僅為世界銀行訂定標準(70%)的一半而已,也就是說,張自強的 退休金缺口為(58,600 元×70%-21,400 元=19,620 元),則銀行存款 500 萬元,僅夠再用 20 年,活到 85 歲,到時候連棺材本都沒有。

假設張自強退休時是擁有 500 萬的優質定存股(≒25,000 元/ 張×200 張),而非銀行存款,若以 4%的現金殖利率計算,每年尚 有 20 萬元(≒16,667 元/月)的現金股利可用,則所得替代率成為 65%,必要時,每個月賣 1 張股票來堵住退休金缺口(※200 張股 票可賣 18 年到 83 歲)。因此,在 65 歲退休時,至少要有 600 萬 元的優質定存股股票(≒240 張),若計入通膨因素,則至少要有 750 萬元(≒300 張),才能過個"不生病"的(普通級)退休生活;基 本上,目前的(勞保⊕勞退)之所得替代率約 40%,想要堵住剩餘 的 30%退休金缺口,則約需要 750 萬元的優質定存股(≒25,000

元/張×300 張)。

　　750 萬元？並不多嘛！那不用緊張，55 歲再進行退休理財計劃就可以了；危險喔！如果真的到 55 歲才開始進行理財，到了 65 歲大概只能買到 500 萬元的優質定存股而已，還不到"快樂活"的層次；想不想每年出國旅遊 2 次？想不想跟好友每個月喝一次下午茶？萬一中風半殘或是家人有長照需求時怎麼辦？到退休時，就"有錢不敢花"，無法退休快樂活了。若想退休快樂活，則退休時宜有 1,000 萬元的優質定存股(※股利殖利率 5%)，年領 50 萬元(≒4 萬元/月)股利。

　　所以，退休理財計劃要儘早啟動，最晚不宜超過 35 歲。早婚者，訂婚時就應擬定退休理財計劃，並於結婚日起立即實施！以目前的退休制度和薪資水平來看，65 歲退休時，夫妻 2 人至少宜以 1,250 萬元(500 張)的優質定存股為目標。

　　我的阿公阿嬤(※股素人的父母)，都已 90 多歲了，遺憾的是，阿媽 10 年前中風，股素人請了外籍看護照顧，6 年前阿公行動不便，股素人又請了第二位外籍看護來照顧，每個月需要逾 10 萬元的基本費用；每個人的退休金缺口有多大？很難說！以股素人的本身經歷而言，退休樂活的資金缺口，約需要 2,000 萬元的優質定存股。因此，上班族宜未雨綢繆，儘早執行退休理財「C 計劃：錢進官方金融股」。

Chapter 4

退休前：儲蓄存股計劃 ABC

4-1. 未來值、收益率、殖利率與年化報酬率

★儲蓄/投資的時間價值：現值(PV)與未來值(FV)

儲蓄，就是犧牲現在花錢享樂的快感，來換取未來較多的金錢；**投資**，就是現在以小錢買金融商品，期待未來更多的報酬；在近零利率時代儲蓄的結果，抵不上通膨率的侵蝕，投資的結果可能虧損而美夢成空。然而，如果"用對方法，作好功課"，堅守紀律與原則，則**"儲蓄兼投資"**可發揮股神巴菲特所說的「滾雪球效應」(Snowball Effect)，創造出比銀行定存利率高 5 倍的利潤。

未來值(FV, Future Value)是投資理財評估時，常用的計算公式，即是在 Excel 功能中的 FV 函數，

(1)**單筆投資的未來值**：是計算單筆投入金額(現值 PV)，以複利計算數年後的未來本利和，其計算式為 $FV=PV \times (1+rate)^{年}$。現實生活中，最實務的例子，是買郵局或保險公司的(儲蓄)壽險，假設以現值 10 萬元買了 1 張 6 年期，一次付一次領且(固定)預定利率 2%的壽險保單，則此張儲蓄壽險保單，在 6 年後共可領回 112,616 元，即**未來值(FV)**=100,000 元×$(1+2\%)^6$=112,616 元。

(2)**定期定額投資的未來值**：假設每年年初均以 12 萬元買股票，且股票的近 10 年平均殖利率 5%(※股票每年殖利率不固定，只能以平均值概估)，持續 20 年，到了 20 年後的年底，本利和為 4,166,310 元，而 20 年來的投入金額僅 2,400,000 元(※見表 4-1a)。

$$未來值(FV)=每期現值(PV) \times [(1 + rate) \times \frac{(1+rate)^{\wedge 年}-1}{rate}]$$

$$=120{,}000元 \times [(1 + 5\%) \times \frac{(1+5\%)^{20}-1}{5\%}]$$

$$=4{,}166{,}310 \text{ 元}$$

或者，保守一點，改以平均殖利率4%計算，20年後的本利和也有3,716,304元(※見表4-1b)。這就是複利的"滾雪球效應"，斜坡(※年期)愈長，滾到終點的雪球(※本利和)愈大。表4-1a及4-1b是每年以定期定額方式購買殖利率5%及4%的複利速查表，或可自行用電腦Excel功能中的FV函數，改用不同殖利率試算。

表 4-1a 月存 3 仟～2 萬之複利速查表(元)(@殖利率 5%)　(※可對照圖 4-5a)

每年年初存款	6 年後	10 年後	15 年後	20 年後	25 年後	30 年後	35 年後	40 年後
36,000 元/年 (3,000 元/月)	257,112 (216,000)	475,444 (360,000)	815,670 (540,000)	1,249,893 (720,000)	1,804,084 (900,000)	2,511,389 (1,080,000)	3,414,107 (1,260,000)	4,566,240 (1,440,000)
48,000 元/年 (4,000 元/月)	342,816 (288,000)	633,926 (480,000)	1,087,560 (720,000)	1,666,524 (960,000)	2,405,446 (1,200,000)	3,348,518 (1,440,000)	4,552,142 (1,680,000)	6,088,320 (1,920,000)
60,000 元/年 (5,000 元/月)	428,521 (360,000)	792,407 (600,000)	1,359,450 (900,000)	2,083,155 (1,200,000)	3,006,807 (1,500,000)	4,185,648 (1,800,000)	5,690,178 (2,100,000)	7,610,400 (2,400,000)
72,000 元/年 (6,000 元/月)	514,225 (432,000)	950,889 (720,000)	1,631,340 (1,080,000)	2,499,786 (1,440,000)	3,608,168 (1,800,000)	5,022,778 (2,160,000)	6,828,214 (2,520,000)	9,132,480 (2,880,000)
84,000 元/年 (7,000 元/月)	599,929 (504,000)	1,109,370 (840,000)	1,903,230 (1,260,000)	2,916,417 (1,680,000)	4,209,530 (2,100,000)	5,859,907 (2,520,000)	7,966,249 (2,940,000)	10,654,560 (3,360,000)
96,000 元/年 (8,000 元/月)	685,633 (576,000)	1,267,852 (960,000)	2,175,120 (1,440,000)	3,333,048 (1,920,000)	4,810,891 (2,400,000)	6,697,037 (2,880,000)	9,104,285 (3,360,000)	12,176,640 (3,840,000)
108,000 元/年 (9,000 元/月)	771,337 (648,000)	1,426,333 (1,080,000)	2,447,010 (1,620,000)	3,749,679 (2,160,000)	5,412,253 (2,700,000)	7,534,166 (3,240,000)	10,242,320 (3,780,000)	13,698,720 (4,320,000)
120,000 元/年 (10,000 元/月)	857,041 (720,000)	1,584,815 (1,200,000)	2,718,900 (1,800,000)	4,166,310 (2,400,000)	6,013,614 (3,000,000)	8,371,296 (3,600,000)	11,380,356 (4,200,000)	15,220,800 (4,800,000)
180,000 元/年 (15,000 元/月)	1,285,562 (1,080,000)	2,377,222 (1,800,000)	4,078,350 (2,700,000)	6,249,465 (3,600,000)	9,020,421 (4,500,000)	12,556,944 (5,400,000)	17,070,534 (6,300,000)	22,831,200 (7,200,000)
240,000 元/年 (20,000 元/月)	1,714,082 (1,440,000)	3,169,630 (2,400,000)	5,437,800 (3,600,000)	8,332,620 (4,800,000)	12,027,228 (6,000,000)	16,742,592 (7,200,000)	22,760,712 (8,400,000)	30,441,600 (9,600,000)
本利和÷本金≒	1.1903	1.3207	1.5105	1.7360	2.0045	2.3254	2.7096	3.1710

註 1：本表金額是以 excel 未來值(FV) type1 計算。粉紅色金額為存入本金之總和。
註 2：以每年年初存款 60,000 元(≒5,000 元/月)為例，存款 30 年後，本金和為 1,800,000 元，因殖利率 5%的複利效果，本利和共 4,185,648 元。

表 4-1b 月存 3 仟～2 萬之獲利速查表(元)(@殖利率 4%)　　　　　(※可對照圖 4-6a)

每年年初存款	6 年後	10 年後	15 年後	20 年後	25 年後	30 年後	35 年後	40 年後
36,000 元/年 (3,000 元/月)	248,339 (216,000)	449,510 (360,000)	749,682 (540,000)	1,114,891 (720,000)	1,559,221 (900,000)	2,099,819 (1,080,000)	2,757,528 (1,260,000)	3,557,754 (1,440,000)
48,000 元/年 (4,000 元/月)	331,118 (288,000)	599,347 (480,000)	999,576 (720,000)	1,486,522 (960,000)	2,078,962 (1,200,000)	2,799,758 (1,440,000)	3,676,704 (1,680,000)	4,743,672 (1,920,000)
60,000 元/年 (5,000 元/月)	413,898 (360,000)	749,184 (600,000)	1,249,470 (900,000)	1,858,152 (1,200,000)	2,598,702 (1,500,000)	3,499,698 (1,800,000)	4,595,880 (2,100,000)	5,929,590 (2,400,000)
72,000 元/年 (6,000 元/月)	496,677 (432,000)	899,021 (720,000)	1,499,364 (1,080,000)	2,229,782 (1,440,000)	3,118,442 (1,800,000)	4,199,638 (2,160,000)	5,515,056 (2,520,000)	7,115,508 (2,880,000)
84,000 元/年 (7,000 元/月)	579,457 (504,000)	1,048,858 (840,000)	1,749,258 (1,260,000)	2,601,413 (1,680,000)	3,638,183 (2,100,000)	4,899,577 (2,520,000)	6,434,232 (2,940,000)	8,301,426 (3,360,000)
96,000 元/年 (8,000 元/月)	662,236 (576,000)	1,198,694 (960,000)	1,999,152 (1,440,000)	2,973,043 (1,920,000)	4,157,923 (2,400,000)	5,599,517 (2,880,000)	7,353,408 (3,360,000)	9,487,344 (3,840,000)
108,000 元/年 (9,000 元/月)	745,016 (648,000)	1,348,531 (1,080,000)	2,249,046 (1,620,000)	3,344,674 (2,160,000)	4,677,664 (2,700,000)	6,299,456 (3,240,000)	8,272,584 (3,780,000)	10,673,262 (4,320,000)
120,000 元/年 (10,000 元/月)	827,795 (720,000)	1,498,368 (1,200,000)	2,498,940 (1,800,000)	3,716,304 (2,400,000)	5,197,404 (3,000,000)	6,999,396 (3,600,000)	9,191,760 (4,200,000)	11,859,180 (4,800,000)
180,000 元/年 (15,000 元/月)	1,241,693 (1,080,000)	2,247,552 (1,800,000)	3,748,410 (2,700,000)	5,574,456 (3,600,000)	7,796,106 (4,500,000)	10,499,094 (5,400,000)	13,787,640 (6,300,000)	17,788,770 (7,200,000)
240,000 元/年 (20,000 元/月)	1,655,591 (1,440,000)	2,996,736 (2,400,000)	4,997,880 (3,600,000)	7,432,608 (4,800,000)	10,394,808 (6,000,000)	13,998,792 (7,200,000)	18,383,520 (8,400,000)	23,718,360 (9,600,000)
本利和÷本金≒	1.1498	1.2486	1.3883	1.5485	1.7325	1.9443	2.1885	2.4707

註 1：本表金額是以 excel 未來值(FV) type1 計算。粉紅色金額為存入本金之總和。
註 2：以每年年初存款 60,000 元(≒5,000 元/月)為例，存款 30 年後，本金和為 1,800,000 元，因殖利率 4%的複利效果，本利和共 3,499,698 元。

　　投資理財，必然要談到收益率、報酬率、年利率、殖利率及年化報酬率，在勞保、勞退等政府監督的基金，每個月會計算一次投資績效(※以下統稱收益率)，等同一般投資者所認知的(投資)報酬率；簡單來說，(投資)報酬率(%)=(投資淨損益÷總投入資金)×100%，投資可能一次付錢或者分批付錢，獲利也可能一次結清，或者每季或每年領取。

　　假設春嬌一次出資 100 萬元開冷飲店，6 年後一次領取分紅 50 萬元，則

(總)投資報酬率=(50 萬元÷100 萬元)×100%=50%(6 年)

　　志明同樣一次出資 100 萬元開烤肉店，3 年後一次領取紅利 25 萬元，則

(總)投資報酬率=(25 萬元÷100 萬元)×100%=25%(3 年)

　　春嬌 6 年分紅 50 萬元(6 年總收益率 50%)，志明 3 年分紅 25 萬元(3 年總收益率 25%)，要知道哪一個人的投資績效較佳，則要以「年化報酬率」計算；

年化報酬率(%) =[(1+總報酬率)$^{(1÷年數)}$]-1

　　春嬌的年化報酬率=$[(1+50\%)^{(1÷6)}]-1=6.99\%$

　　志明的年化報酬率=$[(1+25\%)^{(1÷3)}]-1=7.72\%$

　　雖然志明(3 年)的總報酬率 25%看似少於春嬌(6 年)的總報酬率 50%，但投資講求效率，所以志明 3 年每年獲利 7.72%，優於春嬌的 6 年每年獲利 6.99%，如果志明的年化報酬率不變的話，則志明在相同的 6 年後之總報酬率為 56.2%，高於春嬌的 50%。

(總)投資報酬率=(年化報酬率+1)^{年}-1

$$=(7.72\%+1)^6-1=56.2\%$$

　　年化報酬率相當於銀行定期存款的年利率，而勞保及勞退等基金的收益率，亦可以用來和銀行的年利率作比較，同樣的，長期性之股市存股理財的每年殖利率(※因為長期持股不賣股票，所以不考慮股票變動的價差)，亦可與勞保/勞退等基金的每年收益率作比較。因此，由表 4-12 可知，近 10 年的各種政府的基金之投資績效，均比不上"官方金融股"的殖利率，也比台股大盤的平均殖利率(4.17%)還低。

★台股大盤的平均殖利率

　　全球主要的證券市場均會提供股市大盤現金殖利率的資訊，由於以往的台股上市公司偏好配發股票股利(※配股)，較少配發現金股利(※配息)，台灣證券交易所在開始計算市場大盤殖利率時，是將股票股利及現金股利加總計算，並延用至今。證交所於 2017 年 1 月起，在統計報表中，亦提供"近 5 年及當月份"的現金殖利率資訊。

大盤殖利率=大盤採樣股票股利推計總額÷大盤採樣股票市值推計總額×100

　　大盤殖利率其中之每股股利採用該公司近期每股配發之盈餘分配之現金股利(元/股)+法定盈餘公積、資本公積發放之現金(元/股)+盈餘轉增資股票股利(元/股)為計算基礎。

　　圖 4-1 是台股市場的歷年殖利率，自 2000 年以來，每年的殖利率均維持在 3%～6%之間(※2008、2009 年除外)，表 4-12 為各種政府基金的收益率，如果政府基金的每年收益率亦能維持在 3%～6%之間，沒有(虧損)負值，則上班族的退休金就不會縮

水了，勞保局在計算勞工退休金時，也不用再斤斤計較，只有"1點多趴"的"最低保證收益率"了。

圖 4-1 台灣股市之大盤殖利率與指數變化(2000～2019 年)

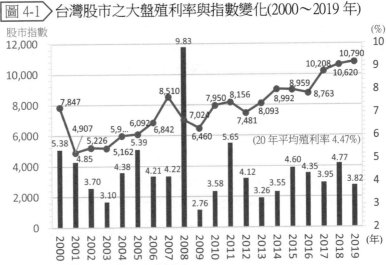

出處：臺灣證券交易所(※本書製圖)

　　股票每年的**殖利率**，多是以當年度每日收盤的平均價計算，即(當年的股利÷當年度均價)計算(※見表 5-4a 例)；每檔股票的價格，可上 yahoo 等公開網站(※見 7-3 節)，即可看到 1 年、5年、10 年等歷年來的價格，最高、最低及均價，一目了然。

4-2. 先天不良「A 計劃」：政府版退休年金

想要"退休樂活"，在青/壯年的上班時期，就需未雨綢繆，思考未來老後的可能困境，擬訂儲蓄存款計劃，儲存退休後的預備金。不管個人、公司或政府，在擬訂政策的執行計劃時，「A 計劃」(第一版)總是最差的計劃，2020 年 3 月政府在擬訂挽救新冠肺炎危機的"三倍券"計劃時，就先由媒體放出"風向球"，測試民眾的反應，然後，一改、二改、再調整，數位券/紙本券搞不定，拖到 7 月中旬新冠肺炎退燒時，才開始發放。

與勞工退休金相關的政府基金是勞保基金和勞退基金，勞保基金入不敷出，甚至被宣告：「…如果不改變的話，2026 年勞保基金即將破產」(※見第 3-1 單元)，勞退基金雖沒有"何時倒"的困擾，但投資績效同樣不佳，因此，將政府制度的(勞保年金與勞退年金)合稱為"先天不良"的退休理財「A 計劃」。

退休理財「A 計劃」，就是「政府給與的退休年金」，只要依規定繳交費用，人人有獎，只是金額不同而已，包括勞工、軍公教、農民及未上班的國民，均有退休金制度，因此才會有勞保、勞退、農保、軍保、公保及退撫等退休基金。如第 2 章所述，因為勞退新制實施迄 2020 年僅 15 年，所以在勞工退休金制度未進一步改革之前，目前勞工退休時可領到的勞保年金多在 25,000 元/月以下，勞退年金多在 3,000 元/月以下，合計約 28,000 元/月的退休年金，此項政府提供的「A 計劃」的退休年金夠用嗎？更何況政府正擬定"下砍勞保年金"計劃中。

※退休年金係指上班族退休後，每月或每季可領取的現金收入。

本書前述僅討論民營企業之勞工退休年金，原因是如表 4-2

所示，勞工上班族人數約 1,150 萬人，而軍公教人員總計 66.2 萬人，僅約為勞工人數的 5.8%，此外，公務人員除了有委任、薦任、簡任之分外，尚有職等、級別、年功、主管加給和專業加給之差異，再加上經濟部國營事業(中油、台糖、台電及台水等)公保/勞保混合的退休金計算方式，過於複雜，難以逐一說明，以下僅討論一般公務員的退休(年)金；軍公教讀者請自行到銓敘業務網路作業系統網站(iocs.mocs.gov.tw)或相關網站的退休金試算(器)系統試算，以了解自己退休時的退休年金行情。

表 4-2 > 軍公教人員人數統計表

身分別	人數	比例
公務人員	305,604 人	46.1%
教育人員	181,735 人	27.41%
軍職人員	175,583 人	26.49%
合計	662,422 人	100%
勞保(基金) (2020 年 4 月)	10,484,046 人 (含勞退基金 6,984,771 人)	100%

出處：退撫基金管理委員會(2020 年 5 月)及勞保局(※本書製表)

　　平心而論，高普考公務員的起薪(本俸)比中小企業勞工高了一截(※風水輪流轉，1990 年以前，公務員薪資遠低於一般勞工)，而且福利也優於勞工(※上網看高普考補習班的廣告就知道)，但是，勞工不宜因此惡意批評公務員是"米蟲、肥貓"，畢竟這是政府的政策(※只能怪老闆給的薪水太低)，而且必須通過競爭激烈的高普考試才能當公務員，如表 4-3 所示，近 5 年來，高考的平均錄取率僅 10.08%，普考錄取率更低，僅 8.19%。一般低薪勞工只能怪自己，沒到股票上市櫃的電子業或金融業等公司上班，就如大學生上班族不能怪公司之碩博士的起薪比較高一樣。

表 4-3a ▷ **高考**近 5 年報名人數與錄取率統計

	2015 年	2016 年	2017 年	2018 年	2019 年	平均
報考人數	53,608 人	47,562 人	46,249 人	43,507 人	43,655 人	46,916 人
到考人數	35,755 人	33,650 人	32,566 人	29,624 人	28,946 人	32,108 人
到考率%	66.70%	70.75%	70.41%	68.09%	66.31%	68.45%
錄取人數	3,475 人	3,467 人	3,128 人	2,961 人	3,124 人	3,231 人
錄取率%	9.72%	10.30%	9.61%	10.00%	10.79%	10.08%

表 4-3b ▷ **普考**近 5 年報名人數與錄取率統計

	2015 年	2016 年	2017 年	2018 年	2019 年	平均
報考人數	55,755 人	47,500 人	46,136 人	41,177 人	42,816 人	46,677 人
到考人數	39,868 人	32,817 人	34,520 人	29,734 人	29,851 人	33,358 人
到考率%	71.51%	69.09%	74.82%	72.21%	69.72%	71.47%
錄取人數	2,900 人	2,803 人	2,762 人	2,421 人	2,688 人	2,715 人
錄取率%	7.27%	8.54%	8.00%	8.14%	9.00%	8.19%

出處：考選部「考選統計年報」(※本書製表)

★勞工退休年金 vs.公務員退休年金

公教人員之退休金的法源依據，主要為(一)「公教人員保險法」(※簡稱公保法)(2015 年 12 月 2 日修正)、(二)「公務人員退休資遣撫卹法」(※簡稱退撫法)(2017 年 8 月 9 日公佈)和(三)退撫基金管理條例第 9 條(1994 年 12 月 28 日公佈)；自從 2017 年(優存利率 18%被砍)年金改革之後，軍公教人員之退休年金已大不如前，儘管如此，目前公教員的退休年金仍普遍高於勞工的退休年金，不過，公教人員之退休(年)金較高，(理性分析後)可歸於三項原因，(一)公教人員的平均起薪/薪資，普遍高於一般(中小企業)勞工，(二)公教人員的退休年金訂有下限規定(※最低保障金額 32,160 元/月)，(三)公教人員上班期間付出的保費較多。

如表 4-4 所示，以相同的薪資 40,000 元/月作比較，勞工每月只負擔勞保費 800 元，而勞退 6%費用全由雇主負擔；反之，公教人員不管公保或退撫，均需分擔 35%，所以每月需繳 2,839 元，是勞工負擔(800 元/月)的 3.55 倍，因此，公務員"繳多、領多"，退休年金較高，應尚稱合理。

表 4-4 投保費率及負擔比例(勞工 vs.公務員)　　(※本書製表)

	勞工	公務員
退休金費率	(1)勞保年金：費率10%，負擔比例：勞工20%、雇主70%、政府10%。 (2)勞退年金：費率6%，負擔比例：勞工0%，雇主100%。	(1)(公保)養老給付：公保費率8.28%，公務員負擔35%、政府負擔65%。 (2)退撫年金：退撫費率12%，公務員負擔35%、政府負擔65%。
保費分擔例	以40,000元/月為基準： (1)40,000元/月×10%×20% =800元/月 (2)40,000元/月×6%×0% =0元/月 (1)+(2)=800元/月	以40,000元/月為基準： (1)40,000元/月×8.28%×35% =1,159元/月 (2)40,000元/月×12%×35% =1,680元/月 (1)+(2)=2,839元/月
限制	(1)勞保投保上限：45,800元/月 (2)勞退年金自2005年開始實施迄今僅15年，所以目前可領勞退年金多≦3,000元/月。	(1)公保投保上限：98,160元/月 (2a)退撫年金下限：最低保障32,160元/月 (2b)所得替代率上限：自2018年7月1日開始，年資每年遞減1.5%，至2029年降為60%(※35年資，如表4-5)。

公務員(新制)退撫年金的保障下限為 32,160 元，但也訂定"所得替代率"的上限，如表 4-5 所示，公務員的**退撫年金**是以"所

得替代率"計算，自 2018 年 7 月 1 日起，(舊制)"所得替代率"逐年遞減 1.5%，至 2029 年 1 月 1 日起，一律依年資採用不同的(新制)"所得替代率"，如表 4-5 所示，以 35 年的年資為例，其"所得替代率"上限為 60%，如果太晚考上公務員，退休時的年資只有 29 年，則"所得替代率"僅 51.0%。

表 4-5 公務人員退撫法之新/舊制"所得替代率"

年資	舊制 (2018/7/1 起)	新制 (2029/1/1 起)	年資	舊制 (2018/7/1 起)	新制 (2029/1/1 起)
40	77.5%	62.5%	34	73.5%	58.5%
39	77.0%	62.0%	33	72.0%	57.0%
38	76.5%	61.5%	32	70.5%	55.5%
37	76.0%	61.0%	31	69.0%	54.0%
36	75.5%	60.5%	30	67.5%	52.5%
35	75.0%	60.0%	29	66.0%	51.0%

出處：「公務人員退休資遣撫卹法」第 37 條附表三(※本書製表)

公務員**所得替代率**計算式的分母為**(在職本薪×2)**，通常，公務員幹了 35 年退休時，可能有"職務加給"及"專業加給"等本薪以外之經常性收入，多高於"在職本薪"。

(1) 勞工所得替代率(%) $= \dfrac{(勞保年金+勞退年金)}{退休時之最後3年平均月薪}$

(新制)

(2) 公務員所得替代率(%) $= \dfrac{月退休(含月補償金)+優存利息.(或社會保險)}{(在職本薪×2)}$

(3) 世界銀行所得替代率(%) $= \dfrac{退休年金(元/月)}{退休時月薪} = 70\%(min)$

以"所得替代率"的計算公式來看，公務員的**(在職本薪×2)**，相當於勞工的**(最後 3 年平均月薪)**，所以，可利用勞保局網站的「勞工個人退休金試算表」，來推算相當於公務員**(在職本薪×2)**

之勞工的起薪及月退休金；「退撫法」實施後，亦有新制/舊制之分，若在 2030 年 1 月 1 日以後才退休，則以**純新制**計算，表 4-6 是「退撫法」**純新制**的退撫年金和相同年資 35 年的勞工退休年金之比較。

　　以表 4-6 項次(1)委任五等年功十級(※普考公務員之最高職等)，本薪 35,470 元/月為例，[改革後退休金÷所得替代率(60%)]=(在職本薪×2)÷勞工的**"最後 3 年平均薪資"**，亦即是 42,564 元/月÷60%=70,940 元/月，此值即為勞工退休時的"最後 3 年平均薪資"，以**錯誤嘗試法(Trial and Error)**，由勞保局網站之「勞退年金試算表」即可反推，如圖 4-2a 所示，當勞工的"個人目前薪資"為 36,896 元/月(※起薪)時，預估勞工 35 年後的**勞退年金**為(A)12,431 元/月。以(A)12,431 元/月÷(B)所得替代率 17.523259%=70,940 元/月，此值等於表 4-6 項次(1)之(在職本薪 35,470 元/月×2)=70,940 元/月，亦即勞工的起薪 36,896 元/月，35 年後退休時可領取的(A)**勞退年金** 12,431 元/月；再看表 4-6，((1)**勞保年金** 24,847 元/月+(2)**勞退年金** 12,431 元/月)=37,278 元/月，比普考公務員的 42,564 元/月，仍略遜一籌(少 12.4%)，而總所得替代率為 52%(≒37,278 元/月÷70,940 元/月)，也低於普考公務員的 60%。

表 4-6 (新制) 35 年公務員退撫年金與勞工退休年金之比較 (※本書製表)

項次	退休等級職務別	改革前月退休金 (無18%)	改革後月退所得 分母：本俸2倍 (2018/1/1標準) 2029/01/01以後 (35年資所得替代率60%) 改革後退休金	扣減金額	扣減比率	勞工退休年金
(1)	委任五等，年功十級 520俸點，註1 本薪35,470元/月	48,202	42,564	5,638	11.70%	試算條件：1975年生，2005年入職場，投報率3%，薪資成長率2%，雇主提繳率6%，新制年資35年，平均餘命20年，2040年65歲退休
(2)	薦任六等，年功六級 535俸點 本薪36,500元/月	49,595	43,800	5,795	11.68%	(1)勞保年金：24,847元/月。目前薪資36,896元/月(※即起薪) 因勞保級距上限為45,800元，除非以後調漲，否則再高的薪資，也只能領24,847元/月。※以勞保局軟體計算，見圖2-1。
(3)	薦任七等，年功六級 590俸點 本薪40,270元/月	54,726	48,324	6,402	11.70%	(2)勞退退休金：12,431元/月(※圖4-2a)。(1)+(2)合計：37,278元/月。
(4)	薦任八等，年功六級 630俸點 本薪43,015元/月	58,457	51,618	6,839	11.70%	
(5)	薦任九等，年功七級 710俸點，註2 本薪48,505元/月	65,912	58,206	7,706	11.69%	(1)勞保年金：24,847元/月。目前薪資50,462元/月(※即起薪) 因勞保級距上限為45,800元，除非以後調漲，否則再高的薪資，也只能領24,847元/月。※同上說明。
(6)	簡任十二等，年功四級 800俸點，註3 本薪56,930元/月	74,305	68,316	5,989	8.06%	(2)勞退退休金：16,977元/月(※圖4-2b)。(1)+(2)合計：41,824元/月。

註1：委任五等，年功十級是普考及格，未升薦任級的最高本俸。
註2：薦任九等，年功七級是高考及格，未升簡任級的最高本俸。

　　此外，依**公教人員保險法(※公保法)**，公教人員退休時若領取**"一次養老給付"**，可不計入「退撫法」的"所得替代率"中，若以表 4-6 項次(1)委任五等年功十級的本薪 35,470 元/月計算，年資 35 年的**"一次養老給付"**約為 1,489,740 元(=35,470 元/月×(35×1.2)個月)，若將此項"養老給付"，(不計利息)概略轉為月領年金，約為 6,207 元/月(=1,489,740÷(餘命)20÷12)，再併入改革後退休金 42,564 元/月中，成為 48,771 元/月，則合併後之普考公務員"所得替代率"約 68.75%，已接近世界銀行的標準 70%。

圖 4-2a　以表 4-6 項次(1)條件試算勞退年金

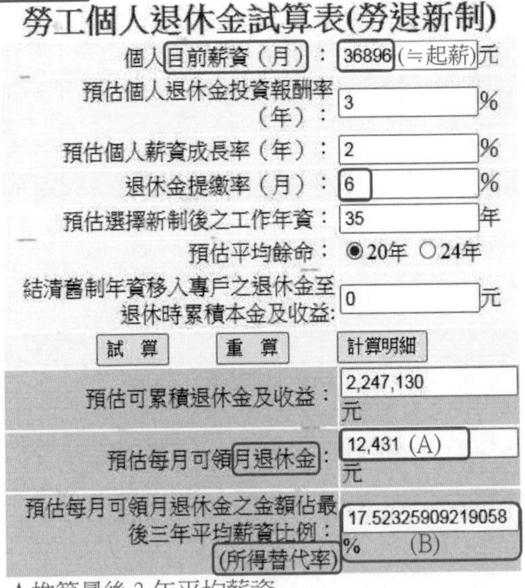

勞工個人退休金試算表(勞退新制)

個人 目前薪資(月)：	36896 (≒起薪)元
預估個人退休金投資報酬率(年)：	3 %
預估個人薪資成長率(年)：	2 %
退休金提繳率(月)：	6 %
預估選擇新制後之工作年資：	35 年
預估平均餘命：	◉20年 ○24年
結清舊制年資移入專戶之退休金至退休時累積本金及收益：	0 元

[試 算]　[重 算]　[計算明細]

預估可累積退休金及收益：	2,247,130 元
預估每月可領月退休金：	12,431 (A) 元
預估每月可領月退休金之金額佔最後三年平均薪資比例：(所得替代率)	17.52325909219058 % (B)

★推算最後 3 年平均薪資
=(A)12,431÷(B)17.523259%=70,940 元/月。

圖 4-2b ⟩ 以表 4-6 項次(5)條件試算勞退年金

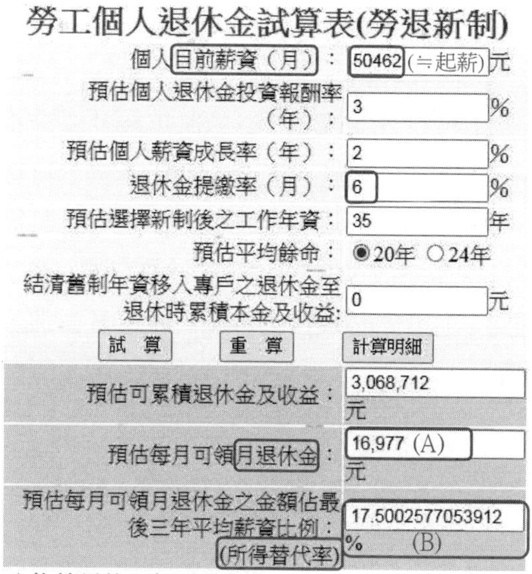

勞工個人退休金試算表(勞退新制)

個人 目前薪資（月）： 50462 (≒起薪) 元

預估個人退休金投資報酬率（年）： 3 %

預估個人薪資成長率（年）： 2 %

退休金提繳率（月）： 6 %

預估選擇新制後之工作年資： 35 年

預估平均餘命： ◉20年 ○24年

結清舊制年資移入專戶之退休金至退休時累積本金及收益： 0 元

[試 算] [重 算] [計算明細]

預估可累積退休金及收益： 3,068,712 元

預估每月可領 月退休金 ： 16,977 (A) 元

預估每月可領月退休金之金額佔最後三年平均薪資比例（所得替代率）： 17.5002577053912 % (B)

★推算最後 3 年平均薪資
=(A)16,977÷(B)17.500258%=97,010 元/月。

　　依樣畫葫，如圖 4-2b，以表 4-6 項次(5)之改革後退休金 58,206 元/月÷60%，反推出勞工的最後 3 年平均薪資 97,010 元/月和起薪為 50,462 元/月，而預估(A)勞工月退年金為 16,977 元/月，因為勞保年金之級距上限為 45,800 元/月，所以以(1)勞保年金仍為 24,847 元/月，故勞工的退休年金合計((1)+(2))為 41,824 元/月，比表 4-6 項次(5)高考薦任最高級的退撫年金 58,206 元/月低 28.14%，而"所得替代率"僅為 43.11%(=41,824 元÷97,010 元/月)，亦遠低於公務員的 60%；同理，可計算表 4-6 項次(5)的"一次養老給付"約為 2,037,210 元≒8,488 元/月，則合併退休年金為 66,694 元/月，而合併"所得替代率"為 68.75%，遠高於勞工的 43.11%；顯然，勞工的退休金制度有修法的必要性。

　　勞工的退休年金(=**勞保年金**+**勞退年金**)，或者軍公教的退休年金 (=**公保**一次**養老給付**+**退撫年金**)等，是上班族退休後的基本收入來源，可視為**退休理財「A 計劃」**(※**勞保**年金及**退撫**年金均是每月匯款，而**勞退**年金是每季匯款(※即 1 年 4 次，每年 2 月、5 月、8 月及 11 月匯款 3 個月份年金)；但是，任何計劃均不可能十全十美，必然是邊做邊改，由於政府的財源有限，雇主也非慈善救濟機構，因此，上班族必須自力救濟，擬定 B 計劃、C 計劃，甚至……F 計劃。

4-3. 主動儲蓄「B計劃」：勞退年金自提 6%

　　「B計劃」是勞工(上班族)退休理財計劃的起手式…自提6%勞退金，是勞工主動按月存錢，讓自己養成儲蓄的習慣；新制勞退除了規定雇主需每月提撥 6%勞工薪資至勞工個人帳戶外(※見表 2-3)，勞工自己也可選擇自提 1%～6%到自己的個人帳戶。然而，依勞工保險局資料顯示，至 2019 年 2 月，已加入新制勞退的勞工共 679.2 萬人，而有辦理"勞退自提 6%"的勞工僅 53.4萬人，占 7.87%；或許有些人不知道可以"勞退自提"，或者"聽說"勞退基金快倒了，而沒有自提 1%～6%，使自己在退休後面臨生活資金不足的困擾。其實，勞退提繳的錢是存在勞工自己的個人帳戶中，所以不會倒；因此，勞工宜"強迫"自己提滿 6%，每月儲存 6%的薪資所得，換取退休後每月領取約 17,000 元的勞退年金，加上雇主提繳的 6%，則退休後，共可領取約 34,000 元/月的勞退年金(※見表 4-11(Ⅲ))。

　　「**勞退自提6%**」至少有三項優點：(1)可享所得稅優惠、(2)可享投資累積收益和(3)可培養儲蓄習慣：

　　(1) **可享所得稅優惠**；勞退自提的金額，可從當年度的所得中全數扣除，不必計入個人所繳納的個人綜合所得稅中，這筆累積的自提勞退金，可延到領取退休金時，才計算是否要課稅。

　　「勞工退休金條例」第 14 條第 3 項規定：「勞工得在其每月工資之 6%以內，自願提繳退休金；其自願提繳之退休金，不計入提繳年度薪資所得課稅」，亦即是「勞工每月自提 1%～6%(上限)之金額，可全數從薪資所得中扣除，不必列入翌年報繳所得稅時的薪資收入中」。表 4-7 是 2019 年綜合所得稅速算表。

表 4-7 綜合所得稅申報速算表(2019/2020 年)

課稅級距	(a)綜合所得淨額	(b)適用稅率	(c)累進差額	(d)應繳稅額
1	0～540,000	5%	0	=(a)×(b)-(c)
2	540,001～1,210,000	12%	37,800	=(a)×(b)-(c)
3	1,210,001～2,420,000	20%	134,600	=(a)×(b)-(c)
4	2,420,001～4,530,000	30%	376,600	=(a)×(b)-(c)
5	≧4,530,001	40%	829,600	=(a)×(b)-(c)

出處：財政部(※本書製表)

　　表 4-8 是勞退新制勞工每月自提 6%的節稅效益，大多數上班族之綜合所得稅的課稅級距，多在第 1 級(5%)～第 3 級(20%)之間，例如，月薪 31,000 元的單身上班族，扣掉免稅額及扣除額共 40.8 萬元之後，仍未達課稅門檻，不必繳交綜合所得稅；如果是月薪 50,000 元的中產階級，自提 6%時，每年可節稅 1,822 元；若是為月薪 10 萬元的單身貴族，則每年可節稅 8,735 元；如果是月薪 15 萬元的黃金單身漢/女郎，每年可節稅 21,600 元，也就是說，薪水愈高，自提 6%的節稅效果愈高。

表 4-8 勞退新制自提 6%之節稅額(2019/2020 年)

項次	(1)月薪	(2)勞退級距	(3)年薪	(4)所得淨額	(5)原應繳稅額	(6)自提6%	(7)扣自提6%後之淨所得	(8)扣自提6%後應繳稅額	(9)自提6%節稅額	(10)課稅級距
1	30,000	30,300	390,000	-18,000	0	21,816	0	0	0	
2	31,000	31,800	403,000	-5,000	(0)	22,896	0	0	0	
3	40,000	40,100	520,000	112,000	5,600	28,872	83,128	4,156	1,444	5%
4	50,000	50,600	650,000	242,000	12,100	36,432	205,568	10,278	1,822	
5	60,000	60,800	780,000	372,000	18,600	43,776	328,224	16,411	2,189	
6	70,000	72,800	910,000	502,000	25,100	52,416	449,584	22,479	2,621	
7	80,000	80,200	1,040,000	632,000	38,040	57,744	574,256	31,111	6,929	
8	90,000	92,100	1,170,000	762,000	53,640	66,312	695,688	45,683	7,957	
9	100,000	101,100	1,300,000	892,000	69,240	72,792	819,208	60,505	8,735	12%
10	110,000	110,100	1,430,000	1,022,000	84,840	79,272	942,728	75,327	9,513	
11	120,000	120,900	1,560,000	1,152,000	100,440	87,048	1,064,952	89,994	10,446	
12	130,000	131,700	1,690,000	1,282,000	121,800	94,824	1,187,176	104,661	17,139	
13	140,000	142,500	1,820,000	1,412,000	147,800	102,600	1,309,400	127,280	20,520	20%
14	150,000	150,000	1,950,000	1,542,000	173,800	108,000	1,434,000	152,200	21,600	

註 1：勞退級距詳見表 2-3。(3)年薪=(1)月薪x13 個月。(6)自提 6%=(2)x6%x12。
註 2：單身者例：(4)所得淨額=(3)年薪-(每人免稅額 88,000 元+薪資扣除額 200,000 元+單身標準扣除額 120,000 元=408,000 元)，亦即所得淨額高於 40.8 萬元才需繳所得稅。
出處：財政部公告之課稅規定(※本書製表)

　　勞工退休時可領取政府的兩筆退休金：(1)勞保年金和(2)勞退年金；公務員退休時，亦可領取兩筆退休金：(1)公保年金(※公保一次養老給付)和(2)退撫年金，依表 2-1 所示，勞保年金(※勞保老年給付)是屬於"社會保險"，所以，不管是一次領或按月領，領取的勞保年金均不用繳扣稅金；但是，(2)勞退年金(※即勞工退休金)是屬於職業退休金，依財政部國稅局「所得稅法第 14 條第 9 類」規定，退職所得須繳交稅金；然而，退職所得(※

勞退年金)訂有免稅額，超過免稅額門檻時，才需要繳交稅金。

依財政部國稅局的(2019 年)公告，勞退年金的課稅計算方式如表 4-9 所示，如果選擇分期領退休金，若全年領取總額≦78.1 萬元(≒6.51 萬元/月)，雖然勞退年金(※雇提+自提)是"遞延稅負"，但是，對於絕大多數的勞工而言，勞退年金多≦6.51 萬元/月，故多不用繳退休金所得稅。

表 4-9	退職所得之課稅方式(2019 年)
	(一)一次領取退休金
免稅門檻	退休金總額≦18 萬元×服務年資
半數課稅	18 萬元×服務年資<退休金總額≦(36.2 萬元×服務年資)
金額課稅	退休金總額≧(36.2 萬元×服務年資)
	(二)分期(按月/季)領取退休金
免稅門檻	全年領的總額≦78.1 萬元

圖 4-3 是勞退新制的年金試算結果，因為勞退提繳月薪的最高等級為 15 萬元，即使月薪已高達 30 萬元，仍然只能以月薪 15 萬元計算勞退年金，以月薪 15 萬元、年資 40 年試算，退休後每月也只能領 45,670 元，尚未達退休年金 6.51 萬元/月的退休所得稅門檻，所以，按月領取的勞退年金可以說是"全額免稅"。

圖 4-3 勞退年金最高金額

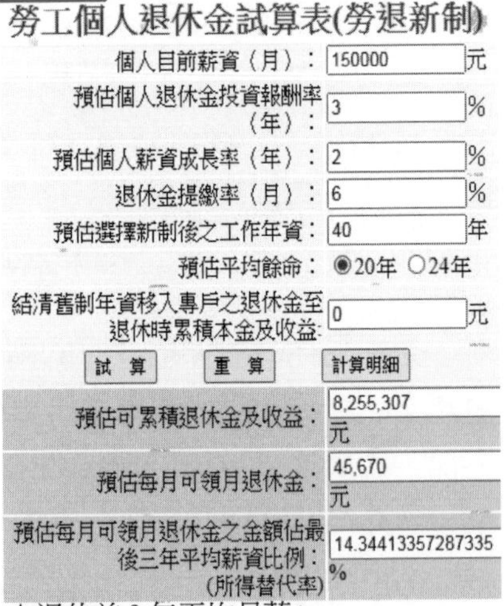

勞工個人退休金試算表(勞退新制)

個人目前薪資（月）：	150000	元
預估個人退休金投資報酬率（年）：	3	%
預估個人薪資成長率（年）：	2	%
退休金提繳率（月）：	6	%
預估選擇新制後之工作年資：	40	年
預估平均餘命：◉20年 ○24年		
結清舊制年資移入專戶之退休金至退休時累積本金及收益：	0	元

[試算] [重算] [計算明細]

預估可累積退休金及收益：	8,255,307 元
預估每月可領月退休金：	45,670 元
預估每月可領退休金之金額佔最後三年平均薪資比例：(所得替代率)	14.34413357287335 %

★退休前 3 年平均月薪≒
45,670 元÷14.3441%=318,389 元/月

(2) **可享投資累積收益**；新制勞退基金是由政府委託國內外
十家以上之專業投資機構進行投資理財，平心而論，投
資績效並不佳(※表 4-10)，近 10 年的平均收益率只有
3.51%(※近 10 年中有 3 年虧損，且 4 年低於保證收益
率(※表 3-2))。即使投資績效低，甚至比銀行定存還差，
但是，在退休總結算時，勞退個人帳戶至少可保障有 2
年定存年利率的"最低保證收益"；反之，如果當年度的
勞退基金收益率，高於當年度的最低保證收益率時，其
獲利收益中的二分之一金額，將被提撥到勞工的個人專
戶中(※詳見第 2-6 單元)，年復一年，可以複利方式累
積退休金。所以，以理財及退休的角度來看，"勞退自提
"務必要提，且要提滿到上限 6%，是一種"半推半就"的
儲蓄，相當於向保險公司買三、四十年期的"儲蓄壽險"，
按月繳保費。

事實上，不僅是勞退新制基金，如表 4-10 所示，其他八種
政府基金的投資收益均不佳，多達不到政府當初招標時的「收益
目標」，各種政府基金的收益率，當然比不上股神巴菲特公司的
收益率 13.98%，或美國 S&P 500 的 14.16%，但是，也比不上台
股殖利率 4.17%，因此，基金之操盤手的能力就有待檢討了。

表4-10 勞保、勞退等基金之收益率(%)統計表(2010～2019年)　(※本書製表)

年度	(1)勞保基金	(2)勞退新制	(3)勞退舊制	(4)國保基金	(5)公保基金	(6)退撫基金	(7)就業基金	(8)職災基金	(9)欠資基金	(10)台股殖利率	(11)波克夏(股神)	(12)S&P 500	勞退新制保證收益
2010年	3.96	1.5412	2.1135	3.74	2.61	3.60	0.85	0.58	1.42	3.58	21.4	15.1	1.0476%
2011年	-2.97	-3.9453	-3.5329	-3.66	-2.87	-5.98	1.08	0.88	1.18	5.65	-4.7	2.1	1.3131%
2012年	6.25	5.0154	4.4992	5.06	4.72	6.17	1.12	0.98	2.67	4.12	16.8	16.0	1.3916%
2013年	6.35	5.6790	6.5813	4.06	6.02	8.30	1.05	0.90	2.08	3.26	32.7	32.4	1.3916%
2014年	5.61	6.3814	7.1930	6.05	6.72	6.50	1.07	0.89	1.80	3.55	27.0	13.7	1.3916%
2015年	-0.55	-0.092	-0.5847	-0.45	0.37	-1.94	1.40	1.00	1.47	4.60	-12.5	1.4	1.3722%
2016年	4.02	3.2303	4.1700	4.26	5.12	4.29	1.10	0.90	2.11	4.35	23.4	12.0	1.1267%
2017年	7.87	7.9314	7.7445	8.04	8.24	7.15	0.70	0.93	2.28	3.95	21.9	21.8	1.0541%
2018年	-2.22	-2.0686	-2.1482	-2.28	-3.13	-1.14	2.22	0.94	1.69	4.77	2.8	-4.4	1.0541%
2019年	13.30	11.447	13.4742	12.03	12.76	10.62	1.37	0.93	3.23	3.82	11.0	31.5	1.0541%
平均(%)	4.16	3.51	3.9510	3.69	4.06	3.78	1.20	0.89	1.99	4.17	13.98	14.16	—

平均：3.02%

註1：國內各基金收益率，分別摘自勞動部、台灣銀行及退撫基金委員會網站資料。
註2：勞保、勞退及公保等基金之最低保證收益率(%)依據不同，本表僅列勞退新制之「最低保證收益率」。
註3：波克夏(股神公司)及 S&P 500，摘自股神巴菲特公司(Berkshire)之 2019 年年度報告。
　　S&P 500 即是標準普爾 500 指數(S&P 500 Index)，是美國 500 家上市公司的股票指數，
　　由標準普爾公司自 1957 年開始編制的。

(3) **可培養儲蓄習慣**；月光族老是怪"薪水太低不夠用"，其實，只要有班可上，穩定收入"即可"，不管你薪水多高或多低，總是比上不足，比下有餘，**開源**不易，所以要**節流**優先，即「**月薪-預定存款=支出上限**」，而非「月薪-(無限)支出=零存款」；預定存款可從"自提 6%"做起，例如月薪 30,000 元，自提 6%(1,800 元)，實領 28,200 元，此種"不得不扣"的儲蓄，是累積小富的開始。勞工"自提 6%"雖名為"自提"，但是可視為一種"強制性"儲蓄，就像買儲蓄壽險一樣，不得不繳，積少成多、集腋成裘。

很多人以為"薪資高，才能儲蓄 "，但是，未必如此，因為薪資較高的人，不騎機車開轎車、買名牌奢侈品、勤換新上市手機、育樂消費不設限，或者會想買較高價的房子等，而成為月光族；有些上班族，上午進公司手拿一杯咖啡/拿鐵，下午進公司，再拿一重量杯冷飲，戒掉後每月就可節省 3,000 元開銷，再戒掉不必要網購/物慾，每月又可節省 3,000 元。

儲蓄的要訣，在於要先設定每月的儲存金額，例如，設定實領月薪的 10%～30%為不可動用的儲蓄款；剩下的才是開支的上限，量入為出，再分配各項支出金額，"食、住"優先，"衣、行、育、樂"可打折再打折，如此，即使月薪不到 30,000 元的職場新鮮人，也可能月存 5,000 元以上，如果與父母同住，"吃、住免費"，月存 2 萬元並非不可能。

股市存股理財的理論，大致上大同小異，但是，成功與否的關鍵，在於"恆心和紀律"；繳房貸或買保險，因為是每月自動扣款，所以不得不繳，這就是被動的"恆心和紀律"，對於想儲蓄而缺乏恆心和毅力的人，最有效的方法，就是辦理銀行(行動銀行

APP)的自動轉帳功能，在個人月薪入帳後的第 5 天(※以防公司發薪出狀況)，自動轉出 3 千～1 萬元到自己另外開設的股票證券帳戶中，作為每年買官方金融股的款項，而留在薪資帳戶的金額，就是生活費的上限。

　　每個月的轉帳存款，可能尚不足買 1 張(1,000 股)股票，我們不建議每月買零股(※浪費時間及費用)，等累積 3 萬～5 萬元時，再加上年終獎金，可買 1～3 張的官方金融股，例如，兆豐金約 30,000 元/張、臺企銀約 10,000 元/張，其他 4 檔官方金融股約 20,000 元/張左右。※從未開戶買股票的新手，請看第一本拙作「我用 4 張表，存股賺 1 倍」，或者問同事/友人，依表 5-8 之股市的"開戶人數"和"有交易人數"來推算，約每 4 人即有 1 人有買賣股票的經驗。

　　除了上述三項優點外，依「勞工退休金條例」第 29 條規定，「勞工個人退休金專戶的存款，不得作為抵銷、扣押、供擔保或強制執行的標的」，也就是說，除非是自己提領，否則專戶內存款萬無一失，因此，為了安穩的退休生活，勞工似乎沒有理由不**"自提 6%"**。※若上限再提高，亦要苦撐、隨著提高。

　　「B 計劃：勞退自提 6%」的"半推半就"性儲蓄，**每月"強迫"自己由薪資中提出 6%儲蓄**，加上雇主的**"被迫"提繳 6%**，合計為 12%後，再同樣以圖 4-2 方式，將"退休金提繳率"改為 12%後重新試算，即可得到如圖 4-4a 和圖 4-4b 的勞退年金分別為 24,863 元/月和 33,953 元/月。為方便閱讀，將以上所述，整理成表 4-11；由表 4-11 來看，勞工的退休金，確實比不上公務員的退休金，但是，如果是(雇提 6%)加上勞工(自提 6%)，則最後 3 月平均月薪 70,940 元時之退休金所得替代率為 70.07%，就略高於普考委任最高職等的 68.7%，然而，最後 3 月平均月薪 97,010 元時之勞工的退休金所得替代率 60.61%，仍低於高考薦任最高職等的 68.75%，由此來看，未來政府再推動"勞工年金改革"時，若能將勞工自提 6% 提高到 12%(※當然最好能由雇主或政府負擔)；如此，勞工的退休年金(所得替代率)就有可能追上公務員的退休年金所得替代率。

圖 4-4a 以表 4-6 項次(1)條件試算勞退年金

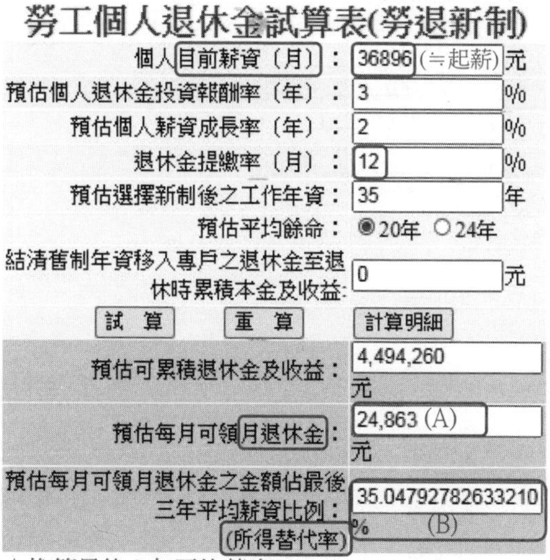

勞工個人退休金試算表(勞退新制)

個人 目前薪資(月)：	36896 (≒起薪) 元
預估個人退休金投資報酬率〔年〕：	3 ％
預估個人薪資成長率〔年〕：	2 ％
退休金提繳率〔月〕：	12 ％
預估選擇新制後之工作年資：	35 年
預估平均餘命：	◉20年 ○24年
結清舊制年資移入專戶之退休金至退休時累積本金及收益：	0 元
試算　重算	計算明細
預估可累積退休金及收益：	4,494,260 元
預估每月可領 月退休金：	24,863 (A) 元
預估每月可領月退休金之金額佔最後三年平均薪資比例： (所得替代率)	35.04792782633210 ％ (B)

★推算最後 3 年平均薪資
=(A)24,863÷(B)35.047928%=70,940 元/月。

圖 4-4b 以表 4-6 項次(5)條件試算勞退年金

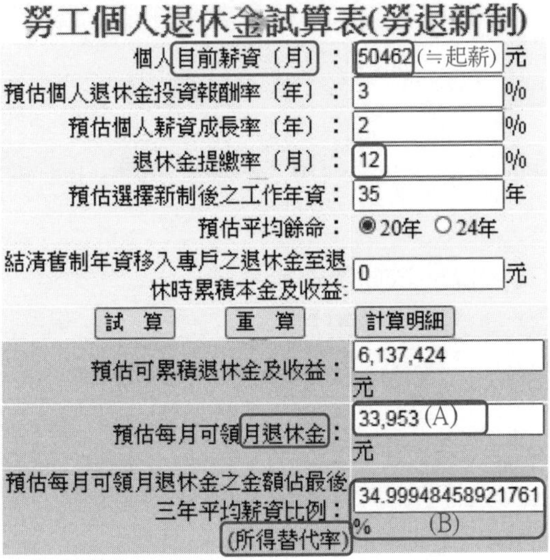

勞工個人退休金試算表(勞退新制)

個人 **目前薪資〔月〕**：	50462 (≒起薪)	元
預估個人退休金投資報酬率〔年〕：	3	%
預估個人薪資成長率〔年〕：	2	%
退休金提繳率〔月〕：	12	%
預估選擇新制後之工作年資：	35	年
預估平均餘命：	◉20年 ○24年	
結清舊制年資移入專戶之退休金至退休時累積本金及收益：	0	元

試算	重算	計算明細	
預估可累積退休金及收益：		6,137,424	元
預估每月可領**月退休金**：		33,953 (A)	元
預估每月可領月退休金之金額佔最後三年平均薪資比例：(所得替代率)		34.99948458921761 % (B)	

★推算最後 3 年平均薪資
=(A)33,953÷(B)34.999485%=97,010 元/月。

　　若以目前的物價水準衡量，表 4-11 中之(Ⅰ)項(公務員)或(Ⅲ)項(勞工)的退休年金，應該足夠"不生病"的食衣住行用，但是，若有需要長照的家人時，如同我的 90 多歲阿公、阿媽，目前請 2 位看護在照料。此外，若依第 3-1 節所述，在勞動部改革勞保年金之後，表 4-11 之勞保年金 24,847 元/月，將可能打 7 折(或更少)，降為 17,400 元以下，因此，表 4-11 中的退休金就可能減少而不夠用了；就需要有「C 計劃」的救援。

表 4-11 委任/薦任最高職等與同薪勞工之退休年金比較

	（Ⅰ）公務員(委任最高職等)	（Ⅱ）勞工(雇提 6%)	（Ⅲ）勞工(⊕自提 6%)
（一）	(1)公保一次養老給付： 　1,489,740 元≒6,207 元/月 (2)退撫年金：42,564 元/月 (1)+(2)合計：48,771 元/月 **合計所得替代率：68.75%** ※本薪 35,470 元/月×2 　=70,940 元/月	(1)勞保年金： 　24,847 元/月 (2)勞退年金： 　12,431 元/月 (1)+(2)合計： 　37,278 元/月 **合計所得替代率：** **52.55%** ※最後 3 月平均月 　薪：70,940 元/月	(1)勞保年金： 　24,847 元/月 (2)勞退年金： 　24,862 元/月 (1)+(2)合計： 　49,709 元/月 **合計所得替代率：** **70.07%** ※最後 3 月平均月 　薪：70,940 元/月
	（Ⅰ）公務員(薦任最高職等)	（Ⅱ）勞工(雇提 6%)	（Ⅲ）勞工(⊕自提 6%)
（二）	(1)公保一次養老給付： 　2,037,210 元≒8,488 元/月 (2)退撫年金：58,206 元/月 (1)+(2)合計：66,694 元/月 **合計所得替代率：68.75%** ※本薪 48,505 元/月×2 　=97,010 元/月	(1)勞保年金： 　24,847 元/月 (2)勞退年金： 　16,977 元/月 (1)+(2)合計： 　41,824 元/月 **合計所得替代率：** **43.11%** ※最後 3 月平均月 　薪：97,010 元/月	(1)勞保年金： 　24,847 元/月 (2)勞退年金： 　33,954 元/月 (1)+(2)合計： 　58,801 元/月 **合計所得替代率：** **60.61%** ※最後 3 月平均月 　薪：97,010 元/月

註：以表 4-6 之相同條件作比較，即年資 35 年，退撫純新制，勞退投報率
　　3%，薪資年增率 2%，平均餘命 20 年。

4-4. 養金雞母「C計劃」：錢進官方金融股

500年前之希臘「伊索寓言」中，隱喻"貪婪者自食惡果"的 **"下金蛋的鵝"**故事(Goose with Golden Eggs)，到了台灣之後，就入境隨俗成為"做人毋通貪"的**金雞母**，寓言故事中的"下金蛋母鵝"是老天的賞賜，突然間就在農舍中開始每日下一顆金蛋，但是現實的理財世界裡，金雞母要自己耐心呵護、飼養，才能養出每年只下一顆金蛋的金雞母，**金雞母的條件是：(1)穩健(※不會倒)、(2)規律(※每年配股利)、(3)紀律(※定期買進)和(4)原則(※不砍金雞母(不賣股))**，前兩項是(保守理財)存股金雞母的必要條件，後兩項是(理財者)存股的應守法則。

如果以表4-11的數據來看，年資35年之勞工退休時，可領取的「(A+B)計劃」年金在5萬元/月以上，至少，已經可以過"普通級"(※見表1-5)的退休生活了，然而，"月有陰晴圓缺，人有旦夕禍福"，因此應有備用「C計劃」，未雨綢繆，以備不時之需；**「C計劃」就是錢進官方金融股，飼養金雞母**；從25歲開始，月存6,000元(※圖4-5a)，定期買進殖利率5%的官方金融股，40年如一日，65歲退休時，就可存足(本利和)約913萬元(約350張)的官方金融股，而您實際儲存的本金僅288萬元。

保守的上班族有閒錢時，多只會存銀行，或買銀行理專推薦的基金或保單，仍不敢到股市投資理財，然而，依常識邏輯思考，**既然敢錢存銀行，應該沒有理由不敢買官方金融股吧？**2020年3月，銀行2年期儲蓄存款的年利率僅剩0.8%，而官方金融股的近10年之(現金+股票)合計殖利率，在5.04%～6.28%之間(※見表4-12)，所以，**"錢存銀行不如買官方金融股"**。

在以前之三本拙作(1)「我用 4 張表，存股賺一倍」(入門書)、(2)「收租股總覽Ⅰ」(進階版)和(3)「理科阿伯存股術」(※原名「收租股總覽Ⅱ」)(實戰篇)中，均未將"官方金融股"視為優質的定存股，原因是"官方金融股"的現金殖利率，均未達拙作篩選"優質定存股"的準則之一「買入價≦現金息×15」，此準則若換算為殖利率的話，即是「**買入價之現金殖利率要≧6.67%**」，而"官方金融股"的現金殖利率多低於 5%，因此，不予考慮；然而，本書是以退休理財為出發點，"兩利相權取其優"，"官方金融股"是有"超富爸"(※政府)撐腰的**金雞母**，穩健不會倒，雖然，現金殖利率僅為 3%～4%，但是，(現金+股票)殖利率則在 5%以上，對於不求"倍漲暴富"且又沒有理財專業的保守型退休理財上班族，"官方金融股"反而是安穩的定存股標的。

表 4-12 是 6 檔"官方金融股"的殖利率與 9 種政府基金的收益率之比較，"官方金融股"的投資績效顯然優於各種的政府基金，也比近 10 年的"台股平均殖利率"4.17%還高，符合**金雞母**的條件，因此，**敢**將錢放銀行定存的人，對於目前銀行定存利率不到 1%的儲蓄理財方式，就沒有理由**不敢**買官方金融股了。

表4-12 官方基金、官股銀行之收益率(%)及殖利率比較表(2010～2019 年)

項次	基金/官股銀	2010	2011	2012	2013	2014	2015	2016	2017	2018	2019	平均
1	勞保基金	3.96	-2.97	6.25	6.35	5.61	-0.55	4.02	7.87	-2.22	13.30	4.16
2	勞退新制	1.54	-3.95	5.02	5.68	6.38	-0.09	3.23	7.93	-2.07	11.45	3.51
3	勞退舊制	2.11	-3.53	4.50	6.58	7.19	-0.58	4.17	7.74	-2.15	13.47	3.95
4	就業基金	0.85	1.08	1.12	1.05	1.07	1.40	1.10	0.70	2.22	1.37	1.20
5	職災基金	0.58	0.88	0.98	0.90	0.89	1.00	0.90	0.93	0.94	0.93	0.89
6	欠資基金	1.42	1.18	2.67	2.08	1.80	1.47	2.11	2.28	1.69	3.23	1.99
7	國保基金	3.74	-3.66	5.06	4.06	6.05	-0.45	4.26	8.04	-2.28	12.03	3.96
8	公保基金	2.61	-2.87	4.72	6.02	6.72	0.37	5.12	8.24	-3.13	12.76	4.06
9	退撫基金	3.60	-5.98	6.17	8.30	6.50	-1.94	4.29	7.15	-1.14	10.62	3.78
10	兆豐金(2886)	5.73	4.33	5.02	4.63	5.69	6.05	6.23	6.20	6.54	5.80	5.62
11	第一金(2892)	4.71	4.41	6.25	6.67	7.30	8.05	8.59	5.24	5.42	6.16	6.28
12	合庫金(5880)	—	5.52	5.81	6.02	6.06	6.54	7.45	6.69	5.93	5.72	6.19
13	華南金(2880)	4.59	4.85	6.10	5.85	6.97	7.35	7.50	5.62	6.16	5.49	6.05
14	彰銀(2801)	6.90	4.17	5.00	4.68	4.92	5.49	5.61	4.94	4.77	3.94	5.04
15	台企銀(2834)	4.91	3.70	4.55	4.44	8.00	6.64	4.88	8.03	8.23	5.65	5.90
16	(台股殖利率)	3.58	5.65	4.12	3.26	3.55	4.60	4.35	3.95	4.77	3.82	4.17

註1：兆豐金只配現金息，其他五檔官股銀行，合現金及配股，見表 5-6。

註2：6家官方金融股之殖利率均高於台股殖利率 4.17%(※2011 年除外)。

假設把 10 萬元放在銀行定存，年利率為 1.0%，則一年後可領取 1,000 元(=100,000×1.0%)的利息，這是單利計算，如果不領出來且年利率不變時，到第 5 年，總共可領取 5,101 元[=10 萬元×((1+1.0%)^5-1)，到第 20 年，共可領利息 22,019 元，比每年領取 1,000 元利息(共 20,000 元)的方式，20 年的複利比單利多了 2,019 元(※多了 10.1%)，這看起來好像不多，如果改以 6 家官方金融股近 10 年平均殖利率≧5%來計算，則 10 萬元存了 20 年，總共可領取 165,330 元的利息，是本金 100,000 元的 1.65 倍，本利和合計為 265,330 元。265,330 元？勉強啦！也不算多！

確實並不多，但是，如果你有恆心和紀律，從 25 歲開始，<u>每年年底存 10 萬元</u>(=8,333 元/月)買官方金融股，同樣以 5%的殖利率計算，20 年後的本利和(FV)為(FV=100,000 元/年×[(1+5%)^{20}-1]÷5%=3,306,595 元(※本金僅存了 200 萬元)，若持續了 40 年，在 65 歲退休時，本利和高達 12,079,977 元，而 40 年你只存了 4,000,000 元而已。

日本金融廳(2019 年 6 月)的調查報告說：**「以每戶夫 65 歲、妻 60 歲後的退休生活，若要活到 95 歲，目前的年金不夠用，每戶要自備 2,000 萬日幣」**；到日本的民營保險公司網站瀏覽，其**年金保險**的理財規劃多已喊到"百歲人生，一億日幣"的目標了，以"65 歲退休、活到 100 歲"的生活費為 1.05 億日幣(25 萬元/月×12×35 年)來嚇唬民眾購買年金險；其實，一般日本上班族理性自估的退休存款目標約為 2,500 萬±500 萬日幣之間(≒750 萬±150 萬台幣)。

若依日本與台灣的物價水平差距，台灣人的退休基金 500 萬元應該夠了吧？然而，**這 500 萬元不應只是放在銀行定存的儲**

蓄，而應是用來每年買殖利率 5%的官方金融股(※金雞母)，這 500 萬元是以每年存 12.5 萬元的 5%複利滾雪球效應，40 年後將使本利和達 1,500 萬元以上(※見表 4-1a，120,000 元/年)。現在的日本，是未來台灣的寫照，因此，退休理財計劃的「Plan C」應儘早啟動。何時才啟動？當然，愈早啟動，每月儲蓄的金額愈低，而"滾雪球"的獲利效應也愈大。

圖 4-5a 是月存 2 仟～1 萬元的速查表(※**殖利率 5%和通膨率 1.5%**)，金額較低，適合"**立即**"啟動的存款計劃，假設，從 30 歲開始，月存 2,000 元，存 35 年到 65 歲為止，共存本金 84 萬元，而本利和為 227.6 萬元(※若以通膨率 1.5%計算，40 年後的 227.6 萬元，相當於現在的 125.5 萬元)；如果到 45 歲時，您有能力每月再加存 5,000 元，存 20 年到 65 歲時為止，共存本金 120 萬元，而本利和為 208.3 萬元，此 2 筆持續存款的本利和，就成為共計 435.9 萬元的"官方金融股"。

假設，您省吃儉用，從 25 歲開始，每月可存 6,000 元，存 40 年到 65 歲為止，共存本金 288 萬元，而本利和為 913.2 萬元(≒40 年前現值 503.4 萬元)；如果您的月薪較高，可從 25 歲開始，每月存 1 萬元，存 40 年到 65 歲為止，共存本金 480 萬元，而本利和為 1,522.1 萬元(※見圖 4-5a 或表 4-1a)，若以**現金殖利率 4%**計算，每年約可領取現金股利 60 萬元(=5 萬元/月)，因此，合計退休理財計劃「A、B、C」的現金收入(約 10 萬元)，退休年金之所得替代率已超過 100%，就可成為"退休樂活"的「中上流老人」了。※萬一，不幸中風或者家人有長照需求的話，股利收入仍然不夠用，怎麼辦？就只能啟動「D 計劃」了。

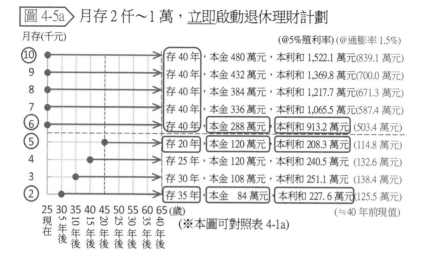

圖 4-5a 月存 2 仟～1 萬，<u>立即</u>啟動退休理財計劃

月存(千元)　　　　　　　　　　　　　　　　(@5%殖利率) (@通膨率 1.5%)

- ⑩ 存 40 年，本金 480 萬元，本利和 1,522.1 萬元(839.1 萬元)
- 9 存 40 年，本金 432 萬元，本利和 1,369.8 萬元(700.0 萬元)
- 8 存 40 年，本金 384 萬元，本利和 1,217.7 萬元(671.3 萬元)
- 7 存 40 年，本金 336 萬元，本利和 1,065.5 萬元(587.4 萬元)
- ⑥ 存 40 年，本金 288 萬元，本利和 913.2 萬元 (503.4 萬元)
- ⑤ 存 20 年，本金 120 萬元，本利和 208.3 萬元 (114.8 萬元)
- 4 存 25 年，本金 120 萬元，本利和 240.5 萬元 (132.6 萬元)
- 3 存 30 年，本金 108 萬元，本利和 251.1 萬元 (138.4 萬元)
- ② 存 35 年，本金 84 萬元，本利和 227.6 萬元(125.5 萬元)

25 30 35 40 45 50 55 60 65 (歲)
現在 5年後 10年後 15年後 20年後 25年後 30年後 35年後 40年後

(≒40 年前現值)

(※本圖可對照表 4-1a)

　　圖 4-5b 是假設您已是壯年上班族，看了本書才決定啟動退休理財「C 計劃」，那就得加倍存款了，假設您在 40 歲時，開始每月存 2 萬元，存 25 年到 65 歲為止，共存本金 600 萬元，而本利和為 1,206.7 萬元，若到了 55 歲時，才想到要月存 5 萬元買股票，存 10 年到 65 歲時，儲存的本金一樣是 600 萬元，但是本利和僅 792.4 萬元，由此可見，儘早啟動「C 計劃」的重要性。

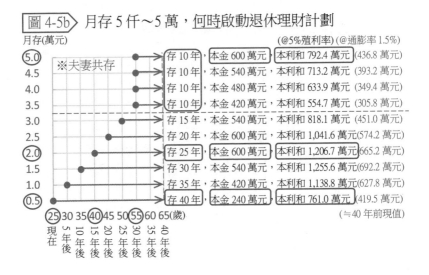

圖 4-5b 月存 5 仟～5 萬，何時啟動退休理財計劃

如果您的個性較保守，可採用圖 4-6a 及圖 4-6b 的速查表，是以**殖利率 4%和通膨率 1.5%**計算；同理，假設，從 30 歲開始，月存 2,000 元，存 35 年到 65 歲為止，共存本金 84 萬元，而本利和為 183.8 萬元(※若以通膨率 1.5%計算，40 年後的 183.8 萬元，相當於現在的 101.3 萬元)；如果到 45 歲時，您有能力每月再加存 5,000 元，存 20 年到 65 歲時為止，共存本金 120 萬元，而本利和為 185.8 萬元。

假設，您省吃儉用，從 25 歲開始，每月可存 6,000 元，存 40 年到 65 歲為止，共存本金 288 萬元，而本利和為 711.6 萬元(≒40 年前現值 392.3 萬元)；如果您的月薪較高，可從 25 歲開始，每月存 1 萬元，存 40 年到 65 歲為止，共存本金 480 萬元，而本利和為 1,185.9 萬元(≒40 年前現值 653.7 萬元)，若以現金殖利率 3%計算，每年約可領取現金股利 35.6 萬元(≒3 萬元/月)，因此，合計退休理財計劃「A、B、C」現金收入(約 8 萬元)，應仍可成為比「上流老人」次一級的「中上流老人」。

圖 4-6a〉月存 2 仟～1 萬，**立即啟動退休理財計劃**

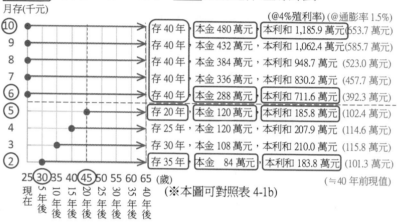

月存(千元) (@4%殖利率) (@通膨率 1.5%)

⑩	存 40 年，本金 480 萬元，本利和 1,185.9 萬元(653.7 萬元)
9	存 40 年，本金 432 萬元，本利和 1,062.4 萬元(585.7 萬元)
8	存 40 年，本金 384 萬元，本利和 948.7 萬元 (523.0 萬元)
7	存 40 年，本金 336 萬元，本利和 830.2 萬元 (457.7 萬元)
⑥	存 40 年，本金 288 萬元，本利和 711.6 萬元 (392.3 萬元)
⑤	存 20 年，本金 120 萬元，本利和 185.8 萬元 (102.4 萬元)
4	存 25 年，本金 120 萬元，本利和 207.9 萬元 (114.6 萬元)
3	存 30 年，本金 108 萬元，本利和 210.0 萬元 (115.8 萬元)
②	存 35 年，本金 84 萬元，本利和 183.8 萬元 (101.3 萬元)

25 30 35 40 45 50 55 60 65 (歲)
現在 5年後 10年後 15年後 20年後 25年後 30年後 35年後 40年後

(※本圖可對照表 4-1b) (≒40 年前現值)

圖 4-6b〉月存 5 仟～5 萬，**何時啟動退休理財計劃**

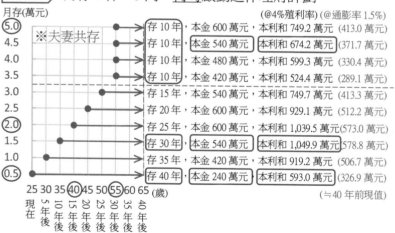

月存(萬元) (@4%殖利率) (@通膨率 1.5%)

※夫妻共存

(5.0)	存 10 年，本金 600 萬元，本利和 749.2 萬元 (413.0 萬元)
4.5	存 10 年，本金 540 萬元，本利和 674.2 萬元 (371.7 萬元)
4.0	存 10 年，本金 480 萬元，本利和 599.3 萬元 (330.4 萬元)
3.5	存 10 年，本金 420 萬元，本利和 524.4 萬元 (289.1 萬元)
3.0	存 15 年，本金 540 萬元，本利和 749.7 萬元 (413.3 萬元)
2.5	存 20 年，本金 600 萬元，本利和 929.1 萬元 (512.2 萬元)
(2.0)	存 25 年，本金 600 萬元，本利和 1,039.5 萬元(573.0 萬元)
1.5	存 30 年，本金 540 萬元，本利和 1,049.9 萬元 578.8 萬元)
1.0	存 35 年，本金 420 萬元，本利和 919.2 萬元 (506.7 萬元)
(0.5)	存 40 年，本金 240 萬元，本利和 593.0 萬元 (326.9 萬元)

25 30 35 40 45 50 55 60 65 (歲)
現在 5年後 10年後 15年後 20年後 25年後 30年後 35年後 40年後

(≒40 年前現值)

　　如同圖 4-5b 一樣，圖 4-6b 之月存 2 萬元 25 年和月存 5 萬元 10 年，本金均為 600 萬元，但是，月存 2 萬元 25 年，是"以時間換取金錢，拉長戰線"，本利和仍可達 1,039.5 萬元，遠高於月存 5 萬元/10 年的本利和 749.2 萬元，因此，宜趁早啟動退休理財「C 計劃」，愈早穩健投資理財愈輕鬆。※圖 4-5 及圖 4-6 中的(≒40 年前現值)，是提醒您別只看到未來的"本利和"，"應順便感受一下"40 年前的現在金額，才知道 40 年後的本利和是否夠用通膨率之效應，詳見表 2-7。

> 理財計劃宜趁早，錢到用時不求奢；
> 青壯不知老年苦，高齡始唱自輓歌。

Chapter 5

錢存銀行"不如"買官方金融股

5-1. 官方金融股有哪幾家

金融股在「銀行法」、「金融控股公司法」及「金融監督管理委員會」的嚴格監督下,比起其他的上市櫃公司,算是安全性較高的特許行業股票,依台灣的「銀行法」,銀行業有 5 種類型:(1)中央銀行、(2)商業銀行、(3)儲蓄銀行、(4)專業銀行及(5)信託投資公司;廣義的金融股至少可分為:

1. 銀行類:彰銀(2801)、臺企銀(2834)…
2. 金控類:兆豐金(2886)、第一金(2892)…
2. 票券類:國票金(2889)、華票(2820)…
3. 保險類:中壽(2823)、三商壽(2867)…
4. 租賃類:中租-KY(5871)、裕融(9941)…
5. 證期類:統一證(2855)、元大期(6023)…

狹義來說,係指純銀行類股及金控類股。

目前台灣上市櫃的純銀行類股有 11 家,金控類股有 15 家(※特別股除外)。本文僅討論官方的(狹義)金融股僅 6 家。

官方金控股:兆豐金(2886)、第一金(2892)、合庫金(5880)及華南金(2880)。

官方銀行股:彰銀(2801)、臺企銀(2834)。

自 2008 年 12 月 15 日起,銀行 2 年定存的年利率,首次降至 1.6%以下(2008 年 11 月 11 日尚為 2.25%),從此以後,定存年利率一路下滑,迄 2020 年 4 月的 0.85%以下,因此坊間的"存股理財風潮"方興未艾,熱潮不減。目前上市櫃的公司約有 2000 檔,依 2019 年的殖利率來看,殖利率≧6%的公司約 1/6。因此,"用對方法、作對功課",存股理財,(股利+價差)每年確實有賺取 10%

～30%利潤的機會。然而,任何理財必有風險,本書的主題是"存股久久,退休樂活",所以,本章只談"適當股利、睡得安穩"的官方金融股;平心而論,官方金融股並非定存股理財的最佳選項,但是,如果加上安全行的考量,官方金融股,則是退休理財計劃中,不可或缺的選項。

依「商業銀行設立標準」第 2 條規定,**商業銀行最低資本額為 100 億元**,依「金融控股公司法」第 12 條規定,**金融控股公司最低實收資本額為 600 億元**;表 5-1 是 6 檔官方金融股的基本資料,官方金融股的資本額,少則 640 億元(臺企銀),多至 1,360 億元(兆豐金),雖然不是同業中最大,但是,每年均發放股利,淨值均高於資本額,而且有"超富爸"(※政府)撐腰,沒有倒閉的危機,符合"超安穩"保守理財原則。自 2020 年初爆發"新冠肺炎"以來,外資大砍金融股,加上 4 月初銀行定存利率降息至 0.85%,有人認為金融股良景不再,亦跟著拋售金融股,"危機入市、你丟我撿",就看你敢不敢。

表 5-2 是 6 檔官方金融股之近 10 年(現金+股票)的發放情形,通常大多數的(短線)投資人,多偏好現金股利,但是,對於長達 20 年以上的持股,現金或股票一樣好,以現金息及規模來看,兆豐金(2886)是 A 級,臺企銀(2834)則屬於 C 級;美國大學生的成績等級(Grade)分為 A(90 分)、B(89～70 分)、C(69～60 分)及 D(≦59 分,死當)4 級,臺企銀(2834)仍屬於合格級的後段班;由彰銀(2801)及臺企銀(2834)的配息(※現金)和配股(※股票)來看,此 2 檔純銀行股目前是"弱勢"的官方金融股。

表 5-1　官方金融股的基本資料

（※本書製表）

名稱	2020/6/30 資本額 (億元)	2020/6/30 總資產 (億元)	2020/6/30 淨值 (元/股)	2019年 EPS (元)	2019年 ROE (%)	2019年 ROA (%)	2019年 股利現金 (合計)	2019年 殖利率現金 (合計)	2020/6/30 股價 (元)	2020/6/30 淨值比 (P/B)	2020/6/30 本益比 (P/E)
兆豐金 (2886)	1,360.0	38,100	23.05	2.13	9.07	0.80	1.70 (1.70)	5.80 (5.80)	30.90	1.34	14.5
第一金 (2892)	1,283.6	32,981	17.03	1.55	9.11	0.63	1.05 (1.35)	4.79 (6.16)	22.65	1.33	14.6
合庫金 (5880)	1,333.4	39,441	17.11	1.33	8.02	0.49	0.85 (1.15)	4.23 (5.72)	20.75	1.21	15.6
華南金 (2880)	1,285.5	28,602	14.93	1.31	8.79	0.59	0.545 (1.09)	3.08 (6.16)	20.00	1.34	15.3
彰銀 (2801)	1,038.5	22,095	16.23	1.16	7.26	0.55	0.40 (0.80)	1.97 (3.94)	19.35	1.19	16.7
臺企銀 (2834)	748.9	16,643	13.52	0.98	7.47	0.40	0.20 (0.70)	1.61 (5.65)	10.80	0.80	11.0

註：金控之最低資本額 600 億元；商銀之最低資本額 100 億元。

表 5-2 官方金融股的股利政策(元/股) (※本書製表)

年度	兆豐金(2886)			第一金(2892)			合庫金(5880)			華南金(2880)			彰銀(2801)			臺企銀(2834)		
	現金	股票	合計	現金	股票	合計	現金	股票	合計	現金	股票	合計	現金	股票	合計	現金	股票	合計
2019	1.70	0.00	1.70	1.05	0.30	1.35	0.85	0.30	1.15	0.56	0.56	1.12	0.40	0.40	0.80	0.20	0.50	0.70
2018	1.70	0.00	1.70	1.00	0.10	1.10	0.75	0.30	1.05	0.55	0.55	1.09	0.64	0.20	0.84	0.30	0.50	0.80
2017	1.50	0.00	1.50	0.90	0.10	1.00	0.75	0.30	1.05	0.50	0.45	0.95	0.45	0.40	0.85	0.27	0.40	0.67
2016	1.42	0.00	1.42	1.20	0.20	1.40	0.75	0.30	1.05	0.70	0.50	1.20	0.42	0.50	0.92	0.10	0.30	0.40
2015	1.50	0.00	1.50	0.95	0.45	1.40	0.30	0.70	1.00	0.63	0.62	1.25	0.35	0.60	0.95	0.10	0.50	0.6
2014	1.40	0.00	1.40	0.70	0.65	1.35	0.50	0.50	1.00	0.62	0.62	1.24	0.20	0.70	0.90	0.00	0.73	0.73
2013	1.11	0.00	1.11	0.50	0.70	1.20	0.50	0.50	1.00	0.70	0.30	1.00	0.60	0.20	0.80	0.00	0.4	0.40
2012	1.10	0.00	1.10	0.45	0.65	1.10	0.40	0.60	1.00	0.50	0.50	1.00	0.10	0.70	0.80	0.00	0.4	0.40
2011	0.85	0.15	1.00	0.40	0.60	1.00	0.50	0.50	1.00	0.50	0.50	1.00	0.20	0.70	0.90	0.00	0.4	0.40
2010	0.90	0.20	1.10	0.30	0.60	0.90	—	—	—	0.30	0.60	0.90	0.28	0.90	1.18	0.00	0.45	0.45
合計	13.1	0.35	13.5	7.45	4.35	11.8	5.30	4.00	9.30	5.56	5.20	10.7	3.64	5.30	8.94	0.97	4.58	5.55
平均	1.32	0.04	1.35	0.75	0.44	1.18	0.59	0.44	1.03	0.56	0.52	1.08	0.36	0.53	0.89	0.10	0.46	0.56
等級	A			A⁻			B⁺			B			B⁻			C		

註：股利(元/股)及殖利率(%)均以(現金+股票)計算。

★弱勢官股銀行有危機嗎？沒有！

近 20 年來，被中央存款保險公司標售的不良銀行，有中興、中華、寶華、萬泰、高雄企、台東企、花蓮企等銀行，其中影響投資人權益較大是中興商銀(實收資本額 37.15 億元)和中華商銀(實收資本額 150.86 億元)，其他一些已消失的信用合作社、合會或小銀行，多是"自願性"被併購；這些消失或倒閉的銀行、信用合作社，多是掌權經營者本身的心態問題而消失。

臺企銀(2834)是 6 家官方銀行中，資本額最低(※表 5-1)，且股價亦最低，近 10 年來，股價均在 10 元上下震盪，每年的現金配息率不到 0.3 元(※見表 5-4f)，在 45 家的上市櫃金融股中，是屬於後段班的金融股，然而，以淨額、EPS及 ROA(資產報酬率)來看，"可能有危機"的銀行還輪不到臺企銀(2834)。而且，以目前的政府方針來看，如果官股真的經營不善，也不會倒，頂多是以"官官併"方式，由官方金融股合併弱勢官方銀行股。**※將來若是彰銀與臺企銀合併成為金控股，應是不錯的結局。**

台新金(2887)曾於 2005 年的二次金改時，取得彰銀(2801)22.5%股價，成為彰銀單一最大股東，拿下經營權，差一點就要以小吃大，併吞彰銀，後來政府政策大轉彎，為了經營權之爭，台新金與政府互訟，已纏鬥 15 年，在 2020 年6 月的董監事改選後，政府派之公股陣營雖然暫時略佔上風(持股 36%)，但是台新金(2887)仍然是持股最多的單一股東(持股 22.55%)，3 席獨立董事全拿，因此，經營權之爭尚未落幕，除非台新金主動退出，否則仍然會每 3 年鬥一次。

　　表 5-3 是 6 檔官方金融股的股價及殖利率之比較，兆豐金(2886)近 10 年的殖利率僅 5.62%，但是，是以配發現金股利為主(※見表 5-2)，偏好現金股利的人，可以選擇兆豐金(2886)、第一金(2892)和合庫金(5880)。

　　如表 5-3 所示，官方金融股的殖利率，至少是目前的銀行定期存款年利率(約 0.85%)的 5 倍，購買 99%機率不會倒的官方金融股，不需要懂任何的投資理財技術，財報分析、K 線圖分析、季線、年線、10 年線全部不用看，憨憨定期(每年 1 次或 2 次)買進官方金融股 1～3 檔，目標在退休前，至少存足 400 張以上的官方金融股(約 600 萬元本金，本利和 1,000 萬元)，則每年可領的現金股利(3.6%)約 36 萬元(≒3 萬元/月)，併入**計劃 A** 與**計劃 B** 的勞工退休年金後(※表 6-1)，"退休樂活"就可以贏在起跑點了。

表 5-3 官方金融股近 10 年之均價(元)、股利(元/股)與殖利率(%)　　　　(※本書製表)

年度	兆豐金(2886)			第一金(2892)			合庫金(5880)			華南金(2880)			彰銀(2801)			臺企銀(2834)		
	均價	股利	殖利率	均價	股利	殖利率	均價	股利	殖利率	均價	股利	殖利率	均價	股利	殖利率	均價	股利	殖利率
2019	29.30	1.70	5.80	21.90	1.35	6.16	20.10	1.15	5.72	20.40	1.12	5.49	20.30	0.80	3.94	12.40	0.70	5.65
2018	26.00	1.70	6.54	20.30	1.10	5.42	17.70	1.05	5.93	17.70	1.09	6.16	17.60	0.84	4.77	9.72	0.8	8.23
2017	24.20	1.50	6.20	19.10	1.00	5.24	15.70	1.05	6.69	16.90	0.95	5.62	17.20	0.85	4.94	8.34	0.67	8.03
2016	22.80	1.42	6.23	16.30	1.40	8.59	14.10	1.05	7.45	16.00	1.20	7.50	16.40	0.92	5.61	8.19	0.40	4.88
2015	24.80	1.50	6.05	17.40	1.40	8.05	15.30	1.00	6.54	17.00	1.25	7.35	17.30	0.95	5.49	9.03	0.60	6.64
2014	24.60	1.40	5.69	18.50	1.35	7.30	16.50	1.00	6.06	17.80	1.24	6.97	18.30	0.90	4.92	9.12	0.73	8.00
2013	24.00	1.11	4.63	18.00	1.20	6.67	16.60	1.00	6.02	17.10	1.00	5.85	17.10	0.80	4.68	9.00	0.40	4.44
2012	21.90	1.10	5.02	17.60	1.10	6.25	17.20	1.00	5.81	16.40	1.00	6.10	16.00	0.80	5.00	8.79	0.40	4.55
2011	23.10	1.00	4.33	22.70	1.00	4.41	18.10	1.00	5.52	20.60	1.00	4.85	21.60	0.90	4.17	10.80	0.40	3.70
2010	19.20	1.10	5.73	19.10	0.90	4.71	—	—	—	19.60	0.90	4.59	17.10	1.18	6.90	9.17	0.45	4.91
合計	240	13.53	56.20	191	11.80	62.8	151	9.30	55.71	180	10.75	60.50	179	8.94	50.40	94.6	5.55	50.9
平均	24.00	1.35	5.62	19.10	1.18	6.28	16.80	1.03	6.19	18.00	1.08	6.05	17.90	0.89	5.04	9.46	0.56	5.90

註1：股利(元/股)及殖利率(%)均以(現金+股票)計算。

註2：近10年之6家官方金融股的合計平均殖利率為 5.85%[=(5.62+6.28+6.05+6.19+5.04+5.9%)÷6]。

180

5-2. 官方金融股的個別股價/股利數據

如第 5-1 節所述,既然認定"官方金融股"是安穩獲利的定存收租股,但是,共有 6 檔官方金融股,真正要買時可能因為資金有限,仍會想一想"要先買哪一檔"?表 5-4a~4f 是官方金融股的個別股股利政策,可了解近 15 年來的配息(元/股)、配股(元/股)、EPS(元)、股利分配率(%),以及歷年的最高價、最低價,而最近一年的"最低價"可作為每年買股的參考價格;例如,如果 2020 年欲買兆豐金(2886)時的價格,已超過 2019 年的"最低價"25.2 元時,可考慮改買其他價格仍低於 2019 年"最低價",或者本益比(P/E)較低的官方金融股。

★"大到不能倒"的五家銀行★

2019 年 12 月 19 日,金管會曾公佈的**系統性重要銀行(D-SIBs)**(※簡稱**"大到不能倒"銀行**)為①中信、②國泰世華、③台北富邦、④兆豐及⑤合庫等五家。2020 年底將增第六家**"大到不能倒"**銀行,業者推測應是⑥第一銀行,因為去年公佈首波五家**"大到不能倒"**銀行時,金管會主委顧立雄曾提及排名第六是「第一銀行」,但尚未正式公佈。

雖是**"大到不能倒"**的銀行,若是高價買進,仍難逃長住套房的命運!股素人曾於 2000 年 3 月,以 77.1 元買進國泰世華銀行股票,卻套牢 16 年再轉獲利(※見「理科阿伯的存股術」(原名:收租股總覽Ⅱ) 表 3-1)。存股獲利訣:慎選股、等時機、低價買、不追高、長持股!

表 5-4a 兆豐金(2886)近 15 年股利政策　(※本書製表)

所屬年度	股利政策 股利(元/股)			殖利率統計						盈餘分配率統計				本益比(均價/EPS)
	現金	股票	合計	股價區間(元)			年均殖利率(%)			EPS(元)	股利分配率(%)			
				最高	最低	均價	現金	股票	合計		現金	股票	合計	
2019	1.70	0.00	1.70	32.50	25.20	29.30	5.80	0.00	5.80	2.13	79.80	0.00	79.80	13.76
2018	1.70	0.00	1.70	27.80	23.70	26.00	6.54	0.00	6.54	2.07	82.10	0.00	82.10	12.56
2017	1.50	0.00	1.50	26.40	22.80	24.20	6.20	0.00	6.20	1.89	79.40	0.00	79.40	12.80
2016	1.42	0.00	1.42	26.20	19.05	22.80	6.23	0.00	6.23	1.65	86.10	0.00	86.10	13.82
2015	1.50	0.00	1.50	28.50	20.90	24.80	6.05	0.00	6.05	2.35	63.80	0.00	63.80	10.55
2014	1.40	0.00	1.40	27.00	22.60	24.60	5.69	0.00	5.69	2.43	57.60	0.00	57.60	10.12
2013	1.11	0.00	1.11	25.90	22.00	24.00	4.63	0.00	4.63	1.96	56.60	0.00	56.60	12.24
2012	1.10	0.00	1.10	24.50	18.95	21.90	5.02	0.00	5.02	1.88	58.50	0.00	58.50	11.65
2011	0.85	0.15	1.00	29.55	17.60	23.10	3.68	0.65	4.33	1.57	54.10	9.55	63.70	14.71
2010	0.90	0.20	1.10	22.80	16.00	19.20	4.69	1.04	5.73	1.37	65.70	14.6	80.30	14.01
10年合計	13.18	0.35	13.53	—	—	10年平均	5.45	0.17	5.62	—	—	—	—	—
2009	1.00	0.00	1.00	21.60	8.60	15.60	6.41	0.00	6.41	1.30	76.09	0.00	76.90	12.00
2008	0.25	0.00	0.25	27.50	7.82	19.00	1.32	0.00	1.32	0.02	1250	0.00	1250	950.0
2007	1.25	0.00	1.25	24.70	19.00	21.20	5.90	0.00	5.90	1.55	80.60	0.00	80.60	13.68
2006	1.50	0.00	1.50	25.80	20.65	23.10	6.49	0.00	6.49	1.45	103	0.00	103	15.93
2005	1.55	0.00	1.55	23.20	18.60	21.20	7.31	0.00	7.31	2.09	74.20	0.00	74.20	10.14
15年合計	18.73	0.35	19.08	—	—	15年平均	5.46	0.11	5.58	—	—	—	—	—
近4季EPS	2019Q3：0.54元			2019Q4：0.46元			2020Q1：0.14元			2020Q2：0.69元				EPS和=1.83元

註：2020Q1~Q3 最低價 26.2 元。2020Q2 淨值 23.05 元。2020/9/30 股價 27.8 元。

表 5-4b 第一金(2892)近 15 年股利政策　　　(※本書製表)

所屬年度	股利(元/股)			股價區間(元)			年均殖利率(%)			EPS(元)	股利分配率(%)			本益比(均價/EPS)
	現金	股票	合計	最高	最低	均價	現金	股票	合計		現金	股票	合計	
2019	1.05	0.30	1.35	24.10	19.70	21.90	4.79	1.37	6.16	1.55	67.70	19.40	87.10	14.13
2018	1.00	0.10	1.10	21.40	19.20	20.30	4.93	0.49	5.42	1.39	71.90	7.19	79.10	14.60
2017	0.9	0.1	1.00	20.75	17.10	19.10	4.71	0.52	5.24	1.25	72.00	8.00	80.00	15.28
2016	1.20	0.20	1.40	17.80	14.15	16.30	7.36	1.23	8.59	1.42	84.50	14.10	98.60	11.48
2015	0.95	0.45	1.40	19.85	14.85	17.40	5.46	2.59	8.05	1.55	61.30	29.00	90.30	11.23
2014	0.70	0.65	1.35	20.90	17.70	18.50	3.78	3.51	7.30	1.52	46.10	42.80	88.80	12.17
2013	0.50	0.70	1.20	19.40	16.80	18.00	2.78	3.89	6.67	1.26	39.70	55.60	95.20	14.29
2012	0.45	0.65	1.10	19.70	16.20	17.60	2.56	3.69	6.25	1.25	36.00	52.00	88.00	14.08
2011	0.40	0.60	1.00	27.55	16.10	22.70	1.76	2.64	4.41	1.08	37.00	55.60	92.60	21.02
2010	0.30	0.60	0.90	27.35	15.80	19.10	1.57	3.14	4.71	1.09	27.50	55.00	82.60	17.52
10年合計	7.45	4.35	11.80	—	—	10年平均	3.97	2.31	6.28	—	—	—	—	—
2009	0.50	0.25	0.75	22.40	12.20	18.30	2.73	1.37	4.10	0.44	114.0	56.80	170.0	41.59
2008	0.50	0.25	0.75	38.80	12.35	25.70	1.95	0.97	2.92	1.20	41.70	20.80	62.50	21.42
2007	1.70	0.12	1.82	27.00	20.25	23.50	7.23	0.51	7.74	2.06	82.50	5.83	88.30	11.41
2006	1.00	0.20	1.20	26.35	20.90	23.50	4.26	0.85	5.11	1.79	55.90	11.20	67.00	13.13
2005	1.25	0.25	1.50	27.60	21.90	24.90	5.02	1.00	6.02	2.43	51.40	10.30	61.70	10.25
15年合計	12.40	5.42	17.82	—	—	15年平均	4.06	1.85	5.91					
近4季EPS	2019Q3：0.44 元		2019Q4：0.32 元		2020Q1：0.24 元		2020Q2：0.45 元				EPS 和=1.45 元			

註：2020Q1～Q3 最低價 17.2 元。2020Q2 淨值 17.03 元。2020/9/30 股價 20.55 元。

表 5-4c 合庫金(5880)近 9 年股利政策　　　　(※本書製表)

| 所屬年度 | 股利政策 股利(元/股) | | | 殖利率統計 | | | | | | 盈餘分配率統計 | | | | 本益比(均價/EPS) |
| | 現金 | 股票 | 合計 | 股價區間(元) | | | 年均殖利率(%) | | | EPS(元) | 股利分配率(%) | | | |
				最高	最低	均價	現金	股票	合計		現金	股票	合計	
2019	0.85	0.30	1.15	21.25	17.50	20.10	4.23	1.49	5.72	1.33	63.90	22.60	86.50	15.11
2018	0.75	0.30	1.05	19.00	16.15	17.70	4.24	1.69	5.93	1.21	62.00	24.80	86.80	14.63
2017	0.75	0.30	1.05	16.90	14.00	15.70	4.78	1.91	6.69	1.14	65.80	26.30	92.10	13.77
2016	0.75	0.30	1.05	15.15	12.70	14.10	5.32	2.13	7.45	1.13	66.40	26.50	92.90	12.48
2015	0.30	0.70	1.00	16.80	12.55	15.30	1.96	4.58	6.54	1.22	24.60	57.40	82.00	12.54
2014	0.50	0.50	1.00	18.15	15.80	16.50	3.03	3.03	6.06	1.13	44.20	44.20	88.50	14.60
2013	0.50	0.50	1.00	17.60	15.50	16.60	3.01	3.01	6.02	1.00	50.00	50.00	100	16.60
2012	0.40	0.60	1.00	19.45	15.00	17.20	2.33	3.49	5.81	1.07	37.40	56.10	93.50	16.07
2011	0.50	0.50	1.00	19.35	16.80	18.10	2.76	2.76	5.52	0.04	1250	1250	2500	452.5
9年合計	5.30	4.00	9.30	—	—	9年平均	3.52	2.68	6.19	—	—	—	—	—
近4季EPS	2019Q3：0.36元			2019Q4：0.33元			2020Q1：0.30元			2020Q2：0.29元			EPS和=1.28元	

註 1：2011 年 12 月 1 日上市。
註 2：2020Q1～Q3 最低價 15.85 元。2020Q2 淨值 17.11 元。2020/9/30 股價 19.5 元。

表 5-4d 華南金(2880)近 15 年股利政策　　　　　　(※本書製表)

所屬年度	股利政策 股利(元/股)			殖利率統計							盈餘分配率統計					本益比(均價/EPS)
	現金	股票	合計	股價區間(元)			年均殖利率(%)			EPS(元)	股利分配率(%)					
				最高	最低	均價	現金	股票	合計		現金	股票	合計			
2019	0.56	0.56	1.12	22.40	17.35	20.40	2.75	2.75	5.49	1.31	42.80	42.80	85.50			15.57
2018	0.55	0.55	1.09	18.80	16.55	17.70	3.08	3.08	6.16	1.20	45.40	45.40	90.80			14.75
2017	0.50	0.45	0.95	18.40	16.15	16.90	2.96	2.66	5.62	1.04	48.10	43.30	91.30			16.25
2016	0.70	0.50	1.20	17.85	13.90	16.00	4.38	3.13	7.50	1.28	54.70	39.10	93.80			12.50
2015	0.63	0.62	1.25	19.45	14.40	17.00	3.71	3.65	7.35	1.42	44.40	43.70	88.00			11.97
2014	0.62	0.62	1.24	19.60	16.75	17.80	3.48	3.48	6.97	1.41	44.00	44.00	87.90			12.62
2013	0.70	0.30	1.00	17.90	15.95	17.10	4.09	1.75	5.85	1.11	63.10	27.00	90.10			15.41
2012	0.50	0.50	1.00	17.80	15.00	16.40	3.05	3.05	6.10	1.03	48.50	48.50	97.10			15.92
2011	0.50	0.50	1.00	24.80	16.00	20.60	2.43	2.43	4.85	1.22	41.00	41.00	82.00			16.89
2010	0.30	0.60	0.90	24.80	16.90	19.60	1.53	3.06	4.59	0.92	32.60	65.20	97.80			21.30
10 年合計	5.56	5.20	10.75	—	—	10 年平均	3.15	2.90	6.05	—						
2009	0.20	0.55	0.75	24.40	15.25	19.10	1.05	2.88	3.93	0.71	28.20	77.50	106			26.90
2008	0.70	0.30	1.00	32.35	13.60	23.60	2.97	1.27	4.24	1.50	46.70	20.00	66.70			15.73
2007	1.00	0.20	1.20	25.50	19.75	23.00	4.35	0.87	5.22	1.54	64.90	13.00	77.90			14.94
2006	1.00	0.00	1.00	25.85	20.40	22.40	4.46	0.00	4.46	1.33	75.20	0.00	75.20			16.84
2005	1.40	0.00	1.40	27.40	19.85	23.60	5.93	0.00	5.93	1.60	87.50	0.00	87.50			14.75
15 年合計	9.86	6.25	16.10	—	—	15 年平均	3.35	2.27	5.62	—						
近 4 季 EPS	2019Q3：0.37 元			2019Q4：0.24 元			2020Q1：-0.12 元			2020Q2：0.23 元			EPS 和 =0.72 元			

註：2020Q1～Q3 最低價 16.05 元。2020Q2 淨值 14.93 元。2020/9/30 股價 17.65 元。

表 5-4e 彰銀(2801)近 15 年股利政策　　　　　　(※本書製表)

所屬年度	股利政策 股利(元/股)			殖利率統計						盈餘分配率統計				本益比(均價/EPS)
	現金	股票	合計	股價區間(元)			年均殖利率(%)			EPS(元)	股利分配率(%)			
				最高	最低	均價	現金	股票	合計		現金	股票	合計	
2019	0.40	0.40	0.80	24.00	17.10	20.30	1.97	1.97	3.94	1.16	34.50	34.50	69.00	17.50
2018	0.64	0.20	0.84	19.20	16.35	17.60	3.64	1.14	4.77	1.27	50.40	15.70	66.10	13.86
2017	0.45	0.40	0.85	18.80	16.10	17.20	2.62	2.33	4.94	1.24	36.30	32.30	68.50	13.87
2016	0.42	0.50	0.92	17.45	14.90	16.40	2.56	3.05	5.61	1.28	32.80	39.10	71.90	12.81
2015	0.35	0.60	0.95	19.30	13.50	17.30	2.02	3.47	5.49	1.38	25.40	43.50	68.80	12.54
2014	0.20	0.70	0.90	20.00	17.00	18.30	1.09	3.83	4.92	1.38	14.50	50.70	65.20	13.26
2013	0.60	0.20	0.80	18.70	15.50	17.10	3.51	1.17	4.68	1.14	52.60	17.50	70.20	15.00
2012	0.10	0.70	0.80	18.75	14.40	16.00	0.63	4.38	5.00	1.17	8.55	59.80	68.40	13.68
2011	0.20	0.70	0.90	26.50	15.00	21.6	0.93	3.24	4.17	1.34	14.90	52.20	67.20	16.12
2010	0.28	0.90	1.18	26.45	12.30	17.1	1.64	5.26	6.90	1.26	22.20	71.40	93.70	13.57
10年合計	3.64	5.30	8.94			10年平均	2.06	2.98	5.04	—	—	—	—	
2009	0.30	0.00	0.30	16.70	9.46	13.70	2.19	0.00	2.19	0.50	60.00	0.00	60.00	27.40
2008	0.60	0.00	0.60	26.7	10.35	18.20	3.30	0.00	3.30	0.78	76.90	0.00	76.90	23.33
2007	0.90	0.00	0.90	24.00	16.25	20.50	4.39	0.00	4.39	1.63	55.20	0.00	55.20	12.58
2006	1.00	0.00	1.00	24.20	15.75	20.30	4.93	0.00	4.93	2.18	45.90	0.00	45.90	9.31
2005	0.00	0.00	0.00	22.40	14.65	17.90	0.00	0.00	0.00	-7.67	0.00	0.00	0.00	-2.33
15年合計	6.44	5.30	11.74	—		15年平均	2.36	1.99	4.35	—	—	—	—	

| 近4季EPS | 2019Q3：0.30元 | 2019Q4：0.26元 | 2020Q1：0.25元 | 2020Q2：0.17元 | EPS 和 =0.98元 |

註：2020Q1～Q3 最低價 16.8 元。2020Q2 淨值 16.23 元。2020/9/30 股價 17.35 元。

表 5-4f 臺企銀(2834)近 15 年股利政策　　　　(※本書製表)

所屬年度	股利政策 股利(元/股)			殖利率統計						EPS(元)	盈餘分配率統計			本益比(均價/EPS)
	現金	股票	合計	股價區間(元)			年均殖利率(%)				股利分配率(%)			
				最高	最低	均價	現金	股票	合計		現金	股票	合計	
2019	0.20	0.50	0.70	13.95	10.25	12.40	1.61	4.03	5.65	0.98	20.40	51.00	71.40	12.65
2018	0.30	0.50	0.80	11.35	8.30	9.72	3.09	5.14	8.23	1.14	26.30	43.90	70.20	8.53
2017	0.27	0.40	0.67	8.63	8.10	8.34	3.24	4.80	8.03	0.79	33.90	50.60	84.60	10.56
2016	0.10	0.30	0.40	8.66	7.51	8.19	1.22	3.66	4.88	0.85	12.00	35.30	47.30	9.64
2015	0.10	0.50	0.60	10.35	7.55	9.03	1.11	5.54	6.64	0.90	11.10	55.60	66.70	10.03
2014	0.00	0.73	0.73	9.80	8.76	9.12	0.00	8.00	8.00	1.00	0.00	73.00	73.00	9.12
2013	0.00	0.40	0.40	9.73	8.43	9.00	0.00	4.44	4.44	0.71	0.00	56.30	56.30	12.68
2012	0.00	0.40	0.40	10.20	7.85	8.79	0.00	4.55	4.55	0.70	0.00	57.10	57.10	12.56
2011	0.00	0.40	0.40	14.00	8.38	10.80	0.00	3.70	3.70	0.71	0.00	56.30	56.30	15.21
2010	0.00	0.45	0.45	13.30	7.60	9.17	0.00	4.91	4.91	0.50	0.00	90.00	90.00	18.34
10年合計	0.97	4.58	5.55	—	—	10年平均	1.03	4.88	5.90	—	—	—	—	—
2009	0.00	0.40	0.40	10.00	5.62	7.76	0.00	5.15	5.15	0.37	0.00	108.0	108.0	20.97
2008	0.00	0.00	0.00	14.55	5.15	9.99	0.00	0.00	0.00	0.02	0.00	0.00	0.00	499.5
2007	0.00	0.00	0.00	11.75	8.91	9.95	0.00	0.00	0.00	0.27	0.00	0.00	0.00	36.85
2006	0.00	0.00	0.00	11.20	5.84	8.02	0.00	0.00	0.00	0.28	0.00	0.00	0.00	28.64
2005	0.00	0.00	0.00	13.30	7.52	10.30	0.00	0.00	0.00	-3.74	0.00	0.00	0.00	-2.75
15年合計	0.97	4.98	5.95	—	—	15年平均	0.68	3.59	4.28	—	—	—	—	—
近4季EPS	2019Q3：0.30元		2019Q4：0.19元		2020Q1：0.18元			2020Q2：0.13元			EPS 和=0.80元			

註：2020Q1～Q3 最低價 8.56 元。2020Q2 淨值 13.52 元。2020/9/30 股價 9.54 元。

★為何金融股(現金)股利偏低？

您是否注意到「金融股的(現金)股利偏低」？這是因為依「**銀行法**」第 50 條規定：「**銀行於完納一切稅捐後分派盈餘時，應先提 30%為法定盈餘公積**；法定盈餘公積未達資本總額前，其最高現金盈餘分配，不得超過資本總額之 15%。銀行法定盈餘公積，已達其資本總額時，或財務業務健全並依公司法提法定盈餘公積者，得不受前項規定之限制」。也就是說，**銀行股如有賺錢，應先提撥 30%作為法定盈餘公積**，因此，(現金+股票)股利配發率最高只能 EPS 的 70%。此外，法定盈餘公積未達資本總額前，銀行發放的股利上限為 1.5 元(=10 元/股×15%)。如表 5-5 所示，金融股京城銀(2809)之 2017 年的稅後盈餘(EPS)高達 4.89 元，卻只配有 1.5 元的現金股利，而影響投資者購買金融股的意願。

如表 5-5 所示，上海商銀(5876)於 2017 年，因法定盈餘公積(441.2 億元)已超過資本總額(407.9 億元)，發放 1.8 元的現金股利，是國內首家突破"股利 1.5 元上限"的銀行，2019 年時，兆豐金(2886)旗下的兆豐銀亦突破"股利 1.5 元的上限"，使母公司兆豐金(288 6)的現金股利創新高(※2019 年及 2020 年均發放 1.7 元現金股利)，迄 2020 年發放股利時，國內銀行只有上海銀(5876)及兆豐金(2886)達到發放大於 1.5 元現金股利的標準；京城銀(2809)2019 年之法定盈餘公積(104.1 億元)已接近資本總額(113.1 億元)，極可能在 2020 年結算時，成為第三家發放股利大於 1.5 元的銀行。民營的富邦金(2881)及國泰金(2882)旗下雖有銀行，但並非主要收入來源，為壽險型金融股，因壽險業務營收比重大、業績佳，是目前台灣股市唯二可配發 2 元現金股利的金融股。

表 5-5 〉突破現金息 1.5 元上限的銀行股

銀行名	項別	2019 年	2018 年	2017 年	2016 年	2015 年
上海銀 (5876)	資本總額	448.2 億元	410.2 億元	407.9 億元	407.9 億元	399.9 億元
	法定盈餘 公積	519.5 億元	478.3 億元	441.2 億元	405.9 億元	370.2 億元
	稅後盈餘 (EPS)	3.5 元	3.37 元	3.04 元	2.89 元	2.98 元
	現金股利	2.05 元	2.0 元	1.8 元	1.5 元	1.5 元
	股票股利	0 元	0 元	0 元	0 元	0.2 元
	合計股利	2.05 元	2.0 元	1.8 元	1.5 元	1.7 元
兆豐銀 (----)	資本總額	853.6 億元	853.6 億元	853.6 億元	853.6 億元	853.6 億元
	法定盈餘 公積	934.0 億元	861.5 億元	796.9 億元	739.9 億元	662.8 億元
	稅後盈餘 (EPS)	2.89 元	2.83 元	2.52 元	2.23 元	3.27 元
兆豐金 (2886)	現金股利	1.7 元	1.7 元	1.5 元	1.42 元	1.5 元
	股票股利	0 元	0 元	0 元	0 元	0 元
	合計股利	1.7 元	1.7 元	1.5 元	1.42 元	1.5 元
京城銀 (2809)	資本總額	113.1 億元	115.1 億元	115.1 億元	115.1 億元	120.1 億元
	法定盈餘 公積	104.1 億元	95.6 億元	78.7 億元	64.4 億元	53.3 億元
	稅後盈餘 (EPS)	2.99 元	2.51 元	4.89 元	4.17 元	3.09 元
	現金股利	1.5 元	1.5 元	1.5 元	1.5 元	0.5 元
	股票股利	0 元	0 元	0 元	0 元	0 元
	合計股利	1.5 元	1.5 元	1.5 元	1.5 元	0.5 元

出處:各銀行之資產負債表(※本書製表)

　　表 5-6 是 2 檔純官股銀行之資本額與法定盈餘公積的數據，以法定盈餘公積來看，彰銀(2801)及臺企銀(2834)兩家純官股銀行，應難以突破 1.5 元的股利上限。

表 5-6 〉純官股銀行能否突破 1.5 元股利的上限

銀行名	項別	2019 年	2018 年	2017 年	2016 年	2015 年
彰銀 (2801)	資本總額	998.5 億元	979.0 億元	941.3 億元	896.5 億元	845.7 億元
	法定盈餘 公積	348.3 億元	310.4 億元	274.1 億元	237.9 億元	202.9 億元
	稅後盈餘 (EPS)	1.16 元	1.29 元	1.28 元	1.28 元	1.38 元
	現金股利	0.4 元	0.64 元	0.45 元	0.42 元	0.35 元
	股票股利	0.4 元	0.2 元	0.4 元	0.5 元	0.6 元
	合計股利	0.8 元	0.84 元	0.85 元	0.92 元	0.95 元
臺企銀 (2834)	資本總額	713.2 億元	639.4 億元	614.8 億元	596.9 億元	568.5 億元
	法定盈餘 公積	123.1 億元	100.2 億元	857.0 億元	708.9 億元	562.7 億元
	稅後盈餘 (EPS)	0.98 元	1.14 元	0.79 元	0.85 元	0.9 元
	現金股利	0.2 元	0.3 元	0.27 元	0.1 元	0.1 元
	股票股利	0.5 元	0.5 元	0.4 元	0.3 元	0.5 元
	合計股利	0.7 元	0.8 元	0.67 元	0.4 元	0.6 元

出處：各銀行之資產負債表(※本書製表)

5-3. 官方金融股的特色："中股息、低波動"

　　如果以「配息(現金)與配股(股子)」合計的話，官方金融股近 10 年的合計殖利率均在 5%以上(※見表 5-3)，而近 10 年 6 檔官方金融股的每年最高/最低價差多在 30%以下，整體而言，可算是"中股息、低波動"的股票，"股利年年有，價差不太大"的特性，適合 10 年以上的長期存股用。

　　自 2019 年 12 月底，中國傳出武漢肺炎疫情之後，引起全球性恐慌，台灣在 2020 年 1 月 20 日成立「中央流行疫情指揮中心」；隔天即出現第一個病例，此後全球疫情已控制不住，迅速進入大爆發時期，也開始影響世界各國的股市行情;"武漢肺炎/新冠肺炎"是偶發事件，全球股市自 2020 年 3 月初，均呈崩跌的現象，如圖 5-1 所示，台灣股市由 3 月 9 日的 10,978 點，僅10 天就下跌至 3 月 19 日的最低點，8,681 點，40 天後(4/30)，又回彈至 10,992 點。

圖 5-1 ＞ 台股指數(2020/1/1～2020/6/1)

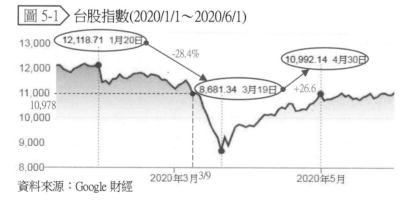

資料來源：Google 財經

　　再看權值股王台積電(2330)，2020 年 7 月初，台積電的權重比為 23.2%，第二名的鴻海(2317)權重比僅占 3.4%，台積電每漲

/跌 1 元，會使股市指數約漲/跌 8 點。2020 年 1 月 1 日以來的股價，如圖 5-2 所示，同樣是由 1 月 20 日到 3 月 19 日，股價僅跌 25.5%，小於大盤跌幅，台積電是權值股王，"守住台積電，大盤不會跌"，是國安基金進場護盤的重點。然而，大多數的股票之股價，多下跌了 30%～50%，如果敢在 3 月 19 日買進股票的人，等 6 月再賣出，必然獲利 5 成以上(※馬後炮分析)。

圖 5-2 台積電(2330)股價變化(2020/1/1～2020/6/1)

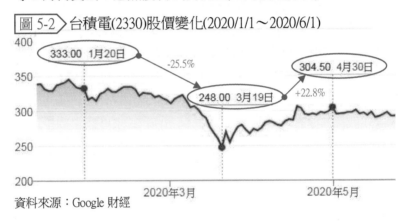

資料來源：Google 財經

以被歸類為"定存股"的鳳凰旅遊(5706)為例，圖 5-3 是鳳凰旅遊 2020 年 1 月至 2020 年 7 月 15 日間的股價變化，在新冠肺炎尚未被注意前，1/20 的股價為 40.0 元，2/12 開始引起全球性關注時，股價 36.8 元，隨後引起恐慌性的崩盤，在 3/19 跌至最低 21.3 元，2 個月共跌了 46.8%，到了 4 月 30 日才逐漸回穩。所以說，股市無常、風險無限，若不能以平常心看待股價的漲跌起伏，秉持紀律與原則，就不適合存股理財，因為存股的**金雞母**，很可能在急跌時就被砍殺了。不過，玩短線交易者，"一跌一漲來回"，就可能賺取 1 倍的價差暴利。※股票買賣形同合法的賭博市場，想要賺取暴利，要有輸得起的閒錢，宜量力為之。

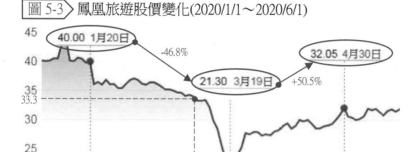

圖 5-3 鳳凰旅遊股價變化(2020/1/1～2020/6/1)

資料來源：Google 財經

　　如表 5-7 所示，鳳凰旅遊(5706)在 2010 年～2018 年間的平均殖利率為 6.3%，2019 年度 EPS 為 3.24 元，是近 10 年最高，但是，可能是被新冠肺炎"嚇到"，而保留較多的預備金，因此，2020 年只配現金股利 0.3 元，股票股利 0.95 元，合計 1.25 元，是近 10 年最低，平均殖利率僅剩下 3.80%，殖利率亦創近 10 年最低。

表 5-7 鳳凰旅遊(5706)近 10 年股利發放情形

年度	股利(元/股)			EPS (元)	配息率(%)			平均合計殖利率(%)
	現金	股票	合計		現金	股票	合計	
2019	0.30	0.96	1.26	3.24	9.26%	29.6%	38.9%	3.80%
2018	1.61	0.50	2.11	2.59	62.2%	19.3%	81.5%	5.71%
2017	3.00	0.00	3.00	2.71	111%	0	111%	8.53%
2016	2.00	0.00	2.00	2.76	72.5%	0	72.5%	5.68%
2015	2.82	0.00	2.82	3.20	88.3%	0	88.3%	7.51%
2014	1.50	0.50	2.00	2.07	72.5%	24.2%	96.6%	4.69%
2013	3.00	0.00	3.00	3.03	99%	0	99%	6.11%
2012	3.00	0.00	3.00	3.76	79.8%	0	79.8%	5.06%
2011	2.40	0.00	3.00	2.92	103%	0	103%	4.88%
2010	0.50	5.50	6.00	5.50	9.09%	100%	109%	8.52%

出處：goodinfo.tw 網站(※本書製表)

繼續看圖 5-4，是 6 檔官方金融股在新冠肺炎期間的股價變化，同樣看 1 月 20 日到 3 月 19 日的股價，彰銀(2801)跌幅最小，僅 16.7%，臺企銀(2834)跌幅最大，32.5%，除了第一金(2892)與臺企銀(2834)外，其他 4 檔官方金融股的跌幅均小於大盤指數的跌幅(-28.4%)，由此可見官方金融股的穩定性，"跌不心驚，漲不貪心"，"不砍金雞母，獲利長久遠"。

圖 5-4 〉 官方金融股在新冠肺炎期間的股價變化

圖 5-4a 〉 兆豐金(2886)指數變化(2020/1/1～2020/6/1)

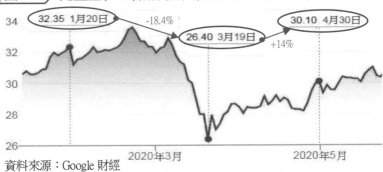

資料來源：Google 財經

圖 5-4b 〉 第一金(2892)指數變化(2020/1/1～2020/6/1)

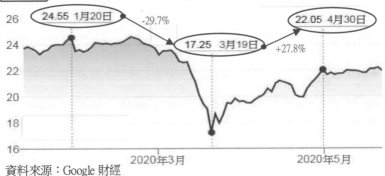

資料來源：Google 財經

圖 5-4c〉合庫金(5880)指數變化(2020/1/1～2020/6/1)

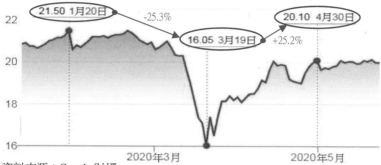

資料來源：Google 財經

圖 5-4d〉華南金(2880)指數變化(2020/1/1～2020/6/1)

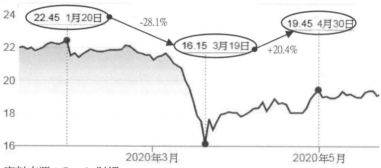

資料來源：Google 財經

圖 5-4e〉彰銀(2801)指數變化(2020/1/1～2020/6/1)

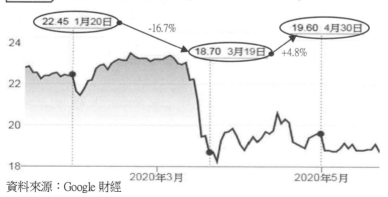

資料來源：Google 財經

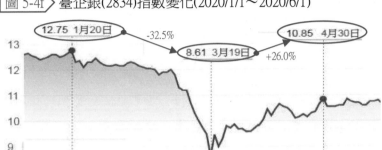

圖 5-4f 臺企銀(2834)指數變化(2020/1/1～2020/6/1)

資料來源：Google 財經

　　2020 年 3 月 20 日，我稍微瀏覽了手中股票，由春節前封關日(1 月 17 日)至 3 月 19 日，共損失了 27%的資產，此段時間有股市專家建議：「趕快賣掉手中股票，等跌到谷底再進場買回來就賺到了」。問題是"何時是谷底"？當時一片看跌聲，專家多認為股市至少會跌到 6 月底，沒想到在 4 月 30 日就回到 10,992 點，並持續上漲至 7 月份的 12,000 點。※1/20 賣，4/30 買，2 個多月來回一趟，至少可賺 50%的價差，唉！千金難買早知道！

　　可惜，絕大多數的"正常"人，不敢在股價狂跌時，買進股票，因為認為股價還會再下跌。除了內線交易外，沒有任何股市專家可準確預測股價的最低點，所以，對於優質定存股，我們是以"股價每跌 20%"作為買進的參考，亦即股價每跌 20%，再買進一次，以降低持股成本。

　　因為我們不知道何時會止跌反彈，也沒有賺大錢的野心，因此，依舊以平常心，秉持 1 月 1 日與 7 月 1 日前/後 30 天才買/賣股票的大原則(※見拙作前三本書)，所以，不看盤、不理會股市的波動，因為沒有買賣，就沒有賺賠，帳面上的損失，僅供參考，不以為意。

在"定存低利"與"新冠肺炎"的雙重打擊之下，證券交易商是少數因禍得福的行業，依表 5-8 之台灣證券交易所的月統計報表，迄 2020 年 6 月之累計開戶人數高達 1,089.1 萬人，台股市場2020 年 2 月份的新增開戶數為 13.8 萬戶，3、4 月份的新開戶再分別增加 15.8 萬戶及 10.9 萬戶，而 3 月份的"有交易戶數"達245.9 萬戶，比 2 月份的"有交易數"多出 65.5 萬戶，上升 36.3%，在 2 至 4 月份間的股市大震盪，激發出"危機入易、搶短線賺價差"的熱潮；在此期間，能夠"不為所動、忍非常忍"，而不買賣股票的上班族，基本上，就是具有"長期持股理財特質"的人，可以開始**為退休樂活的遠景而儲蓄：「錢進官方金融股」**。

表 5-8 台灣股市戶數/人數之統計概要

	累計開戶數	累計開戶人數	有交易戶數	有交易人數
2015 年	1,754.0 萬戶	960.8 萬人	326.7 萬戶	288.7 萬人
2016 年	1,782.1 萬戶	977.2 萬人	315.3 萬戶	276.1 萬人
2017 年	1,822.4 萬戶	999.1 萬人	358.5 萬戶	312.4 萬人
2018 年	1,864.8 萬戶	1,024.2 萬人	368.7 萬戶	326.0 萬人
2019 年	1,927.3 萬戶	1,057.2 萬人	379.9 萬戶	334.2 萬人
2020 年 1 月	1,930.3 萬戶	1,057.4 萬人	173.0 萬戶	161.8 萬人
2020 年 2 月	1,944.1 萬戶	1,064.1 萬人	180.4 萬戶	168.5 萬人
2020 年 3 月	1,959.9 萬戶	1,072.6 萬人	245.9 萬戶	228.7 萬人
2020 年 4 月	1,970.8 萬戶	1,078.6 萬人	195.1 萬戶	182.1 萬人
2020 年 5 月	1,979.7 萬戶	1,083.6 萬人	205.0 萬戶	191.2 萬人
2020 年 6 月	1,989.5 萬戶	1,089.1 萬人	220.2 萬戶	204.4 萬人

出處：臺灣證券交易所(※本書製表)

★新冠肺炎的衝擊，銀行是否有倒閉的風險？

日本自 2000 年迄今，一直都是維持在"近零利率"($\leq$ 0.3%)狀態，如今仍安然無恙，沒有"倒閉潮"，只有"重整風"；自從"新冠肺炎"演變成全球性疫情後，在 2020 年 3 月開始，日本金融界，一直在討論「因應"新冠肺炎"危機的對策」，在 www.eco-pro.org 網站中，甚至以「銀行大倒産時代の幕開け」(「銀行大倒閉潮來臨！」)為標題，討論對策。

曾經是美國第四大銀行的雷曼兄弟投資銀行，在 2008 年倒閉，而引發全球性金融海嘯後，日本首先整合以中小企業貸款為主的地方銀行，共整合關閉了數十家的地方銀行(※非倒閉)而渡過危機，日本金融界將此次"新冠肺炎"事件，視同 2008 年金融海嘯之危機等級來處理；日本銀行界認為今後 10 年內，將有 6 成的地方銀行，可能陷入"虧損赤字"狀態，在惡化倒閉之前，有再"統合化"的必要；因此，資本額較小的地方銀行，難逃被"合併"而消失的命運。

台灣的"新冠肺炎"疫情似乎不嚴重，金融界也未傳出危機的訊息，民營銀行沒事，"超富爸"撐腰的官方金融股，更不可能有事，故在銀行定存年利率未回升至 5% 以上前，官方金融股不失為"安穩獲利、細水長流"的理想理財標的。

5-4. 保守理財首選：超富爸撐腰的官方金融股

　　由台灣證券交易所之統計資料，如圖 5-5 所示，在 2009 年～2019 年間，台灣股市之散戶(※本國自然人)的交易比重多在 55%以上，反觀日本，散戶的持股比重卻從未超過 30%。 圖 5-6 是全日本 4 家證券交易所，對 3,735 家上市公司所作的日本「2018 年株式分布狀況調查報告」，顯示日本個人(散戶)在股市投資理財的比例均低於 30%(2009～2018 年)，尚不到台灣自然人(散戶)的一半，顯然台灣人"超愛理財"。

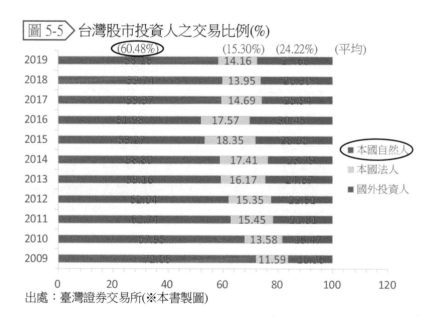

圖 5-5 台灣股市投資人之交易比例(%)

出處：臺灣證券交易所(※本書製圖)

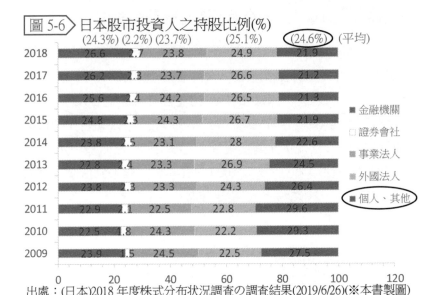

圖 5-6 日本股市投資人之持股比例(%)

出處：(日本)2018 年度株式分布狀況調查の調查結果(2019/6/26)(※本書製圖)

再看日本家庭的財產分配，圖 5-7 是日本高齡戶(※通常退休者比在職者有較多的存款)的資產分配，以買自住房為第一優先(占 52.9%)，其次是儲蓄存款(占 17.9%)，而運用在股市、債券理財的比率僅占 4.9%；反觀台灣上班族，雖然多數上班族在結婚時，多會以分期付款方式購買"自住房"，但多數人具有理財觀，偏愛買基金商品(※多誤認為買基金沒有風險)，也有人在股市理財訂個±10%的停損點、停利點，"短進短出"，再來就是買保險(壽險、儲蓄險、類投資型保險等)。

圖 5-7 > 日本(2 人以上)高齡家庭之資產分配

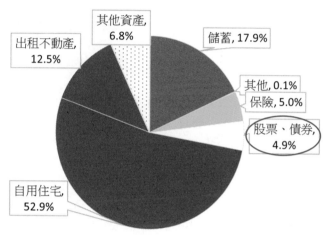

其他資產,
6.8%

出租不動產,
12.5%

儲蓄, 17.9%

其他, 0.1%
保險, 5.0%

股票、債券,
4.9%

自用住宅,
52.9%

出處：みずほ総合研究所「高齢社會和金融」(2018/01/31)(※本書製圖)

　　台灣上班族的理財項目如圖 5-8 所示，以買基金及股市 ETF 最高，股票/期貨居次，保險為第三名，錢放銀行排第四，而房地產僅占 10%，應是指"非自住房"的投資。至於投資理財的最大困擾如圖 5-9 所示，是"不知何時進場才好"，相信這是每位投資理財者的共同困擾：「(1)不知何時買？(2)不知何時賣？和(3)不知該買啥？」，對於以退休資金為目標、只求細水長流安穩獲利的上班族，我們建議「只買官方金融股，且只買不賣」，就完全沒有困擾。

図 5-8 國人常用的投資工具理財(複選)

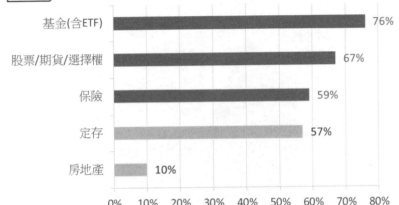

出處:第一金投信「國人理財經驗大調查」(2019/08)(※本書製圖)

図 5-9 國人投資理財的困擾(複選)

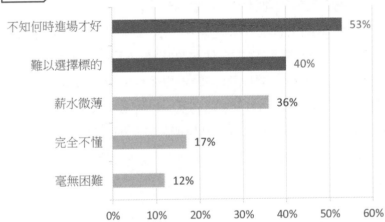

出處:第一金投信「國人理財經驗大調查」(2019/08)(※本書製圖)

　　股市有"**散戶理財：60%虧損，30%不賺不賠，10%賺錢**"的傳說，然而，似乎沒有如此的悲觀，圖 5-10 是第一金投信公司 2019 年 8 月進行之「國人理財經驗大調查」的結果，理財虧損的人僅占 11%，遠優於"股市傳說"的 60%，而且，有 37%的人"賺到錢"，如果以往"虧損"或"小賺小賠"的人，能改變"短線操作的習慣，不奢求速利"，改買官方金融股並長年持股，每年安穩賺個 5%～6%利潤，細水長流，則能跳脫虧損的泥沼，並奠定"退休樂活"的根基。

圖 5-10 國人投資理財之成果

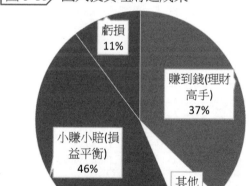

出處：第一金投信「國人理財經驗大調查」(2019/08)(※本書製圖)

　　目前上市櫃公司多以發放現金股利為主，少數公司則同時發放現金股利和股票股利，因此，殖利率可分為現金殖利率、股票殖利率和合計殖利率；公司發放現金股利後，公司的資本額不會改變，但是，如果發放股票股利，股本會膨脹，稀釋以後的獲利能力(※獲利率=獲利淨額÷資本額),所以,短線操作的股市理財者僅看現金殖利率。然而,對於買進股票後,長期持股 N 年的"定存股"理財者而言,應該是"現金股利"和"股票股利"一樣好,我個人偏好"同時有現金股利和股票股利"(※現金股利宜≥50%),因為公司發放現金股利與股票股率之後,總有一天(30 天、半年、1 年或 2 年)會填權息,股價回到除權息前一天的股價。表 5-9 是官方金融股的填息天數,短則 1 天,長則 2024 天(5.6 年)。

表 5-9 > 官方金融股近 10 年之填息天數

年度	兆豐金 (2886)	第一金 (2892)	合庫金 (5880)	華南金 (2880)	彰銀 (2801)	臺企銀 (2834)
2019	105 天	59 天	24 天	48 天	28 天	N/A
2018	36 天	161 天	124 天	127 天	174 天	7 天
2017	110 天	190 天	49 天	160 天	204 天	116 天
2016	240 天	110 天	154 天	210 天	107 天	110 天
2015	202 天	427 天	422 天	228 天	58 天	N/A
2014	8 天	715 天	843 天	7 天	11 天	N/A
2013	30 天	105 天	213 天	26 天	9 天	N/A
2012	125 天	125 天	1471 天	122 天	121 天	N/A
2011	1 天	5 天	未上市	2024 天	N/A	N/A
2010	24 天	28 天	未上市	32 天	1 天	N/A

出處:goodinfo.tw(※本書製表)

此外,一般長期持股的"定存股"理財者,多是以"複利"觀念來計算投資報酬率,如果領的是股票股利,則真的是存放在您的股票戶頭中,自動"利滾利";但是,如果領的是現金股利,您得花時間和金錢去買零股(※1 張股票 1000 股),才能"利滾利"。以表 5-4b 之第一金控(2892)為例,在 2020 年發放 2019 年的現金股利 1.05 元/股和股票股利 0.3 元/股,如果您有 1 張(1000 股)股票,則可領取 1,050 元現金,只能買約 50 股的零股(※約 20 元/股),

還得被扣手續費,故實務上不可能"馬上"去買零股;然而,股票股利 0.3 元/股,將有 300 股的零股主動配發到您的證券戶頭中,對"定存股"理財者而言,現金股利和股票股利都是錢,等退休後,現金股利可以領出來當生活費用,而股票股利(股子)可繼續發揮"滾雪球"的複利效果。

年輕上班族的閒錢應該不多,6 檔官方金融股,到底優先買哪一檔呢?兆豐金(2886)是資優生,每年(現金/股票)股利平均約 1.4 元/股,但股價高;第一金(2892)、合庫金(5880)及華南金(2880)不相上下,每年(現金/股票)股利≧1.0 元/股;彰銀(2801)之每年(現金/股票)股利平均約 0.9 元/股,而後段班(※仍然合格)之臺企銀(2834)的每年(現金/股票)股利平均約 0.6 元/股,臺企銀(2834)比起其他的民營後段班金融股,大致尚可,因為股價最低,股利也較少;您可衡量自己每年有多少閒錢,選買 2~3 檔官方金融股;或者,請參考第七章及前三本拙作之做法。但是,要注意的是,如表 5-4f 所示,臺企銀(2834)在 2008 年以前,EPS 均在 0.5 元以下,從未發放過(現金或股票)股利,2009 年~2014 年只發放股票股利,依此數據來看,**當官方金融股的年度 EPS 降至 0.7 元以下時,宜觀望、暫停買進**,改買其他較適當的官方金融股。

買官方金融股,不需懂任何投資理財的技巧和學理,連本書也不用看(※可當二手書賣),每年只需在領到年終獎金時,加上一年來的"儲蓄存款",全部拿來買任何 1~3 檔官方金融股,而且"只買不賣";錢多時可買兆豐金(2886),錢少時可買臺企銀(2834),把錢分散買 6 檔官方金融股,每檔買股的金額以 150 萬元為上限(※150 萬元可買均價 30 元的兆豐金 50 張、均價 20 元的華南金 75 張,或是均價 10 元的臺企銀 150 張)。等 40 年後退休時，夫妻二人同心協力 40 年，應可存下 900 萬元的儲蓄本金，創造出約 2,000 萬元本利和(※見表 4-1a 及 4-1b 之 20,000 元/月行)的官方金融股股票(約 600～900 張的官方金融股)。

　　以 2020 年 4 月底公告之 2019 年股利來看，現金殖利率≧6%的上市櫃公司多達 300 家以上，約佔上市櫃公司的 1/6，卻不含任何一家(官方或民營)金融股；上市櫃的金融股共有 45 檔，現金殖利率超過 6%的金融股共有 9 家，其中也不含任何一家官方金融股。由此可知，單純以現金殖利率來看，官方金融股並非"定存收租股"的最佳選項，但是，官方金融股有"超富爸"撐腰，安全性高達 99%(※1%的安全疑慮，大概是戰亂、災荒或是彗星撞台灣吧)；所以，屬於"每年買一次，只買不賣"的「**退休保健股：官方金融股**」，就成為保守理財者的首選了。

　　錢進官方金融股不用挑，股市行情"十年河東、十年河西"，錢多時買"前段班"股價較高的兆豐金(2886)，錢少時買"後段班"股價最低的臺企銀(2834)，以退休前存足 500 張官方金融股為目標，每檔金融股的總買進價位不超過 150 萬元；存股的三、四十年期間，勿砍"金雞母"，分散持股除了分散風險外，萬一急需用錢，可先賣數張**本益比**較高(※即股價已高)的股票來救急，需要多少救急金，就賣等金額的股票，剩下的股票還可以繼續生"股息和股子"。對於不想把存款全押在"官方金融股"的上班族，可參考第 7 章 25 檔適合退休理財用之"非官方金融股"的穩健權值股。

Chapter 6

退休後：節流花錢計劃 DEF

6-1. 退休理財計劃的中場時間：樂活 Show Time

6-2. 背水一戰「D 計劃」：賣股維生

6-3. 割股充飢「E 計劃」：以房養老

6-4. 退場謝幕「F 計劃」：安樂死！

6-5. 「85 歲安樂死」vs.「85 歲國家養」

6-6. 「85 歲以上國家養」玩真的！

6-1. 退休理財計劃的中場時間：樂活 Show Time

退休理財計劃分為兩階段，前半段為**退休前的「儲蓄存股計劃」**，後半段為**退休後"戒之在得"的「節流花錢計劃」**，如表 6-1 所示，在完成退休前的「儲蓄存股計劃 ABC」之後，現在是中場(休息)時間，先來整理一下，退休前可存多少錢？退休後每月可花多少錢？

表 6-1 ▷ 退休理財計劃一覽表

	計劃別	執行概要	用途	適用時機
退休前	A 計劃	勞保老年年金+勞退雇提 6%	糊口維生	儲蓄理財養金雞母
	B 計劃	勞退自提 6%	佳餚補身	
	C 計劃	錢進官方金融股	樂活閒錢	
中場(休息)時間：退休樂活 Show Time				
退休後	D 計劃	賣股維生	背水一戰	長照需求
	E 計劃	以房養老	割股充飢	啃老族纏身
	F 計劃	慷慨就義"安樂死"	退場謝幕	生不如死

假設上班族起薪 30,000 元/月，年薪 13 個月，上班 40 年，薪資年增率 2%，則 40 年後的最終薪資約為 66,240 元/月(≒30,000×(1+2%)^{40})，概取平均值計算時，則上班 40 年的薪資收入約為 25,022,400 元(=(30,000+66,240)÷2×13×40)，先扣約 10%的勞健保費，實際所得約 2,252 萬元，扣 40%(≒900 萬元)自住屋款及 50%的(食、衣、樂、行等)費用(≒2.7 萬元/月)，剩下 10%則是存款 225.2 萬元(≒月存 4,692 元×40 年)，好像不夠退休生活用，怎麼辦？只能買較便宜的房子，或者省吃儉用，來增加退休後的存款；如果還想再增加存款，那就"我們結婚吧"！

結婚後，兩人的共同生活費並非 2 倍，僅約單身的 1.6 倍，因此，加上配偶 40 年的實拿所得，約 1,800 萬元(≒2,252 萬元x0.8)，先扣除附加 1 人的 40 年費用 600 萬元，再扣掉小孩 2 人的 500 萬元教育生活費，則夫妻二人退休時應可有 900 萬元以上的存款。

若是夫妻二人在上班時確實執行**養金雞母 C 計劃：錢進官方金融股**(※殖利率 5%)，則存款應可達"本利和"2,000 萬元以上的股票，若計入通貨膨脹等不可測因素，打個八折，應還有 1,600 萬元的官方金融股股票。以 5% 的殖利率計算，每年有 80 萬元(≒66,667 元/月)的股利收入，再加上夫妻二人之(A 計劃+B 計劃)的(年資 40 年)年金收入 63,432 元/月(※表 6-2)x1.8=114,178 元/月，則退休後每月的家庭收入至少 18 萬元。

表 6-2 是年資 40 年及 35 年的勞工上班族，為進行**退休理財計劃 ABC**，所付出之(本金)費用與可領退休年金的概估，除了日常生活的"食、衣、住、行"開支外，為了未來的退休生活資金，需要再支付(政府版) **A 計劃**的"規費"和(自提 6%)**B 計劃**的儲蓄金額，共約 177.8 萬元(40 年)或 152.6 萬元(35 年)，再加上為避免成為"下流老人"而自力救濟的 **C 計劃**(※錢進官方金融股)之儲蓄存款本金 240 萬元(※月存 5 千元x40 年)或 210 萬元(※月存 5 千元x35 年)，則 **ABC 計劃共需支出 417.8 萬元(※年資 40 年)或 362.6 萬元(※年資 35 年)**。

表6-2 年資35年/40年勞工之付出本金與可領年金

(A+B)計劃	A計劃 (勞保年金+勞退提6%)	B計劃 (自提6%)	C計劃(※參照表4-1a) (錢買官方金融股)
(退休前(付出)) 年資40年：1,778,672元 (※若年資35年，為 1,526,710元)	(1)勞健保支出： 目前800元/月，假設未來40年之費率及級距調升率1%，調升後的40年平均值為1,000元/月計算，則為480,000元(=1,000元/月×12×40) ※若年資35年，為：420,000元 (2)勞退年金(雇提6%)：勞工零負擔0元。	(假設以起薪36,896元/月，※表4-6)自提6%不變，未來年增率1%，概算未來值，則為 1,298,672元 =(36,896元/月×12×6%)×[(1+1%)^{40}-1÷1%] ※若年資35年：1,106,710元	(1a)月存5千元，存40年，付出本金：240萬元 (1b)月存1萬元，存40年，付出本金：480萬元 (2a)月存5千元，存35年，付出本金：210萬元 (2b)月存1萬元，存35年，付出本金：420萬元
(退休後(收入)) 年資40年：63,432元/月 (※若年資35年，為 52,193元/月)	(1)以起薪36,896元/月，勞保級距目前45,800元/月，假設未來40年之級距調升10%來計算，勞保局老年年金給付計算方式第二式 (※見圖2-1) =40年×45,800元/月×1.1×1.55% =31,236元/月(勞保年金) ※若年資35年：27,331元/月(勞保年金) (2)以起薪36,896元，投報率3%，月薪年增率2%，平均餘命20年，年資40年，以勞保局退休金試算表試算：16,098元/月(勞退年金) ※若年資35年：12,431元/月(勞退年金)	以起薪36,896元，投報率3%，月薪年增率2%，平均餘命20年，年資40年，以勞保局退休金試算表試算：16,098元/月 ※若年資35年：12,431元/月	(1a)月存5千元，存40年，殖利率5%，本利和：761萬元/年=38.05萬元/年=3.17萬元/月 (1b)月存1萬元，存40年，本利和1,522萬元=76.1萬元/年=6.34萬元/月 (2a)月存5千元，存35年，殖利率5%，本利和：569萬元=28.45萬元/年=2.37萬元/月 (2b)月存1萬元，存35年，殖利率5%，本利和1,138萬元=56.9萬元/年=4.74萬元/月

　　退休時可領(A+B 計劃)年金 63,432 元/月(※40 年資)或 52,193 元/月(※35 年資)，應已足夠"普通級"的退休生活(※表 1-5)，**C 計劃**如果每月存 5,000 元×40 年，則退休後的股利收入為 3.17 萬元/月；如果存 35 年，則股利收入為 2.37 萬元/月，因此，退休後(A+B+C)計劃之總收入為 95,132 元/月(※月存 5,000 元×40 年)，或是 75,893 元/月(※月存 5,000 元×35 年)；若每月存款為 10,000 元，則退休後的(A+B+C)計劃之總收入為 126,832 元/月(※月存 10,000 元×40 年)，或是 99,593 元/月(※月存 10,000 元×35 年)，顯然已超過 100%的所得替代率。在正常情況下，應可達到"中流老人"的樂活水準了。**養金雞母「C 計劃」**，每年所下金雞蛋(※股利)若用不完，可繼續買進官方金融股"利滾利"，以備"天有不測風雲，人有旦夕禍福"之需。

★退休樂活五條件：

　　健康活、有閒錢、找樂子、適度忙、不離群！

　　退休理財「A+B 計劃」的年金收入，加上「C 計劃：錢進官方金融股」，約可儲存市值 1,000 萬元的官方金融股(※本金約 480 萬元)，至少可以當個"中流老人"了；然而，市值 1,000 萬元的官方金融股只是"有閒錢"的基準值，想要退休樂活，還要有下列的附帶條件：

　　(1)儘早進入職場，學生時即開始打工，加入勞保累積年資。

　　(2)滿法定年齡才退休，且至少宜有 35 年以上的勞保年資。

　　(3)退休時有自住房、沒房貸、借款、沒有"啃老族/繭居族"的愛相隨。

「職場生活的目的，在延續後代繼起的生命」，退休日起，表示任務已經完成，要開始面對"夕陽無限好，只是近黃昏"的無奈寫照，股素人問過一些真正退休(※沒有再工作)的友人，多坦然承認，在退休日前半年，就開始有"茫然、徬徨"的空虛感，顯然，退休日的前後半年，多需要一段適應調整期。

股素人並不贊同提早退休的做法；他的朋友中，有人在60歲退休，靠著房租收入來彌補退休金缺口，有公務員及教師在2000年代，依政府的「55專案」(※年資+55歲≧75)，辦理退休(※已改為85制，年資+年齡≧85)，55歲退休後，就過著"週休7天領7萬"的生活，自從"18%優惠存款"被改革後，如今退休金減3成，就開始斤斤計較，不敢再任意出國旅遊，快樂不得了(※唸ㄌㄜ•，非ㄌㄧㄠˇ)。

大致上，提早退休的"正常人"，退休後的前2年或許會設法到處(跟團)旅遊，找朋友吃大餐，宣揚提早退休的優點，退休後第3年開始，漸漸的覺得出國旅遊很累，國內旅遊沒有伴，於是，開始懶在家裡"邊看電視、邊吃點心"，開始變胖，夫妻吵架(※如果其中一人還在上班的話，更嚴重)，到處想當"義工"，卻因為不慣聽人指點使喚而放棄，於是轉當大樓管理員、清潔工等辛苦工作…。我住的大廈之管理公司的組長，即是60歲辦理退休後無所事事，每天看電視配飯吃，夫妻吵了半年多，終於受不了，再出來工作。

目前國人的平均壽命已逾80歲(※男77.5歲，女84歲)，所以，一般人只要不中風、得癌症、不出意外，未來大致可活到85歲以上，如果60歲或65歲退休，日子還很漫長，想要提早退休的人，宜停、看、聽！

　　有些理財專家之作者、名嘴，說他們 45 歲或 50 歲就"離開職場，財務自由"了，這應該是真的，很令人羨慕，但千萬別當真；"離開職場，財務自由"並不表示"退休沒有收入了"，只是不再正常"朝八晚六"上下班而已，反而更忙碌；白天看盤、做分析、趕(電視台)通告、排演講、回讀者問題、寫專欄，深夜還得看美國股市變化，作為明天股市買賣之參考；成為專職理財者，或許時間較自由，但不會變輕鬆，因為「趕通告、排演講及寫專欄」的收入並不一定多於(高薪)上班族的收入，投資理財並非穩賺不賠，因而生活壓力更大。

　　上班族雖然收入不多，但是只要不犯錯被裁員，收入穩定，可以量入為出，至少能過得安穩。所以，結論是①健康活，②有閒錢、③找樂子(※興趣、嗜好)、④適度忙(※旅遊忙、含飴弄孫忙)和⑤不離群(※社交、社團)，才是"退休樂活"的泉源，缺一不可，終日病痛纏身或者無所事事，即使"有閒錢"也難以"快樂活"。

　　③"找樂子"並非單純的"吃喝玩樂"，而是培養"興趣、嗜好"，股素人的友人當中，老周是少數能"退休樂活"的典範(※有閒錢但並非很有錢)，他從 60 歲退休起，靠著公務員退休年金和每年 50 多萬元的股利，每天清晨 5 時出門爬山，一、三、五上午學日語，每月與退休同事聚餐續喝下午茶一次，每年出國旅遊 5、6 次，國內旅遊不勝其數，迄今 8 年多，樂此不疲，在家閒來無事，從不看電視，只看日文書和手機 Line 八卦，每天晚上 9 點多就睡覺。

　　他的"退休樂活"應該只能算是特殊個案，因為每個人的個性(內向/外向)及興趣不同,無法一體適用;然而,個性難以改變,但是興趣可以培養,游泳/泡澡、桌球、繪畫、書法、瑜珈、下棋、閱讀、電玩或桌遊等,均是適合銀髮族的"適度忙"選項;此外,國內旅行社多有單日旅遊行程,單人亦可跟團,也有人每天到圖書館或(老人)長青活動中心報到,看書看報紙,或找同溫層銀髮族聊天等,③找樂子兼④適度忙一併解決,剩下的就是⑤不離群。

⑤"不離群"是獨居老人難以適應的魔咒,不僅是台灣、日本也一樣,電視新聞三不五時會有獨居老人死亡數日後才被發現的報導。股素人對⑤不離群的建議是:住大樓者每天到會客廳看報紙,住透天者每天在門前屋簷下看報紙,讓管理員、鄰居每天看到您。

股素人的友人,退休前/後有人到宜蘭、恆春、萬巒及奮起湖等處買地、買別墅,剛開始時,興沖沖至少每週去一趟,到處邀朋友去參觀,1 年多之後,大概是每半年才去打掃一次,變成"不快樂"的負擔,想脫手也賣不掉;想到偏遠地區買農地建豪宅之前,宜先上網搜尋「開心農場出租」,找離家近的出租小農地,試做一年看看(※10 坪農地租金多 ≤5,000 元/年,在市區亦有開心農場出租),千萬別為了喝木瓜牛奶而買農場、種木瓜、養母牛。老人想要退休樂活,住家要離醫院近,出狀況時 119 隨叫隨到,快速送急診中心才重要。

退休老人可分為四個階段,①**輕銀髮**:65～74 歲、②**中銀髮**:75～84 歲、③**重銀髮**:85～89 歲(※約 25.2 萬人)及④**超銀髮**:90 歲以上(※約 14.4 萬人,見圖 6-5);能夠"退休樂活"的中流老人多只到(84 歲)**中銀髮**階段，一旦成為**重銀髮**時，即使仍然健康活，已行動遲緩，經不起碰撞、跌倒，更不用說 90 歲以上的**超銀髮**了；因此，就可能淪為子女互踢皮球之"等吃、等睡、等死"的三等老人。

老人有三怕：一、怕孤獨，二、怕重病，三、怕沒錢；有執行本書「理財計劃 ABC」不怕"沒錢"，而"重病"無法預知，所以，老人的真正三怕是：「怕、怕、怕，怕孤獨」。股素人的友人王自強，他怕父母孤單，便在鄉下老家門前旁空地蓋了一座涼亭，提供免費茶水，而成為附近鄰居老人(※主動自備瓜子、零食)每天聚集聊天的場所，彼此每天見面話家常，而解決父母獨居孤單的困擾。

股素人的另一友人，夫妻退休後閒錢多，只因 84 歲了，玩也玩不動了，已少有朋友往來，但是女兒住桃園，因此，為了想看孫子，就鼓勵女兒回來探視，每次孫子回來就給 5,000 元紅包外加高鐵車資補助費，效果還不錯，至少每個月回來 2 次，但是這一招大概只能再用個 2、3 年，因為小朋友約國小二年級以後，就不會想找外公/外婆，所以，86 歲以後，就得再加碼才能期待"孝孫蒞臨"了。為了避免"孤獨死、無人知"，股素人曾建議一位子女住在國外的 87 歲獨居老教授，每天指定附近一家便當店送 2 餐便當，若不幸意外，好歹也有人知道，免得"豪宅變凶宅"。

如果是"怕孤獨老"的中上流老人，可考慮(儘早)住進價格不菲的養生村或安養中心(※只收"健康活"的老人)，著名的養生村多是看準(有錢)銀髮族商機的企業集團所投資開發的，例如長庚養生村(※台塑集團)、奇美悠然山莊(※奇美集團)及潤福生活新象(※潤泰集團)等，目前台灣約有 20 家以中上流"健康活"老人為對象的快樂活養生村；不過，若是"無法自主生活"的老人，就只能住"護理之家"或"養護中心"了。

　　孤獨老人的另一項危機是"待詐騙肥羊"；根據警政署統計室的「警政統計通報」資料，自 2014 年開始，老人的「詐騙被害」人數逐年遞增，在 2018 年時達 14,763 人，比 2014 年的 12,182 人增加 21.2%，而**詐騙老人的三大手法，不外是老生常談的①假親戚(※是我啦)、②假檢警(※詐匯款)及③假客服(※騙買賣)**；受騙的老人，不乏高學歷的教授、老師及工程師，這三種詐騙手法經常導致老人老本全無，進而輕生的憾事，是警政單位緝查的重要刑事案件。

　　然而，也有懂得"不殺雞取卵"的詐騙手法，鎖定獨居孤單老人，噓寒問暖，再向老人推銷"老人負擔的起"的數千元/數萬元產品，例如"顧目睭、清血路、顧筋骨及降三高"等來路不明的高單價保健食品，或者標榜健康用的電療墊、按摩椅及羽絨被等，而被騙的老人也"心甘情願"，因為騙人者不會一次榨乾老人，老人等於花錢找人聊天，這種"假關心、真詐財"甚至騙婚的詐騙案件，最後多不了了之，無法立案調查，這些耳熟能詳的老人受騙案，即使對孤獨老人家一再叮嚀也仍然會受騙。股素人的父母就是親身受騙的受害者，買了一大堆地下電台的保健食品(※股素人迄今仍認為沒有三高問題的阿母，之所以會中風，是地下電台的藥物所害)，而阿爸也約在 10 年前買了一床 8 萬元的按摩床墊，都只能自認倒楣。

　　85 歲以上的"重/超銀髮"老人，熟識的老友逐漸減少，行動變緩，連在綠燈時通過 6 線道大馬路都有困難，如果沒有子女一起住，就要有隨時"孤獨死"的最壞打算，如果尚有閒錢，最好能請位外籍看護來照料生活起居或住進"養生村"；能夠快樂活的"重/超銀髮"老人並不多，股素人的中風 10 年阿母，自 91 歲急診送醫回來後，就自我封閉，不再開口說話，即使股素人及其弟妹們輪流陪阿母吃三餐，她也不說話，偶爾迸出"早死早快活"的話，"話出阿母口，痛在子女心"，病痛者已失去生活的意志，而照顧的家人也於心不忍。

　　長期照護自己的病痛親人能撐多久？根據日本厚生勞動省的統計，在 2006 年至 2015 年的 10 年間，長照看護殺害親人(※介護殺人)的悲劇共有 247 件(※每年 25 件，每 15 天 1 件)；2020 年 8 月，日本的福島縣郡山市地方裁判所(法院)，對深谷文幸先生長照妻子 8 年後的殺妻事件，法官在了解案情後(※56 歲時辭去工作，專心照護同時罹患帕金森症(PD)及失智症(AD)的妻子 8 年多，妻子與前夫生的兒子感謝他照顧母親近 20 年，差 25 歲姐弟戀…)，認為被告的精神已經被逼入絕境，實難以嚴峻苛責獨自負擔長照重任的先生，僅判 3 年，緩刑 5 年(※即不用坐牢)，再度引起社會大眾的關切。

　　日本每年約有 10 萬人因為照護家人而辭職，前首相安倍晉三曾於 2015 年，提出 2020 年達到「介護離職ゼロ」(※零照護離職)的政策目標。日本自 2000 年 4 月實施「介護保險制度」(※每 3 年修正一次)，規定 40～64 歲的國民，均需加入政府的"介護保險"制度，每月繳交"介護保險料"，一旦需要介護時，可接受包含居家照護、醫療等服務項目,共分為 5 級,最嚴重一級為"要介護 5"(※照護難度 5),深谷太太是屬於"要介護 5",每年服務(給付)上限為 362,170 日幣/月,自付額僅(10%)36,217 日幣/月,但是,深谷先生仍難逃"介護疲勞困憊"而殺妻的悲劇。※事實上,當時深谷太太已被認為僅約剩下一年的壽命可活。

再看以下三則最近發生在台灣之長照悲劇的報導:

①一名 55 歲男子,疑似因為長期照顧 85 歲老父親加上經濟壓力,在深夜開車載父親外出,先在車上勒斃父親之後再上吊輕生,結束自己跟父親的生命!(2019 年 1 月 11 日新聞)

②一名 74 歲婦人,去年 10 月因不堪長期照護丈夫的壓力,趁丈夫睡覺時,持鐵槌頭打死丈夫,被依殺人罪起訴。(2019 年 3 月 7 日新聞)

③嘉義市一名老翁,疑似拿酸液前往長照機構,企圖先灌食感情良好但已無法言語的臥床妻子再自殺,造成 1 死 3 傷的慘劇。(2020 年 8 月 23 日新聞)

長照悲劇的案例逐年增加,依台灣「家庭照顧者關懷總會」統計,2017 年 12 件、2018 年 20 件,若依日本與台灣的人口比例(※約 5:1),顯然台灣的"(長照)介護殺人"已成為不容忽視的老年社會問題,已並非現行的「長照 2.0」所能應付的;"介護殺人"誰之過?是長照家庭的業障?還是政府的"借刀殺人"之計?股素人眼看阿母的病痛折磨,不禁思考,「**F 計劃:安樂死**」或許真有存在的必要。**※珍惜生命;自殺防治諮詢安心專線:0800-788995,生命線協談專線:1995。**

　　根據日本的統計資料，老男人的自殺率約比老女人高 30%，顯然老男人的抗壓性較低，另一可能原因是不會做家事的"下流老男人"沒人要，形同難以拋棄的"大型垃圾"，健康的"下流老女人"在子女欠缺老媽子的幫傭帶小孩時，仍然是"搶手貨"。

　　孔子說：「幼而不孫弟，長而無述焉，老而不死，是為賊！」，套用孔子的話：「…老而無錢焉，是為賊」，是 85 歲以上之下流老人的寫照。"有閒錢，才有選擇錢"，因此，贊助子女買房/創業，不宜領一次退休金而傾全力為之，即使基於親子情，也宜減半為之，保留"好死不如餓活"的老本。

　　股素人說：「退休老人要徹底覺悟一個殘酷的現實，就是除了贊助買房或幫忙帶孫子(上/下學)外，子女多以網路資訊來教養孩子，並有自己的想法，已不再需要您老人家的(迂腐)建議了；所以，要跟政客一樣，務必"換個位置、換個腦袋"，既然已退休，就不要老提"想當年…"。想當一個"不討人厭"的老人，宜"裝瞎、作啞、裝白癡"，子女說話要聽(※不可裝聾)」，每逢生日、母親節時，子女說「要帶你去餐廳慶生」的話要聽，不要說：「不要啦，太浪費了」，掃子女的興，但是，唯獨子女要求"死前分財產"的話不要聽。※老人要有錢，才有發言權；此外，土地/房屋權狀要"藏好"，萬一有啃老族子女纏身的話，才不會淪為"無殼"的流浪老人。※小心了！新聞報導時有所聞：「啃老族索錢不成，暴力毆打父母！」，但是又何奈！

> 夜市包租婆，遭兒打到昏
> 逆子討錢索房不成，鄰居驚聞慘叫報案
> 警消破門救人，逆子裁定收押
> (2020/10/03 新聞報導)這不是"假新聞"

　　「家有一老，如有一寶」已是上世紀的傳說，取而代之的是「**家有一銀髮，全家一起垮**」的現實，長壽真的幸福嗎？根據衛福部統計處之數據，國人"不健康(失能、臥床及慢性病纏身等)的生存年數"為 8.4 年，需要長照的老人，不僅自己痛苦，也可能毀了看護家人的後半生(※有人為了照顧長年臥病在床的父母而無法結婚)；2012 年日本暢銷書「70 歲死亡法案，通過」(※日文書名：「七十歲死亡法案、可決」)，認為重振國家經濟最有效的辦法，就是「70 歲以上的老人，請您去死吧！」，這大概是下流老人"可回收"的剩餘價值吧？

> 人間爹娘情最真，血淚溶入兒女心；
> 竭盡心力為子女，可憐天下父母心。

　　「這個碗將來要留給你用」：有位對婆婆不佳的媳婦，吃飯時總是讓婆婆獨自坐在餐廳角落吃飯，她的 5 歲兒子孝孝問：「奶奶，你怎麼不來餐桌一起吃？」，奶奶沒有回答，吃著時不小心碗掉了，媳婦說：「拿好你的碗，摔破了就沒飯吃。」，從小由奶奶帶大的孝孝聽了，哭著說：「奶奶，把碗拿好，將來我還要把這個碗留給我媽媽用」。(※網站上有很多版本，請讀者自行解讀。)

　　★父母呵護你一生，你要陪他走餘生！★

6-2. 背水一戰「D 計劃」：賣股維生

　　前述之官方金融股的 1%危機"戰爭、疫荒和彗星撞台灣"，是"全民皆倒、無路可逃"，但是，另一**較可能出現的危機，是失控的通貨膨脹率**，異常高的通膨率，可能使一些體質不良的公司面臨倒閉危機；台灣在光復之初亦曾遭遇"高通貨膨脹率"的衝擊，在 1945 年到 1949 年之間(※國共內戰末期)，台灣的物價亦是一日數變，每年的物價漲幅都以倍計算，在 1949 年 6 月，台灣實施幣制改革，將原來的"舊台幣"換為"新台幣"，每 4 萬舊台幣兌換 1 元新台幣，加上政府陸續採取鼓勵儲蓄及農工生產等多項措施，才使台灣的物價逐漸平穩下來，而奠定了後來經濟穩定發展的基礎。如圖 6-1 所示，自 1960 年開始，台灣共經歷 3 次(1961、1974 及 1981 年)異常通膨的危機，1973 年 10 月，中東戰爭引發的第一次石油危機，使 1974 年之台灣的通膨年增率，飆升至最高紀錄 39.8%，所幸 1976 年又降回 2.91%。

圖 6-1 CPI 年增率(≒通膨率)vs.央行重貼現率(1960～1985 年)

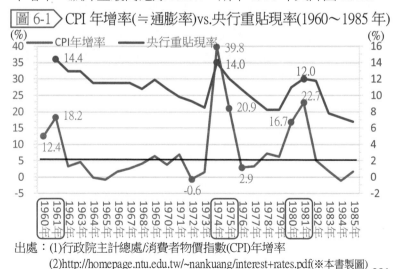

出處：(1)行政院主計總處/消費者物價指數(CPI)年增率
　　　(2)http://homepage.ntu.edu.tw/~nankuang/interest+rates.pdf(※本書製圖)

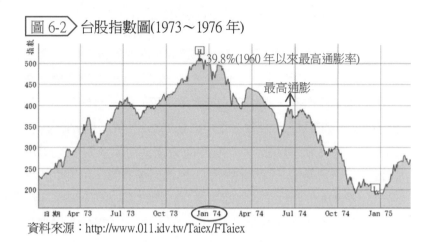

圖 6-2 台股指數圖(1973～1976 年)

資料來源：http://www.011.idv.tw/Taiex/FTaiex

近 20 年來我國的通貨膨脹率控制得宜,維持在 2%以下(※表 3-9),通常,持續的高通貨膨脹率,多會造成如圖 6-2 之股市指數暴漲,且銀行定存利率亦會提高(※圖 6-1),但是,投資人的獲利和銀行定存利率仍然比不上不斷飆升的通貨膨脹及物價上漲率,所以,**錢存銀行不如錢買官方金融股**。

極端異常通膨率的國家如 2006 年辛巴威及 2014 年的委內瑞拉,迄今均創下高達數萬倍的通膨率,造成民不聊生的困境;委內瑞拉是能源大國,除了石油儲藏量全球第一外,天然氣儲量、煤碳儲量亦名列前茅,水力資源也極為豐富,尚有豐富的鑽石、黃金及鐵鋁礦產,自 1960 年起,其人均 GDP 曾為拉丁美洲國家之首,但在 2008 年,國際油價由年初的 150 美元/桶,暴跌至年底的 40 美元/桶,之後開始出現極端異常的通膨效應,自 2013 年起,一直蟬聯"全球最痛苦國家"之首;辛巴威亦曾是非洲最富裕的農業大國,因為不當的土地革命政策,而引發後續的數萬倍通膨效應。辛巴威與委內瑞拉之極端異常的通膨率，基本上皆是因為政府的錯誤決策所造成，但是，這並非小老百姓所能防範的，"世事難意料，難免出狀況"，只能自己增加"備胎計劃"來確保"退休樂活"的資金。

2020 年是"台灣之光"台積電(2330)有史以來最風光的一年，雖然有"新冠肺炎"的衝擊，但全靠台積電支撐，不僅股價屢創新高(max 466.5 元)，甚至在 7 月使台股指數創下盤中 13,031 點的史上最高紀錄；如表 6-3 所示，此時應很難想像，台積電分別在 2002、2008 及 2009 年，三次跌破至 40 元以下，而且在 2002 年以前，台積電不配發現金股利，到了 2009 年開始，才改為全部配發現金股利。

此處提及台積電是為了強調"月有陰晴圓缺、股有漲跌起伏"的風險，在執行「C 計劃：錢進官方金融股」時，不管股價漲跌，務必每年定期買股，而且只買不賣，才能確保每年"下金雞蛋"的穩定性；此外，因為長達三、四十年存股計劃，難以保證**金雞母**每年均會配發現金股利，因此，或許真有一天需要啟動「D 計劃：賣股維生」。

「勞退自提 6%」迄 2020 年僅實施 15 年，即使辦理「勞退自提 6%」的人，目前滿 65 歲退休，此部分的勞退年金每月多少於 3,000 元，更何況過去 15 年來，有辦理勞退自提 6% 的勞工不到 8%，僅約 54 萬人，所以，即使今天開始辦理「勞退自提 6%」，在未來 10 年內退休的勞工，也可能面臨退休年金不足的窘境，對於有執行「C 計劃：錢進官方金融股」的人，每年尚有股利收入，來彌補「A、B 計劃」不足的年金收入。

表 6-3 台積電(2330)歷年來的股利政策　　　(※本書製表)

所屬年度	股利(元/股)			殖利率統計						盈餘分配率統計				本益比(均價/EPS)
	現金	股票	合計	股價區間(元)			殖利率(%)			EPS(元)	股利分配率(%)			
				最高	最低	均價	現金	股票	合計		現金	股票	合計	
2019	9.50	0.00	9.50	345.0	206.5	262.0	3.63	0.00	3.63	13.32	71.32	0.00	71.32	19.67
2018	8.00	0.00	8.00	268.0	210.0	237.0	3.38	0.00	3.38	13.54	59.08	0.00	59.08	17.50
2017	8.00	0.00	8.00	245.0	179.0	210.0	3.81	0.00	3.81	13.23	60.50	0.00	60.50	15.87
2016	7.00	0.00	7.00	193.0	130.5	166.0	4.22	0.00	4.22	12.89	54.30	0.00	54.30	12.88
2015	6.00	0.00	6.00	155.0	112.5	140.0	4.29	0.00	4.29	11.82	50.80	0.00	50.80	11.84
2014	4.50	0.00	4.50	142.0	100.5	123.0	3.66	0.00	3.66	10.18	44.20	0.00	44.20	12.08
2013	3.00	0.00	3.00	116.5	92.90	104.0	2.88	0.00	2.88	7.26	41.30	0.00	41.30	14.33
2012	3.00	0.00	3.00	99.40	73.80	84.10	3.57	0.00	3.57	6.41	46.80	0.00	46.80	13.12
2011	3.00	0.00	3.00	78.30	62.20	72.10	4.16	0.00	4.16	5.18	57.90	0.00	57.90	13.92
2010	3.00	0.00	3.00	75.00	57.00	62.0	4.84	0.00	4.84	6.24	48.10	0.00	48.10	9.94
2009	3.00	0.00	3.00	65.20	38.70	55.50	5.41	0.00	5.41	3.45	86.90	0.00	86.90	16.09
2008	3.00	0.05	3.05	69.80	36.40	56.40	5.32	0.09	5.41	3.86	77.70	1.30	79.00	14.61
2007	3.03	0.05	3.08	73.10	57.40	65.50	4.63	0.08	4.70	4.14	73.10	1.22	74.30	15.82
2006	3.00	0.05	3.05	70.00	52.30	61.30	4.89	0.08	4.98	4.93	60.80	1.01	61.90	12.43
2005	2.50	0.30	2.80	64.30	46.20	54.10	4.62	0.55	5.18	3.79	65.90	7.91	73.90	14.27
2004	2.00	0.50	2.50	68.50	40.70	52.40	3.82	0.95	4.77	3.97	50.40	12.60	63.00	13.20
2003	0.60	1.41	2.01	72.50	40.10	56.40	1.06	2.50	3.56	2.33	25.90	60.50	86.40	24.21
2002	0.00	0.80	0.80	97.50	34.90	67.40	0.00	1.19	1.19	1.14	0.00	70.20	70.20	59.12
2001	0.00	1.00	1.00	105.50	43.60	77.70	0.00	1.29	1.29	0.83	0.00	120.00	120.00	93.61
2000	0.00	4.00	4.00	224.00	74.50	147.0	0.00	2.72	2.72	5.71	0.00	70.10	70.10	25.74
1999	0.00	2.80	2.80	171.00	68.00	120.0	0.00	2.33	2.33	3.24	0.00	86.40	86.40	37.04
1998	0.00	2.30	2.30	173.00	56.50	101.0	0.00	2.28	2.28	2.54	0.00	90.60	90.60	39.76
1997	0.00	4.50	4.50	173.00	55.50	109.0	0.00	4.13	4.13	4.40	0.00	102.00	102.00	24.77
1996	0.00	5.00	5.00	106.00	49.10	63.80	0.00	7.84	7.84	7.31	0.00	68.40	68.40	8.73
1995	0.00	8.00	8.00	196.00	77.00	128.0	0.00	6.25	6.25	10.48	0.00	76.30	76.30	12.21
1994	0.00	8.00	8.00	177.00	96.00	159.0	0.00	5.03	5.03	10.86	0.00	73.60	73.60	14.64

註：2020 年迄 7/31 的最高價為 466.5 元。

在第三本拙作「理科阿伯存股術」(※原名「收租股總覽Ⅱ」)中，曾敘述股素人在 2000 年 5 月 31 日，以 157.2 元買進台積電，持續套牢 14 年，到了 2016 年台積電股價才又回到 160 元以上，忍到 2017 年 10 月 18 日才以 239.5 元賣出，持股 19 年(配息加配股)，共獲利 2.7 倍，此說明退休理財計劃，要能"價跌心不驚、價漲不動心"，鎖定「**存 500 張官方金融股**」的目標，才能開創"退休樂活"的契機。買「官方金融股」務必要有長達 20 年以上的持股決心，通常長期持有"不可能倒"的股票 20 年以上，多有股價倍漲的機會，股素人目前尚有 6 檔持股 20 年以上的股票，其中 5 檔均已倍漲，唯獨一檔當時的"小型績優股"鍊德(2349)，持股 21 年迄今虧了 110 萬元！

若依行政院主計總處之**國情統計通報**(第 009 號)的資料，退休老人的平均費用僅需 12,743 元/月(※圖 1-5)，果真如此，則「A 計劃與 B 計劃」的收入，就綽綽有餘，但是，"長照需求"的不定時未爆彈何時爆，沒人知道，因此，退休後的生活支出，仍宜維持"入 100，出 80"的節流習慣。

事實上，銀髮族退休後的最大支出，可能是"贊助子女買房或創業"的無底洞，父母心多是"向下紮根"，對子女的付出沒有上限，寧可自己過苦日子，也不願子女受委屈；有人臨退時，為了子女買房而辦理"一次退"退休金，前 2 年子女還會每月給生活費，孫子出生後，每月奉養費就減半，最後只得又復出當管理員、清潔工。

因為「A 計劃」和「B 計劃」中的勞退年金(雇提 6%+自提 6%)有平均餘命的限制，例如，65 歲退休，平均餘命 20 年，則

85 歲開始，將頓失約 32,196 元/月的退休年金(=表 6-2 中 B 計劃 16,098 元/月×2，包含雇提及自提)，則可能需要縮減育樂費用，或是啟動"背水一戰"的**「D 計劃」：賣股維生**，「D 計劃」是「C 計劃」的急難預備金，退休後如果不缺錢，就不宜啟動**「D 計劃」，「D 計劃：賣股維生」**是"偶爾賣 1 張股票"，來彌補退休資金的"小裂縫"。一般上班族每月約可存 5 千到 1 萬元，以平均值 7,500 元計算，若由 25 歲進入職場開始每月存款 7,500 元(等於 9 萬元/年)，40 年後，可存足本金 432 萬(本利和約 1,369.9 萬元，見表 4-1a)，共約 500 張官方金融股，每月賣 1 張(※約 25,000 元)，至少可賣 40 年，活到 120 歲。※「D 計劃」的啟動時機：(1)家人有長照需求時、(2)85 歲或勞退年金到期時，和(3)現金股利不夠用時。

6-3. 割股充飢「E 計劃」：以房養老

我們並不鼓勵買"非自住房"當理財工具，因為可能脫手不易，急需用錢還得花時間向銀行辦貸款、花利息，機動性比不上"錢買官方金融股"；股素人在 1999 年首次換屋時，遇到房地產不景氣，原先 580 萬元買的房子，一再降價仍然賣不出去，後來因為需款孔急，應付新房貸，拖了一年多，只好忍痛以 260 萬元賣出。

退休時，(A 計劃+B 計劃)的收入，應足夠過個「普通級」的退休生活，若再加上「C 計劃」的補強，理應可以安享退休生活了，但是，如果您無上限的贊助子女買房/創業、有"啃老族、繭居族子女"的負擔、"重病纏身"、"計劃趕不上變化"，政府大砍退休年金時(※2021 年政府將進行勞保年金改革，見第3-1 節)，或者當"背水一戰"之「賣股維生 D 計劃」仍然入不敷出時，仍可能成為"下流老人"。

此外，勞保年金可以"領到死"，然而勞退年金不一樣；若在 65 歲辦理退休，法定平均餘命 20 年，表示勞退年金只能領到 84 歲，萬一您尚未上天堂，從 85 歲開始，將頓失約 3 萬多元(※雇主 6%+自提 6%)的勞退年金收入(※見圖 4-4b)，突然間將手足無措，可能比當年軍公教被砍優惠存款 18%還慘；因為85 歲以後，即使沒有中風，也已邁入需要長照之年，如果「**背水一戰 D 計劃：賣股維生**」仍然不夠用，此時面臨危急存亡之秋，就不得不啟動"割股充飢"「**E 計劃：以房養老計劃**」。

台灣人「有房斯有財」的觀念根深蒂固，目前，多數的上班族在結婚前，就有「買房觀」，多藉由"中上流"父母資助及貸款，在結婚前就買房了，有些女方(家長)尚且堅持"男方先買房才嫁"。因此，可假設一般上班族在 65 歲退休時，多已有自住房屋。根據主計處 2019 年的家庭收支調查報告，台灣房屋的自有率，高達 84.5%。通常，一般上班族一生會有 2 次買房機會，所以"自有房屋"是水到渠成的自然結果，而「E 計劃」是以**設定人生終點 95 歲**，作最後一搏的"割股充飢"計劃，故最早不宜在 75 歲以前貿然啟動。

上班族多有買房貸款的經驗，以要買的房屋為擔保品設定抵押，向銀行借錢，而完成房屋的過戶手續，然後再每個月定期定額還錢給銀行，這就是一般人所熟知的「正向抵押貸款」；「以房養老」是政府參考先進老化國家的政策，於 2015 年 11 月推出的"逆向房屋抵押貸款"政策，利用自己單獨持有的建築物及土地為擔保品，向銀行換取每月的生活費，一直到過世為止，"以房養老"政策，口號動聽，看似可以填補銀髮族退休金不足的缺口，實際上，可貸款的金額並不多，充其量只能填補退休資金缺口的裂縫而已。

由表 6-4 的數據顯示，迄 2019 年 12 月底為止，4 年多來銀行共核准了 4,080 件，核貸額度共 228 億元(※平均每件 559 萬元)的"以房養老"貸款。非六都的非蛋黃區房子，核貸總額度可能不到 400 萬元，因此，每個月能夠領到的金額不到 1 萬元，因為金額遠低於多數人所期待的每月 30,000 元，所以，"以房養老"政策，詢問的人多，雷大雨小，最後辦妥的人才 4,080 件而已。表 6-4 是全台 14 家承辦"以房養老"貸款的銀行，貸款條件多大同小異，大概是(1)年滿 55～65 歲、(2)最長貸款期限 30

～35 年、(3)貸款額度 3～7 成、(4)利率 1.5～2.5%、(5)限制(屋齡+年齡)大於 90～95 或是(屋齡+貸款年限)小於 60、(6)每月還款利息上限為 1/3，以及(7)手續費 3,000～6,000 元。

表 6-4 〉 全台 14 家承辦"以房養老"貸款的銀行(2019/12/31)

	銀行別	開辦日	核貸件數	核貸額度	每戶平均
1	合作金庫商業銀行	2015/11/19	1,610	95.57 億元	593.6 萬元
2	臺灣土地銀行	2016/01/18	1,314	64.65 億元	492.0 萬元
3	臺灣中小企業銀行	2016/03/01	202	13.83 億元	684.7 萬元
4	第一商業銀行	2016/03/30	138	11.70 億元	847.8 萬元
5	華南商業銀行	2016/03/30	731	35.43 億元	484.7 萬元
6	臺灣銀行	2016/04/20	14	0.88 億元	628.6 萬元
7	高雄銀行	2016/05/19	1	0.04 億元	400.0 萬元
8	中國信託商業銀行	2016/08/08	23	2.43 億元	1,056.5 萬元
9	台新國際商業銀行	2016/10/06	3	0.80 億元	2,666.7 萬元
10	上海商業儲蓄銀行	2017/04/24	3	0.22 億元	733.3 萬元
11	兆豐國際商業銀行	2017/09/01	34	2.38 億元	700.0 萬元
12	安泰商業銀行	2017/09/01	5	0.31 億元	620.0 萬元
13	陽信商業銀行	2018/0705	1	0.03 億元	300.0 萬元
14	彰化商業銀行	2019/01/29	1	0.04 億元	400.0 萬元
	合計		4,080	228 億元	559 萬元

出處：金融監督管理委員會銀行局(※本書製表)

　　以房養老」每個月可領多少錢取決於下列因素：(1)房屋的地點、屋齡及屋況、(2)銀行對房屋的鑑定價格、(3)銀行核准的貸款成數和(4)貸款利率，房屋的價格本來就有蛋黃區/蛋白區、市區/郊區及六都/鄉鎮等之差異。通常，上班族一生中可能有 2 次買"自住房"的機會，因此新婚時，不宜買超過 3 房的房子，並宜在 50 歲以後才換蛋黃區或市區的新房子，盡量讓在需要啟動"以房養老"時的屋齡低於 25 年，並在辦理以房養老前，還清房貸；同時在銀行來鑑價之前，先將屋內稍作粉刷、整理，才能有稍高的"鑑定價格"。至於銀行的貸款成數和利率，貨比三家不吃虧，如表 6-4 所示的 14 家銀行，較晚加入"以房養老"業務的銀行，或許可能有較高的核貸成數和較低的利率。

為了領取較多的生活費，貸款年數不宜超過 25 年，可以 95 歲當作人生終點(※99%的人活不到 95 歲，95 歲以上老人僅 3.1 萬人，占 0.13%，圖 6-7)，因此，不宜在 75 歲前就啟動"以房貸款計劃"。依表 6-4 的平均每戶核貸金額，多在 600 萬元以下(亦即每月可領的金額多在 15,000 元以下，比台北市(2020 年)中低收入的最低生活費標準 17,005 元(※表 1-4)還低。

若在 65 歲退休，平均餘命 20 年，則勞退年金可領到 84 歲，也就是說，盡可能在 85 歲才辦理"以房養老"，而且只要貸款 10 年(※到 95 歲)即可，月領金額才會較多。※有些銀行規定貸款年限不得少於 7 年。

表 6-5 是合作金庫「幸福滿袋貸款」方案的試算結果，以總核貸金額 1,000 萬元為例，第一個月可實領 33,333 元/月，每月實領金額(5)，將因每月應付利息(4)愈來愈多而逐漸減少；但是，利息的扣款上限為核發金額的 1/3(※即 11,111 元/月)，故約在第 17 年開始，每月實領金額(5)僅剩 22,222 元/月。※這是 17 年(204 期)後的未來值，若以通膨率 2%概算，僅相當於目前現值的 15,870 元/月而已。

「**以房養老 E 計劃**」理論上是用不到，但是，萬一退休後還有"啃老族"子女，就可能要啟動退休"不快活"的 **E 計劃**；想啟動「E 計劃：以房養老」的銀髮族，不要期待過高，以房養老實際可拿的金額，最多只能用來打打牙祭，當作可有可無的零用錢而已。以表 6-4 的平均每戶核貸金額 559 萬元且貸款 25 年來計算，則第一個月的實領金額僅 18,633 元/月而已，如果改為貸款 30 年，則第一個月的實領金額僅約 15,528 元/月；反之，貸款 15 年，則第一個月的實領金額將增為 31,056 元/月。因此，萬一需要啟動"以房養老"的最後一搏 E 計劃時，貸款年限不宜超過 15 年，才較有實質上的用途，趁 80 歲還能走動時，辦個 15 年貸款，萬一超不幸的活過 95 歲，則只好仰賴「F 計劃：安樂死」！讓政府收尾吧！

★子女爭產的新聞時有所聞，如果是"孤獨老、住豪宅"，可以考慮辦理「以房養老」，把錢花光，免得將來因"人上天堂、錢留銀行、子女對簿公堂"，而登上新聞版面；開玩笑的啦！父母錢財留人世，子孫受蔭少辛勞。

※"以防養老"尚有一個用途，如果有啃老族肖想拿房子去賣，則"先下手為強"，子女就無法賣房或貸款了。

表 6-5〉以房養老貸款例　　　　　　　　　　(※本書製表)

總核貸金額：1,000 萬元		貸款期數：300 期(25 年)			
年利率：1.80%(=0.15%/月)		每月撥款：33,333 元(=1,000 萬元÷300)			
期數	(1)日期	(2)核發金額	(3)累計欠款	(4)應付利息	(5)實領金額	遞減比
1	第 1 年 1/1	33,333 元/月	33,333 元	0 元/月	33,333 元/月	0%
2	第 1 年 2/1	33,333 元/月	66,666 元	50 元/月	33,283 元/月	
3	第 1 年 3/1	33,333 元/月	99,999 元	100 元/月	33,233 元/月	
4	第 1 年 4/1	33,333 元/月	133,332 元	150 元/月	33,183 元/月	
5	第 1 年 5/1	33,333 元/月	166,665 元	200 元/月	33,133 元/月	
6	第 1 年 6/1	33,333 元/月	199,998 元	250 元/月	33,083 元/月	
7	第 1 年 7/1	33,333 元/月	233,331 元	300 元/月	33,033 元/月	-0.9%
8	第 1 年 8/1	33,333 元/月	266,664 元	350 元/月	32,983 元/月	
9	第 1 年 9/1	33,333 元/月	299,997 元	400 元/月	32,933 元/月	
10	第 1 年 10/1	33,333 元/月	333,330 元	450 元/月	32,883 元/月	
11	第 1 年 11/1	33,333 元/月	366,663 元	500 元/月	32,833 元/月	
12	第 1 年 12/1	33,333 元/月	399,996 元	550 元/月	32,783 元/月	
13	第 2 年 1/1	33,333 元/月	433,329 元	600 元/月	32,733 元/月	-1.8%
14	第 2 年 2/1	33,333 元/月	466,662 元	650 元/月	32,683 元/月	
15	第 2 年 3/1	33,333 元/月	499,995 元	700 元/月	32,633 元/月	
16	第 2 年 4/1	33,333 元/月	533,328 元	750 元/月	32,583 元/月	
17	第 2 年 5/1	33,333 元/月	566,661 元	800 元/月	32,533 元/月	
18	第 2 年 6/1	33,333 元/月	599,994 元	850 元/月	32,483 元/月	
19	第 2 年 7/1	33,333 元/月	633,327 元	900 元/月	32,433 元/月	-2.7%
20	第 2 年 8/1	33,333 元/月	666,660 元	950 元/月	32,383 元/月	
21	第 2 年 9/1	33,333 元/月	699,993 元	1,000 元/月	32,333 元/月	
22	第 2 年 10/1	33,333 元/月	733,326 元	1,050 元/月	32,283 元/月	
23	第 2 年 11/1	33,333 元/月	766,659 元	1,100 元/月	32,233 元/月	
24	第 2 年 12/1	33,333 元/月	799,992 元	1,150 元/月	32,183 元/月	
25	第 3 年 1/1	33,333 元/月	833,325 元	1,200 元/月	32,133 元/月	-3.6%
26	第 3 年 2/1	33,333 元/月	866,658 元	1,250 元/月	32,083 元/月	
27	第 3 年 3/1	33,333 元/月	899,991 元	1,300 元/月	32,033 元/月	
28	第 3 年 4/1	33,333 元/月	933,324 元	1,350 元/月	31,983 元/月	
29	第 3 年 5/1	33,333 元/月	966,657 元	1,400 元/月	31,933 元/月	
30	第 3 年 6/1	33,333 元/月	999,990 元	1,450 元/月	31,883 元/月	
31	第 3 年 7/1	33,333 元/月	1,033,323 元	1,500 元/月	31,833 元/月	-4.5%
32	第 3 年 8/1	33,333 元/月	1,066,656 元	1,550 元/月	31,783 元/月	
33	第 3 年 9/1	33,333 元/月	1,099,989 元	1,600 元/月	31,733 元/月	
34	第 3 年 10/1	33,333 元/月	1,133,322 元	1,650 元/月	31,683 元/月	
35	第 3 年 11/1	33,333 元/月	1,166,655 元	1,700 元/月	31,633 元/月	
36	第 3 年 12/1	33,333 元/月	1,199,988 元	1,750 元/月	31,583 元/月	
37	第 4 年 1/1	33,333 元/月	1,233,321 元	1,800 元/月	31,533 元/月	-5.4%

出處：合作金庫「幸福滿袋貸款」試算表。(年齡+貸款年數)需≧95。

6-4. 退場謝幕「F計劃」：安樂死！

「家有一老，如有一寶」，已是上世紀的傳說，隨著少子化與高齡化的趨勢，21 世紀已成為「家有一老，全家皆倒」的困境，這不是危言聳聽的都市傳奇，而是日本「姥捨山」故事(※將年邁的親人帶到山上遺棄，任其自生自滅的民間故事)的現代版，是政府與民眾即將面對的殘酷現實--「安樂死」。

現在的(潛在)下流老人，必然很後悔，小時候過於相信"24孝"的童話故事，導致現在成為子女互踢皮球的拖油瓶，苟活不如好死。日本出版的「**七十歲死亡法案、可決**」(※中譯本書名：「**70 歲死亡法案，通過**」)書中說：「除了 70 歲死亡法案外，已沒有比它更好的方法來拯救日本財政破產危機了，為了日本，請您去死吧」！

「**七十歲死亡法案、可決**」一書，在 2012 年出版時，年銷100 萬本，對日本社會引起極大的震撼而成為暢銷書，其原因之一是如圖 6-3 所示，書名聳動，加上類似報紙頭版的(國會表決)畫面；本書作者垣谷美雨，以小說型態，描述「**七十歲死亡法案**」通過並即將實施的 2 年前，一般小庶民人物之內心的歡欣、罪惡與道德倫理的衝突與掙扎的真實人性，其實也是台灣有長照需求家庭的真實寫照，內容發人深省。

圖 6-3 〉「七十歲死亡法案、可決」之封面及書腰

資料來源：2012 年版。不同版次之封面及書腰略有不同。

　　「七十歲死亡法案」通過後，年輕族群額手慶幸，68 歲以上的健康老人，設法鑽營法律漏洞，希望藉由流言中的"地下法案"，來逃脫七十歲的死劫，如果只剩下 2 年的壽命可活，對於飽受病痛折磨的臥床老人，活著的意義是什麼？對於身心疲倦照護的家人，2 年後真的可以解脫、自由了嗎？還是要背負著

人倫道德觀的罪惡感活下去？

　　故事主人翁是一名 55 歲的日本傳統家庭主婦寶田東洋子，寶田太太自從「七十歲死亡法案」通過後，心想只要再忍耐 2 年就可以重獲自由，開始竊竊心喜起來，神采也變得不一樣。

　　84 歲的婆婆，心想反正 2 年後就要死了，活著還有什麼意義，對於這 15 年來一直給媳婦添麻煩，頗覺得過意不去，心裡雖是如此想，但也改不了尖酸刻薄的態度，而每天面對"即將死亡"的倒數計時，卻仍有極度不安之感；丈夫把照護自己母親之事推得一乾二淨又提早 2 年退休，在 58 歲時跟友人出國去環遊世界 3 個月；兒子是知名大學畢業，卻已失業 3 年而繭居在家，自己卻得每天為他把餐食放在房門外，心裡之痛無法言喻；唯一原以為可以幫忙自己照顧婆婆的女兒，也已離家出走獨自生活；連 2 位已經出嫁住在附近的小姑也不幫忙照護自己的母親，只在討論財產分配時才會回家。

　　唯獨東洋子一人每天要為婆婆把屎、把尿，還得面對尖酸刻薄語言的諷刺，就在丈夫提早 2 年退休與朋友環遊世界之後，東洋子感到心灰意冷，覺得家人的自私及冷漠，終於忍無可忍，帶著微薄的私房錢，離家出走了，故事的高潮在東洋子離家出走後才開始…。

　　"安樂死"在日本是"禁忌"的話題，日本 NHK 電視台於 2019 年 6 月 2 日播出特別記錄片「她選擇安樂死」（彼女は安楽死を選んだ），全程跟拍 51 歲的小島美奈於 2018 年 11 月遠赴瑞士進行安樂死的過程，並探討日本人尋求"安樂死"的問題。

　　小島美奈在 48 歲的那年被診斷出患有「多發性系統萎縮

症(※俗稱漸凍人症的一種)」，發病原因不明，目前亦沒有效治療方法。此病症令她全身嚴重疼痛，逐漸無法走路，連說話都變得困難，被醫生告知其後會漸失自理能力，需靠呼吸器和鼻胃管進食來維生。

2018年3月，小島美奈去參訪與她一樣病症患者的醫院病房後，她看到自己的悽慘未來，因而決定放棄醫療，選擇有尊嚴的結束生命，於是開始萌生自殺的念頭，"活著不能動，不如早點死"，但是，她連自殺的力氣都沒有，在2018年3月自殺未遂後，決定遠赴瑞士申請安樂死。

「我想以自己的意志決定我的生命」，帶著死亡覺悟的小島，由兩名姐姐陪同，到瑞士進行安樂死，抵達瑞士後，醫生告訴小島有2天時間考慮，可以反悔，但是她死意已決，兩位姐姐也尊重其意願，讓她接受安樂死。

簽下同意書後，她向兩名姐姐告別，「長久以來感謝你們一直照顧我」，在攝影機的見證下，小島親手按下開關，將藥劑注射到靜脈中，此時姐姐們已哭成淚人，不斷對她說對不起。小島含淚說：「我真的很幸福」，說完這句話後就離開人世，姐姐們仍然抱著她不放。

因為日本不承認安樂死，協助安樂死形同犯罪，因此，小島女士的遺體無法運回日本，只能由其姐姐將遺體火化成灰後，灑入瑞士河流中。

看完此段影片的人，應該都會為之動容而鼻酸，紀錄片最後，**NHK留給觀眾二個問題：「我們要怎樣面對生命的終點？又將如何與最愛的家人告別？」**

2018 年 6 月，資深媒體人傳達仁先生遠赴瑞士接受協助安樂死的新聞，才又使台灣「安樂死法案」引起社會大眾的關注，傅先生生前積極推動「安樂死法案」，在他兒子傅俊豪及立法委員許毓仁等人的推動之下，台灣的「**尊嚴善終法草案**」(**※俗稱安樂死法案**)，於 2019 年 11 月初在立法院通過一讀，也許不久的將來，台灣會成為亞洲第一個「安樂死」合法化的國家。對於"安樂死"，學者、法界及民眾有正反兩極的看法，「安樂死法案」是讓飽受病痛折磨的病人有安樂死的請求權；平心而論，「安樂死法案」有其存在的必要性，因為傅達仁先生及其家人兩度遠赴瑞士尋求協助"安樂死"的鉅額費用，並非一般民眾所能負擔的起。

「尊嚴善終法草案」將尊嚴善終定義為「依病人自願之請求，由醫師終止病人之生命，或由醫師提供終止生命之協助，而由病人自行終止其生命」，病人需符合三項臨床條件：①疾病無法治癒、②痛苦難以忍受，和③醫生認為無其他合理替代辦法者，並經專業醫療團隊之三次評估後，才能進行。

贊成"安樂死"的人，認為"安樂死"除了讓飽受病痛折磨的病人得以解脫外，也可以解除活著家屬的內疚與自責，目前可執行(主動/被動)安樂死的國家/地區，有荷蘭、比利時、盧森堡、哥倫比亞、加拿大、荷比盧、瑞士、澳洲的維多利亞洲，以及美國七個州和華盛頓特區等 18 個國家/地區，荷蘭是全球第一個「安樂死」合法化的國家，早在 2002 年就依法規定：「飽受折磨的病患有權利選擇"安樂死"」，現在亦在研議：「無病痛長者之安樂死的可行性」，所以說，「**F 計劃：安樂死**」可能是「**退**

休理財計劃A、B、C、D、E」全部失效時的終局計劃，而這個**F計劃**應由開啟**「先天不良A計劃」**的政府來收拾殘局。

某位已癌症末期的病患再度被送入醫院治療，股素人去探病時，他說已簽妥「放棄急救同意書」和「遺體捐贈同意書」，並告訴2位子女說：「昏迷不醒時，絕對不要急救」，2位子女黯然同意；結果，住在美國的長子，接到病危通知回台灣到醫院時，對弟妹及主治醫生說：「絕對不可以放棄急救，現代醫術這麼進步，一定有辦法延續生命的，錢我出」。醫生(怕被告)只好不拔管、不拆呼吸器，又折磨了10多天，病人才去逝；家屬有權利變更意識清醒病人所做的"放棄急救同意書"決定嗎？病人本身的身心痛苦，家人能夠理解嗎？

「安樂死法案」雖然已通過一讀，但可能過不了"三讀通過"這一關，如同1997年6月開始實施的"騎機車戴安全帽"政策，也曾一度"喊卡、暫緩實施"。通常，一個首創先例的政策，要先經過5～10年的教育(洗腦)宣導，讓多數民眾接受後才能成功；目前多數人仍有倫理道德觀的束縛，卻也不忍病痛家人之"痛不欲生"的情景，「安樂死法案」如果以"公投方式"表決的話，過關的機率相當高，因為經由立法安樂死，至少可以降低家屬的"罪惡感"。現代的網路科技發達，如果"安樂死"可經由政府單位的網站/網軍，及各電視台/電台媒體的密集宣導(洗腦)，不出5年，就像"戴安全帽"及"繫安全帶"的政策一樣，水到渠成，既可解決病人及家屬的慘境，也可舒緩**健保基金**面臨倒閉的財務危機。

6-5. 「85 歲安樂死」vs.「85 歲國家養」

受到日本「**70 歲死亡法案，通過**」的鼓舞，同樣是飽受"勞健保破產危機"所苦的颱灣國，迫不及待的想依樣畫葫來解決勞保、健保、公保等基金的財務危機，首先，積極實施「**6 歲以下國家養**」及「**低價國民住宅**」等政策，來安撫年輕族群，導致錢坑愈來愈大，光是勞保的潛藏負債就高達 10 兆元以上，想推動「勞保改革」來解決財務危機，卻又引爆勞工族群的"氣炸鍋"，不得不"喊卡"，無限期展延；於是執政黨不得不"孤注一擲、賭更大"，「**85 歲安樂死法案**」即將在麗髮院開打，進行表決…。

> 驚天大號外！「85 歲安樂死」三讀通過！

爭議多年的「**85 歲安樂死法案**」，昨天於在野黨及反對團體的抗議聲中，執政黨以絕對的人數優勢強行表決，三讀通過；根據這項法案，凡是住在我國的本國籍及外國籍的 85 歲以上老人，需在後年 4 月 1 日起的生日當天，接受安樂死。不過，「**安樂死法案**」**訂有 3 項配套措施：(1)安樂死者可獲頒(紫心⊕十字)雙勳章並住進忠烈祠、(2)放棄退休年金及健保福利者，得免死，和(3)曾任總統、副總統及五院正副院長，得免死**；據悉，麗髮院將於下個會期，修法增設 5 位副總統及各 10 位五院副院長。

反對的委員，認為"安樂死"侵犯人權並違背儒家思想的倫理道德觀，贊成的委員反駁說：「這是在國家經濟的整體考量所作的決定，而且論語、孟子是中國的文化，我們學校的品德教育課綱中，沒有四維八德的教條」；包含煩弟缸、遲寄公得會等全球宗教團體的領袖，均發表聲明，強烈譴責颱彎國的「安樂死法案」，不過，包括日本、義大利、德國、法國及英國等全球85 歲以上人口逾 6% 之"超高齡社會"國家的領袖，多語帶保留，持觀望態度。

依胃福部的統計資料顯示，首批適用安樂死法案的人數約244 萬人，第 2 年開始，每年約有 24.4 萬人需接受"安樂死"，依財經專家的精算分析，健保、勞保及公保等基金的破產危機，均可立即舒緩，預估在 4 年後，各種退休基金均可轉虧為盈。

「85 歲安樂死法案」的三讀通過，讓執政黨鬆了一口氣，終於解決國家財務的危機，"國家要你死，不得不死"的盡忠報國思想，經過 10 多年來的政策宣導和教育薰陶，已深植民心，連 10 位 80 歲以上的執政黨委員均投下贊成票，是此次「85 歲安樂死法案」能夠通過的主要原因，不過，內幕消息傳出，這可能與下個會期將選出 10 位麗髮院副院長有關。

2 年後，我國將成為亞洲第一個"安樂死"國家，因此，麗髮院針對將來我國進行安樂死的外國人訂定特別條款，凡是 65 歲以上外國人來我國旅遊 7 天後，仍願意安樂死者，購買靈骨塔塔位 7 折優待，預估每年將有 20 萬人來我國進行人生最後之旅，或悼念親人兼觀光，可望促進國內醫療、殯葬及觀光等行業的發展，使經濟成長率上升 4 個百分點。

麗髮院記者採訪報導(2034 年 4 月 1 日)

> 政策大轉彎！「85 歲國家養」無異議通過！

　　自從去年「**85 歲安樂死法案**」三讀通過後，一年多來，最引起爭議的並非「違反人權」，而是第二條「放棄退休年金及健保福利者免死」的排富條款，以及第三條「增設 5 位副總統及 10 位五院副院長」的高官自肥條款，抗議活動如野火般，不僅在全國各地燃燒，就連國外的添煮教、雞都教、迴教、活教等各種宗教團體，也運用宗教信徒的力量，發起"抵制颱彎貨"運動，導致我國去年的經濟成長率驟降為史上最慘的-9.9%。

　　國內的民間團體，多表態反對「安樂死」法案，全國 500 大企業集團的負責人，除了宣布放棄健保福利外(※董事長沒有政府版退休年金)，並成立「正 85 聯盟」來反對「85 歲安樂死法案」，同時籌資 2,500 億元，收購全國因"猩冠廢炎"而倒閉的旅館/飯店 200 家，並整修 100 多間因少子化而關閉的學校，供日後實施「85 歲以上國家養」的養生村/安養中心之用；此外，全國 25 大夜市聯盟，亦發起"電子支付運動"，粗估政府每年可增加 300 億元的營業稅收入。

　　為安撫民心，執政黨不得不政策急轉彎，比以往的「**海豚 L 型轉彎**」方式更勝一籌，以「**髮夾式急迴轉**」方式，於今日廢除「**85 歲安樂死**」法案，並通過「**85 歲國家養**」法案。這一年來，簽署「放棄退休年金及健保福利」切結書的人數高達 200 萬人，而且有近 100 萬的 83 歲以上老人離開我國，使得健保、勞保及公保等基金均立即轉虧為盈。

　　因此，麗髮院將從善如流、改過自新，將於下個會期修法，廣設公立"靈骨塔"，保證"不用抽籤、人人有塔位"，並廢除煎茶院及烤柿院，同時將麗髮委員人數由目前的 120 人縮減為 60 人，以免浪費公帑新建麗髮院。

　　瑞士、瑞典、美國、英國、法國及日本等高福利國家，均做不到的「85 歲國家養」超高福利政策，卻由颱彎國首開先例，創下"颱彎之光"的典範，除了全國 500 大企業負責人登高一呼，全國各地的捐款源源不絕，迄今已逼近 1 兆元新台幣外，就連夜市及小店家也自動自發響應"開發票運動"，印證了「颱彎最美的風景是人」的事實，連日來，全球媒體均紛紛撰文稱讚：「颱彎人真好」。

　　「正 85 聯盟」發言人表示，所有的款項將成立基金會統一運用管理，由全民共同監督，據財經專家精算後，認為**不僅「85 歲以上可以國家養」**，就連**「16 歲以下也可以國家養」**，已接近禮運大同篇之「…使老有所終，幼有所長，鰥、寡、孤、獨、廢疾者皆有所養」的理想。

麗髮院記者採訪報導(2035 年 4 月 1 日)

6-6. 「85 歲以上國家養」玩真的！

　　日本安倍首相為解決「少子高齡化」的"國難"問題,於 2019 年 10 起實施「16 歲未滿國家養」的政策,其經費來源之一為同步實施的「消費稅 8%漲為 10%」;然而,對於銀髮族,除了 2016 年的"安倍新三箭"之"老年(65～70 歲)就業及居家看護"的政策外,並無更進一步的老人安養政策;台灣則是"6 歲未滿"的補助政策和有點不切實際的 2017 年"長照 2.0"政策,顯然,不論是日本或台灣,多是"大眼"少子化,"小眼"高齡化,難怪"下流老人"書說:「家人養不起你,國家養不起你,只有自己養自己」。

　　圖 6-4 是台灣口號響亮(※下一代政府幫你帶)之「6 歲未滿國家養」的育兒補助津貼,以 2018 年的人均 GDP,台灣 24,889 美元及日本 40,063 美元(※表 1-2)來看,台灣的育兒補助津貼金額,尚可;只不過,目前的(六都)公立幼兒園僅約占 30%,對於進不了公立幼兒園的年輕勞工族父母而言,每月 2,500 元的補助津貼,只是杯水車薪而已;公立/私立的(非雙語)幼兒園之學雜費差價達 4 倍以上,政府宜朝向將(公立、非營利、準公共)幼兒園的比例提高至 70%以上,才能真正減輕上班族的育兒負擔;此外,台灣只補助到 5 歲,而日本補助到 15 歲(※表 6-6),就差了一大截,顯然政府尚有待努力,來讓「下一代政府幫你帶」的口號成真。

圖6-4 台灣「6歲未滿國家養」津貼

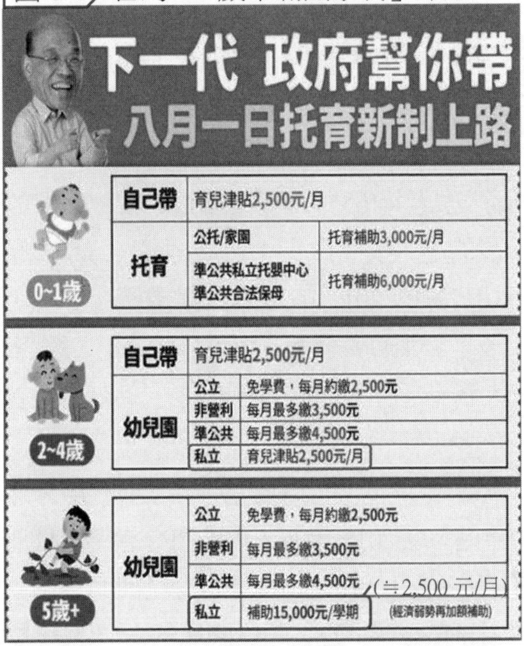

下一代 政府幫你帶
八月一日托育新制上路

0~1歲	自己帶		育兒津貼2,500元/月
	托育	公托/家園	托育補助3,000元/月
		準公共私立托嬰中心 準公共合法保母	托育補助6,000元/月

2~4歲	自己帶		育兒津貼2,500元/月
	幼兒園	公立	免學費，每月約繳2,500元
		非營利	每月最多繳3,500元
		準公共	每月最多繳4,500元
		私立	育兒津貼2,500元/月

5歲+	幼兒園	公立	免學費，每月約繳2,500元
		非營利	每月最多繳3,500元
		準公共	每月最多繳4,500元 (≒2,500元/月)
		私立	補助15,000元/學期 (經濟弱勢再加額補助)

資料來源：行政院中部聯合服務中心(2019/10/03)

表6-6 日本「16歲未滿國家養」津貼

1. 支給対象
中学校卒業まで（15歳の誕生日後の最初の3月31日まで）
國中畢業為止(15歲生日後的 3/31，日本 4 月開學)

2. 支給額

児童の年齢 (兒童年齡)	児童手当の額（一人あたり月額） 兒童津貼 (每人每月金額)
3歳未満	一律15,000円 (≒4,500元/月)
3歳以上 小学校修了前 (國小畢業前)	10,000円 （第3子以降は15,000円） （第 3 位子女起）
中学生 (國中生)	一律10,000円 (≒3,000元/月)

資料來源：日本内閣府/児童手当制度のご案内

　　依圖 6-5 所示，迄 2020 年 6 月止，85 歲以上的人口為 39.5 萬人(占 1.68%)，90 歲以上 14.4 萬人(占 0.61%)，如果政府提出政策，整修遍布全台的蚊子館及因少子化而關閉的學校，當老人安養中心、護理之家或養護中心等，或者，比照"非營利/準公共"幼兒園(※圖 6-4)方式，結合各地既有的長照服務機構，成立不同照護等級的安養中心及護理/養護中心，供有不同勞保年金的銀髮族進住，而進住之銀髮族的勞保年金全數轉帳入主管機關的基金帳戶(※例如銀髮族基金)統籌運用管理，則政府的負擔至少比日本首相安倍晉三的「16 歲未滿國家養」政策容易多了，又可創下另一個"全球第一：「85 歲以上國家養，統一進住安養中心或養護中心」的奇蹟。

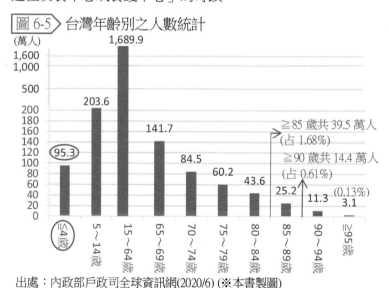

圖 6-5 台灣年齡別之人數統計

出處：內政部戶政司全球資訊網(2020/6) (※本書製圖)

進入(≧85 歲)"重/超銀髮"之後，即使是仍然健康的老人，也難熬無人可對談的孤獨；股素人的父親，高齡 95 歲，已無同年齡層的老友，因此經常要求家人陪他去逛賣場、郵局、農會及銀行等處，好歹偶而也有談話的對象。目前列冊需要關懷的獨居老人有 42,465 人(2020 年 Q1)，如果集中管裡有困難，也可由補助鄰長開始，每天訪視獨居老人，而政府的居服員每月只需訪視評估 1 次即可,如此可解決政府居服員人力不足的困擾。

　　日本與台灣的總人口比例約為 5.3 倍，65 歲以上老人人口比例為 10.2%，依圖 6-6 及圖 6-7 之 2018 年的數據來看，日本與台灣的長照機構數量比例為 13.4 倍(≒14,454÷1,079)，而實際進住人數比為 11.9 倍(≒55.2 萬人÷46.3 萬人)，日本的老人長照機構，平均每年約以 1,000 所的數量持續增加中，台灣的長照機構數量卻停滯不增，「續‧下流老人」書(第 155 頁)說，到 2025 年時，全日本將約有 43 萬名 75 歲以上"照護難民"，沒有長照機構可住；「今天日本，明日台灣」，不知台灣的政府是否已未雨綢繆，為弱勢且少數的銀髮族作規劃？

圖 6-6　日本老人長照機構之所數及人數

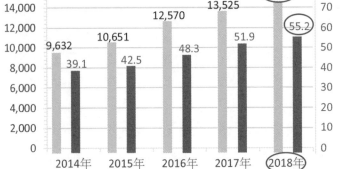

出處：日本厚生勞動省「平成 30 年社會福祉設施等調查概況」(※本書製圖)

由圖 6-7 之 2017 年及 2018 年的長照機構數量均不變(1,079 所)的情形來看，弱勢銀髮族的長照政策經費，顯然排在後面，難以爭取到足夠的預算。

圖 6-7 台灣長照機構之所數及人數

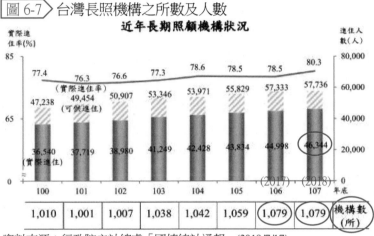

資料來源：行政院主計總處「國情統計通報」(2019/7/17)

任何福利政策，均需要有經費來源，那麼，「85 歲以上國家養」經費哪裡來？既然日本可以用"增加 2%消費稅"來當「16 歲未滿國家養」的經費，台灣也可以如法炮製、依樣畫葫。日本的消費稅是 1989 年開始實施，由 3%開始，4%(1994 年)，5%(1997 年)，8%(2014 年)，10%(2019 年)，漲了 4 次；反觀台灣，早在 1986 年(※早日本 3 年)就開始實施，5%加值營業稅(※消費稅)，迄今沒有任何執政黨敢提升加值營業稅，如果不敢漲，至少應從"開源"做起，積極要求夜市、夜店、小吃店、傳統市場等地下經濟行業開立統一發票著手。

根據立法院研究成果專題研究(2016 年 10 月)之「國稅機關

查核地下經濟活動逃漏稅績效之探討」，台灣地下經濟規模約占 GDP 之 28%，而 2012 年之漏稅金額高達 8,800 億元，主要的地下經濟為(1)特種飲食業、(2)夜店、(3)攤販/夜市、(4)日租套房，和(5)賽鴿賭博等五種；再看「財政部賦稅署及 5 區國稅局 2018 年度單位預算評估報告」，顯然財政部知道稅源在哪裡，且依法有據，卻不認真課徵，難怪政府財政困難；除了菸酒稅的補徵及罰緩執行外，尚有夜市、傳統市場及特種飲食(小吃)業等地下經濟的嚴重漏稅。

以表 6-7 之全台 25 處知名夜市為例，2016 年繳稅排名前五名，分別為①台灣逢甲夜市(9,344.8 萬元)、②豐原廟東夜市(1,732.4 萬元)、③基隆夜市(1,655.1 萬元)、④士林夜市(1,395.5 萬元)和⑤新竹城隍廟口夜市(1,387.7 萬元)，而繳稅排名最後五名的繳稅額分別為㉑花蓮東大門夜市(46.9 萬元)、㉒台南大東夜市(26.7 萬元)、㉓台南小北成功夜市(25.6 萬元)、㉔新莊輔大花園夜市(4.9 萬元)和㉕宜蘭蘭陽觀光夜市(1.1 萬元)，而尚有表 6-7 未提到的知名夜市，例如：台北廣州街夜市、台北臨江/通化街夜市、嘉義文化路夜市、雲林斗六人文夜市、高雄瑞豐夜市、高雄光華夜市及墾丁大街夜市等。※「Taiwan 夜市」資料庫(http://163.13.175.7/vb100)列有台彎 193 個夜市的資料。

如表 6-7 所示，排名㉒～㉕的夜市，一年的繳稅金額竟然比一個中產上班族家庭的繳稅金額還少，這樣合理嗎？排名㉓台南小北成功夜市，2015 年依(自由心證)1%繳稅的一家攤販稅額為 25.6 萬元，若倒推營業額，應為 2,560 萬元(=25.6 萬元÷1%)，如果為正常開發票 5%時，則繳稅額就應為 128 萬元。如

表 6-7 台灣 25 處知名夜市營業稅課徵情形統計表(2015/2016 年)

序號	夜市名稱	(1)開立發票之家數		(2)依 1%繳納營業稅之家數		(1)+(2)繳納金額(萬元)		2016繳稅排名
		2015	2016	2015	2016	2015	2016	
1	宜蘭羅東夜市	0	36	111	196	107.7	481.9	⑩
2	宜蘭東門夜市	3	16	49	82	34.3	309.7	⑯
3	宜蘭蘭陽夜市	3	2	1	1	5.5	1.1	㉕
4	基隆夜市	167	190	388	395	1,245.6	1,655.1	③
5	台北寧夏夜市	6	7	109	200	265.5	345.3	⑮
6	台北南機場夜市	16	8	45	114	116.7	117.9	⑲
7	台北士林夜市	215	165	105	144	1,856.3	1,395.5	④
8	台北萬華華西街夜市	24	42	172	165	428.0	374.5	⑬
9	台北饒河街夜市	105	76	225	222	1,128.6	938.3	⑦
10	新北樂華夜市	18	46	37	43	138.7	292.6	⑰
11	台北延三夜市	67	47	97	71	545.3	427.8	⑫
12	新莊輔大花園夜市	0	5	30	30	5.7	4.9	㉔
13	桃園觀光夜市	87	106	105	106	1,264.6	1,269.6	⑥
14	桃園御花園夜市	24	27	28	30	377.8	348.7	⑭
15	桃園中原夜市	19	50	106	106	263.3	481.6	⑪
16	桃園興仁花園夜市	5	7	4	41	43.3	51.3	⑳
17	台中逢甲夜市	593	602	521	495	8,427.8	9,344.8	①
18	台中豐原廟東夜市	75	73	112	111	1,730.5	1,732.4	②
19	新竹城隍廟口夜市	94	97	344	364	1,228.5	1,387.7	⑤
20	新竹清大夜市	50	56	225	244	669.2	877.8	⑧
21	台南花園夜市	1	1	0	5	81.4	142.2	⑱
22	台南大東夜市	0	0	3	2	21.3	26.7	㉒
23	台南小北成功夜市	0	0	1	2	25.6	25.6	㉓
24	高雄六合夜市	37	40	184	182	1,269.1	857.0	⑨
25	花蓮東大門夜市	0	1	44	346	14.9	46.9	㉑
	合計	1,609	1,700	3,046	3,697	2.13 億元	2.29 億元	

出處：財政部賦稅署及 5 區國稅局「2018 年度單位預算評估報告」
（※本書製表）

果有 50%夜市的攤販開發票,則光是這 25 處夜市的 5%營業稅收,就可上看 20 億元,而非如表 6-7 中之 2.29 億元。

此外,國外觀光客到台北必訪的台北士林夜市,年營業額約 70 億元,但是,2016 年繳稅額僅 1,395.5 萬元,排名第 4;而到高雄必訪的高雄六合夜市,繳稅額僅 857 萬元,排名第 9,均明顯不合理。

行政院主計總處自 1988 年起,每 5 年辦理一次「攤販經營概況調查」,根據最近一次 2018 年的調查統計,全台共有 30.7 萬個攤販(※2008 年夜市攤販約 4.5 萬個),全年營業收入 53.95 億元(※實際金額應遠高於此,因為攤販怕被要求繳稅,多會"以多報少"),其中只要有 1/5 攤販開發票,則全年(5%)營業稅收就達 54 億元,將來如有 1/3 攤販改用"電子支付"方式,則攤販的每年(5%)營業稅收入就有 90 億元,足夠供「85 歲以上國家養」之用,更何況台灣可以學日本,將加值營業稅由 5%漲為 10%,則政府的錢會多到"淹腳目"。現在是"府院一致"的完全執政政府,此時不做,"重/超銀髮族"只能期盼「85 歲以上安樂死」政策儘早實施了。

圖 6-8 是經濟合作與發展組織(OECD),於 2018 年公佈的消費稅(Consumption Tax)調查報告,最低的加拿大 5%(※與台灣相同),最高的匈牙利高達 27%,相當於一顆 100 元的麵包,其中 27 元是繳給政府的消費稅。綜觀圖 6-8 之 OECD 會員國的消費稅率,而台灣的消費稅率委實偏低,如果無法要求地下經濟行業開立統一發票,目前是完全執政的政府,宜趁機調漲最單純的消費稅,以挽救日益惡化的財政狀況。

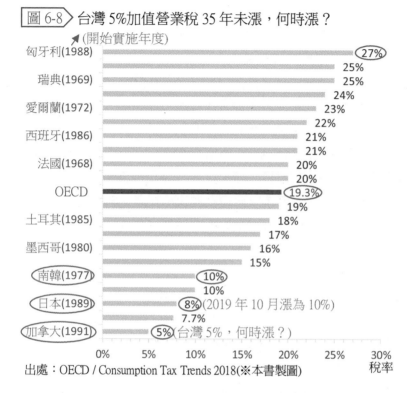

圖 6-8 台灣 5%加值營業稅 35 年未漲，何時漲？

(開始實施年度)

匈牙利(1988) ⟨27%⟩
25%
瑞典(1969) 25%
24%
愛爾蘭(1972) 23%
22%
西班牙(1986) 21%
21%
法國(1968) 20%
20%
OECD ⟨19.3%⟩
19%
土耳其(1985) 18%
17%
墨西哥(1980) 16%
15%
⟨南韓(1977)⟩ ⟨10%⟩
10%
⟨日本(1989)⟩ ⟨8%⟩(2019 年 10 月漲為 10%)
7.7%
⟨加拿大(1991)⟩ ⟨5%⟩(台灣 5%，何時漲？)

0%　5%　10%　15%　20%　25%　30%
稅率

出處：OECD / Consumption Tax Trends 2018(※本書製圖)

　　眾所皆知，台灣稅收的大漏洞是"不開發票店家何其多"，不僅夜市、路邊攤及傳統市場等多不開發票，甚至，有數十坪店面且需排隊等候的店家，已習以為常不開發票，許多店家以「每月營業額低於 20 萬元」的條款，登記為行號、企業社等，來逃避開立統一發票，只要沒有人檢舉，稅捐(稽查)單位也怕惹民怨而不作處理。

　　不過，政府要開拓財源，應先考慮加少數族群的富人稅，再動人數眾多的庶民稅腦筋，就像政府先砍人數較少的軍公教年金，再動人數眾多的勞工年金的做法一樣；富人族群不必談退休理財計劃，只談如何避稅，也不在乎奢侈稅，因此，還可再提高富人才有的遺產稅及養地炒房稅等。

另一個漏稅大咖是遊走在法令邊緣"類醫美業"；假醫院之名，行營業之時的美容、整型、雷射、脈衝光、玻尿酸、拉皮及月子中心等非必要且健保沒給付的醫療機構，在日本、韓國、新加坡及英德等歐洲國家，多需課營業稅，但台灣仍視同"醫療業務"，未強制依法課徵營業稅，對於這種"類醫美業"，是"上流社會"專屬的"美容商業"，政府在要求庶民店家開立統一發票之前，應率先處理，要求"類醫美業"者開立發票，一旦類醫美業及所有店家均繳 5%營業稅，再加上"調漲 5%營業稅"，就可以不僅"85 歲以上由國家養"，就連"16 歲未滿也可以國家養"。

勞保、公保及健保等基金的財務危機，不宜只增繳費用、下砍年金、增加政府補助金等**治標**方式，宜由**治本**做起，除了應積極遏止地下經濟與類醫美業的漏開發票外，也應徹查、防止健保假住院/假醫療、假農民、假職業公會員等，眾所皆知、明顯不公的財務漏洞。

此外，政府何不將各種政府基金委外經營的「收益目標」訂為**絕對目標 6%**(※p.68)？坊間許多基金多標榜其投資績效高達 10～30%，例如，曾由前中央銀行總裁彭淮南代言的「好享退」基金，其長期平均報酬率達 10%以上，政府若要求**絕對目標 6%**來委外經營，就不需要浪費公帑來補助各種政府基金。

夢想是為了實現而存在，只是，不知哪一年的台灣總統才做得到！

Chapter 7

穩健型(收租)定存潛力股

7-1. 25 檔權值型退休理財用定存股

7-2. 「(收租)定存股 4 張表」導讀說明

7-3. 本章參考資料來源

7-4. 25 檔權值股的 4 張表

7-1. 25 檔權值型退休理財用定存股

本書定位為"退休理財計劃"，以安全性為第一優先考量，因此，前面僅推薦 6 檔"超富爸"撐腰的「中股息、低波動」官方金融股，然而，對於希望能有機會賺取 50%以上價差之機會，或者不希望把所有存款全押在官方金融股的理財者，本章另外提供 25 檔，比官方金融股股息稍高且股價波動較大的**權值股**。**※權值股**：對於股市指數影響較大的股票稱之。例如：台積電(2330)是 2020 年 Q3 台灣股市中權值最大的股票(占 23.5%)，每漲/跌 1 元，約可使台股指數漲/跌 8.8 點。

事實上，很少有人會將存款全用來買官方金融股，股素人和我也做不到"只買官方金融股"，主要原因是我們 6 年多前，開始嘗試「**定存收租股 SOP**」時，只買現金殖利率≧6.67%的優質定存股，尚未把現金殖利率不到 5%的官方金融股"看在眼裡"，直到 2018 年底才稍作調整，股素人和我各買進 2 檔每年配發現金和股票股利的官方金融股，每半年再(逢低)加碼一次，因為官方金融股的每年股價波動小，少有股價倍漲的機會，所以迄今只買不賣；唯一可能"只買官方金融股"當退休資金用金雞母的人，是從未買過股票，且看了本書才決定進行退休理財計劃的超保守型上班族，不過，當您"閒錢"增加後，也會想加買別的績優定存股。

另一個原因是，在長達三、四十年的存股理財中，"正常人"難免會心動，加買股價波動較大的中小型股；"高獲利"必然伴隨著"高風險"，務必量力而為，只"用閒錢買股票"，不宜以為目前的貸款利率不到 1.5%，而想貸款來買"預估"有 6%以上殖利率

或短線差價 20%的股票,"人算不如天算",小心 "肖貪鑽雞籠",
買在高點而長住套房!

台灣 50(0050)是台灣股市權值最大的 50 檔股票,每一季會
稍微調整一次成份股,此 25 檔股票是曾在 2018 年 Q1 及 2020 年
Q2 之間,在台灣 50(0050)中,出現過之現金殖利率較高的股票,
我首次買股時,也是只從台灣 50(0050)中篩選股票;此外,感覺
上高價股"上漲不易,但下跌空間大",所以,我不買股價高於 80
元的股票(※唯一例外,我曾以 114 元×1、76.5 元×1 及 70.2 元×
2,三次買進鴻海(2317)),也不建議小資族買高價股,因此,本
章僅列出股價低於 80 元的權值股。

表 7A 中之 25 檔股票是選自[台灣 50(0050)]的成份股,各列
出 4 張表,通常權值股的現金殖利率並非最高,但是,資本額高
的權值股公司,理論上投資風險較低。因此,除了穩健、安全因
素外,本章以本益比(P/E)、ROE、現金殖利率及現金配息率,做
綜合考量,其中包含 9 檔"非官方"的金融股;金融股主要是利用
客戶的存款,來放款及投資賺取利潤,所以,其負債比多約 90%,
故表 7B 第⑤項「近一年負債比」不適用(N/A)。※6 檔官方金融
股的資料詳見第 5 章。

表 7A 〉25 檔"非官方金融股"之權值股			
①台泥(1101)	②亞泥(1102)	③統一(1216)	④台塑(1301)
資本額 566.6 億元	資本額 336.1 億元	資本額 568.2 億元	資本額 636.6 億元
⑤南亞(1303)	⑥台化(1326)	⑦正新(2105)	⑧光寶(2301)
資本額 793.1 億元	資本額 586.1 億元	資本額 324.1 億元	資本額 235.1 億元
⑨鴻海(2317)	⑩仁寶(2324)	⑪廣達(2382)	⑫富邦金(2881)
資本額 1,386.3 億元	資本額 440.7 億元	資本額 386.3 億元	資本額 1,150 億元
⑬國泰金(2882)	⑭開發金(2883)	⑮玉山金(2884)	⑯元大金(2885)
資本額 1,470.3 億元	資本額 1,497.1 億元	資本額 1,256.7 億元	資本額 1,167.1 億元
⑰台新金(2887)	⑱永豐金(2890)	⑲中信金(2891)	⑳遠傳(4904)
資本額 1,146 億元	資本額 1,128.1 億元	資本額 1,999.7 億元	資本額 325.9 億元
㉑和碩(4938)	㉒上海銀(5876)	㉓台塑化(6505)	㉔寶成(9904)
資本額 261.1 億元	資本額 448.2 億元	資本額 952.6 億元	資本額 294.7 億元
㉕中鋼(2002)：資本額 1,577.3 億元。「股價淨值比(P/B)」選股法範例。			

註：資本額等級：

　　(A)羽量級(≦300 億元)：⑧㉑㉔
　　(B)輕量級(≦600 億元)：①②③⑥⑦⑩⑪⑳㉒
　　(C)中量級(≦900 億元)：④⑤
　　(D)重量級(＞900 億元)：⑨⑫⑬⑭⑮⑯⑰⑱⑲㉓㉕

7-2. 「(收租)定存股 4 張表」導讀說明

(1)每檔股票都整理出 4 張表，第 1 張表為**股利政策**，第 2
張表為**成交資訊**，第 3 張表為**近 5 年/近 4 季之 EPS**，和
第 4 張表為「**定存股買前檢查表**」，其中第 4 張的「定存
股買前檢查表」，是利用前 3 張表的公開資訊數據(※見
7-3 本章參考資料來源)，經加減乘除計算而製成，關於
公開資訊的搜尋方法，詳見第一本拙作：「我用 4 張表，
存股賺 1 倍」第 3、4 章。

(2)第 4 張「**定存股買前檢查表**」之相關計算公式：

(a)本益比(P/E)=收盤均價÷EPS

(b)股東權益報酬率(ROE)=(EPS÷每股淨值)×100%

(c)現金殖利率(%)=(現金息÷收盤均價)×100%

(d)現金配息率(%)=(現金息÷EPS)×100%

(3)「定存股買前檢查表」之評判標準分為 4 級(表 7B)

表 7B 「定存股買前檢查表」之判斷等級

項次	判斷項目	O(O.K)	◆(尚可)	▲(勉強)	X(不宜)
①	平均本益比(P/E)	≦15	≦16.5	≦18	>18
②	平均 ROE	≧12%	≧10%	≧7.0%	<7.0%
③	現金殖利率	≧6.0%	≧5.0%	≧4.0%	<4.0%
④	現金配息率	≧70%	≧60%	≧50%	<50%
⑤	近 1 年負債比	≦55%	≦57%	≦60%	>60%
⑥	近 1 年董監持股	≧25%	≧20%	≧15%	<15%
⑦	近1年(董監+外資)持股	≧30%	≧25%	≧20%	<20%

註：⑤銀行股不適用(N/A)，⑥及⑦可二選一。

(4)"定存股"的取捨順序是由項次①到⑦，本章中列舉的股票，並非每一項都符合「(定存股)買前檢查表」的標準，評估(首次)買進時，項次①～④宜以○或◆為基準，項次⑤～⑦可選擇▲或更佳。※買進股票前，務必再以「最近4季EPS」計算**基準買價**與**複查買價**，取得**適當買價**。

(5)**適當買價=基準買價**與**複查買價**的較低值：

保守理財者宜以**"適當買價"**作為首次買進的**目標價**。當最近4季EPS下滑時(※衰退警訊)，會反映在**複查買價**上，使它低於**基準買價**，則此時的**適當買價**就是**複查買價**。這25檔潛力股，並非現階段均適合買進，想以**適當買價**買入股票的機率並不高，目前只有㉑和碩(4938)暫時符合**適當買價**的標準。若目前的股價高於**適當買價**，宜耐心等待，如果閒錢多，而仍想買進時，請依自己承擔風險的能力，自訂**適當買價**，我自訂的風險上限是「**適當買價×1.2**」。

(6)「**近5年最低價**」選股法：

當「**近4季EPS和**」異常低，比**近5年平均EPS**低50%以上，而導致**適當買價**超低不適用時，若公司具有產業競爭力，只因景氣循環、營利衰退之故，則可改用「近5年最低價」，作為適當買價的目標價，如表7A中的④⑤⑥⑦㉓㉔及㉕等7檔股票。

表7C中，序號1、2、3是三檔目前股價低於「**近5年最低價**」的股票，序號1遠傳(4904)的基本面不錯、營運正常，但股價不太可能降到**適當買價**(40.4元)(※表7-20d)，目前股價(60.0元)已低於「**近5年最低價**」(64.5元)，可

考慮買進，但是，自 2012 年以來，遠傳(4904)之現金息均高於 EPS，顯然是以「資本公積」來應付股利，隱憂是「獲利(EPS)逐年下降(※電信三雄均同)，這種高現金股利政策不知還可撐多久」？

正新(2105)和寶成(9904)之「近 4 季 EPS 和」均遠低於「去年的 EPS」，隱憂是「可能尚在續跌中」；不過，寶成(9904)是全球運動鞋製造業的龍頭，而正新(2105)是全球第四大輪胎製造廠，故以「**近 5 年最低價**」買進此兩檔股票的風險並不高，景氣回升時，價差利得的機率高。

表 7C									

表 7C 目前股價「低於近 5 年最低價」或「P/B≦1.0」的股票

本表序號	表 7A序號	公司(代號)	2020/10/30 股價(元)	2020/6/30 淨值(元)	淨值比(P/B)	近 5 年最低價	近 4 季EPS	2019 年EPS	2019 年現金息
1	⑳	遠傳(4904)	60.00	19.47	3.08	64.50 元	2.69 元	2.68 元	3.25 元
2	⑦	正新(2105)	36.10	22.42	1.61	37.70 元	0.31 元	1.07 元	1.00 元
3	㉔	寶成(9904)	25.20	39.64	0.64	28.95 元	1.88 元	4.01 元	1.25 元
4	⑨	鴻海(2317)	77.50	84.38	0.92	67.00 元	7.46 元	8.32 元	4.20 元
5	⑩	仁寶(2324)	18.60	23.30	0.80	15.10 元	1.47 元	1.60 元	1.20 元
6	⑫	富邦金(2881)	40.70	51.82	0.79	34.70 元	6.12 元	5.46 元	2.00 元
7	⑬	國泰金(2882)	38.40	52.77	0.73	33.60 元	4.51 元	4.76 元	2.00 元
8	⑭	開發金(2883)	8.38	12.14	0.69	6.94 元	0.55 元	0.88 元	0.60 元
9	⑯	元大金(2885)	17.75	20.32	0.87	9.97 元	1.73 元	1.75 元	0.65 元
10	⑰	台新金(2887)	12.60	15.54	0.81	9.91 元	1.09 元	1.19 元	0.53 元
11	⑱	永豐金(2890)	10.70	12.98	0.82	8.01 元	1.02 元	1.11 元	0.52 元
12	⑲	中信金(2891)	18.05	18.08	1.00	14.50 元	2.39 元	2.16 元	1.00 元

(7)「股價淨值比(P/B)」選股法：

股價淨值比(P/B)=股價÷淨值，**股價淨值比(P/B)是價值型**投資者的重要參考指標，適用於公司**基本面健全的(權值型)景氣循環股**；「P/E≦1.0」時，表示股價便宜，可開始考慮買進並長期持有，當「P/B≦1.0」時，要能有**"異於常人、跌多買多"**的勇氣，詳見表 7-25 中鋼(2002)之案例說明，近 15 年來，曾經出現 3 次「P/B≦1.0」。表 7C 之序號 3～12 是「P/B≦1.0」的股票(※金融股占 64%)。

對於本章之 25 檔權值股，「(1)當股價低於適當買價時，或者(2)當(1) P/B≦0.85 時，或者，(3)股價低於近 5 年最低價時，即可開始分批買進並長期持有」，**因為權值股的股票安全性高，所以，每跌 20%，宜再買進一次，以減低持股成本並縮短回穩獲利的時間。**

(8)本章的 25 檔股票，是台灣股市排名前 50 名以內的權值股，安全性高，故表 7B 所列的審核標準略低於前三本拙作之數值。以「**每年領股利、股息**」為目標的保守理財者，可挑選每年股價變動小且現金殖利率≧5%的潛力股並長期持有；以「**縮短獲利時間**」為目標的積極理財者，可挑選現金殖利率≧4%，且每年股價變動在≧50%的潛力股，並在股價上漲 50%時賣出而改買其他適當的定存股。於第三本拙作「理科阿伯存股術」(※原名「收租股總覽Ⅱ」)中，有 75 檔優質定存股可供選擇，其中帛漢(3299)及矽品(2325)已被其他大企業集團看中、併購而下市/下櫃了。※買股前務必再以最近 4 季 EPS 和計算「適當買價」。

7-3. 本章參考資料來源

①基本資料：Yahoo 奇摩股市(https://tw.stock.yahoo.com/)

②股利政策：Yahoo 奇摩股市(https://tw.stock.yahoo.com/)

③年度成交資訊：TWSE 台灣證券交易(http://www.twse.com.tw)

④近 4 季 EPS 值等：Yahoo 奇摩股市(https://tw.stock.yahoo.com/)

⑤財務報表/董監持股：公開資訊觀測站(http://mops.twse/com.tw)

⑥歷年股利/股價/殖利率：台灣股市資訊網(goodinfo.tw)

⑦其他：股市總覽(上市/上櫃)(財經文化出版)

7-4. 25 檔權值股的 4 張表(※次頁起)

★告知與叮嚀

(1)我們並未持有本章所有的股票，手中持股也不全在本章的股票當中，我們的理財績效並不保證依照本書的做法，會有相同的投資效益；投資理財必有風險，需量力而為，並自負盈虧之責。

(2)錢進"超富爸"撐腰的官方金融股，不需懂任何理財專業，每年只需定期(不定額)買進 1 或 2 次股票即可，平時"勿看"股票行情，因為"正常人"極易受影響而買股或賣股；遵守「恆心和紀律」，對於股價變動保持平常心，"得知我幸、不得我命"，專心飼養金雞母，"細水長流、安穩獲利"，才能退休快樂活！

①台泥(1101)

★基本資料★

成立：1950/12/29	上市：1962/02/09	產業別：水泥業
地址：台北市中山北路2段113號	電話：(02)2531-7099	發言人：黃健強 (資深副總經理)
主要業務： 水泥及熟料69.46%、電力12.49%、預拌混凝土9.08%、化工產品 **(2019年)** 8.96%。		
2020年Q2：資本額566.6億元，總資產3,845億元。 Q1~Q2累計：EPS：1.94元，ROE：5.95%。		

表 7-1a〉台泥(1101)股利政策　　　　　　　　　　(單位：元)

年度	現金股利	盈餘配股	公積配股	股票股利	合計
2019	2.50	0.50	0.00	0.50	3.00
2018	3.31	0.70	0.00	0.70	4.01
2017	1.50	1.00	0.00	1.00	2.50
2016	1.45	0.00	0.00	0.00	1.45
2015	1.33	0.00	0.00	0.00	1.33
2014	2.49	0.00	0.00	0.00	2.49
2013	2.30	0.00	0.00	0.00	2.30
2012	1.90	0.00	0.00	0.00	1.90
2011	1.90	0.00	0.00	0.00	1.90
2010	2.00	0.00	0.00	0.00	2.00

表 7-1b〉台泥(1101)年度交易資訊

年度	張數	金額(仟元)	筆數(仟)	最高價	日期	最低價	日期	收盤均價
2019	4,072,160	168,017,925	1,417	46.60	7/2	34.90	1/4	41.02
2018	4,253,325	169,504,306	1,427	47.30	5/16	32.70	11/27	39.26
2017	1,577,586	55,647,316	564	38.90	3/2	33.35	11/10	35.14
2016	1,690,006	55,453,415	779	38.30	12/12	25.45	1/26	33.00
2015	1,762,082	66,608,209	738	45.40	4/24	26.90	12/14	37.82
2014	2,119,645	96,426,111	763	49.80	4/16	41.35	2/5	45.68
2013	2,041,292	81,456,590	693	46.95	12/3	33.75	6/25	39.82
2012	2,554,838	91,718,649	793	39.75	12/7	31.60	5/18	35.78
2011	4,585,346	170,209,856	1,342	49.45	7/22	29.00	9/26	36.80
2010	3,412,905	104,291,532	941	36.40	1/7	24.60	5/7	30.43

表 7-1c 台泥(1101)近 4 季與近 5 年的 EPS

獲利能力 (2020 第 2 季)		近 4 季每股盈餘(EPS)		近 5 年每股盈餘(EPS)	
營業利益率	30.61%	2019 第 3 季	1.20 元	2015 年	1.56 元
稅前淨利率	35.47%	2019 第 4 季	1.19 元	2016 年	1.72 元
資產報酬率(ROA)	2.44%	2020 第 1 季	0.55 元	2017 年	2.03 元
股東權益報酬率(ROE)	4.28%	2020 第 2 季	1.39 元	2018 年	4.37 元
每股淨值	32.38 元	近 4 季 EPS 和	4.33 元	2019 年	4.43 元

表 7-1d 台泥(1101)收租股買前檢查表

西元(年)	最高價(元)	最低價(元)	收盤均價(元)	每股淨值(元)	EPS(元)	本益比(P/E)	ROE(%)	現金息(元)	現金殖利率(%)	現金配息率(%)	負債比(%)	董監事持股(%)	外資持股(%)
2015	45.40	26.90	37.82	29.26	1.56	24.24	5.33	1.33	3.52	85.26	46.9	12.0	25.2
2016	38.30	25.45	33.00	28.92	1.72	19.19	5.95	1.45	4.39	84.30	44.8	12.0	30.1
2017	38.90	33.35	35.14	32.11	2.03	17.31	6.32	1.50	4.27	73.89	44.0	10.9	32.5
2018	47.30	32.70	39.26	34.20	4.37	8.98	12.8	3.31	8.43	75.74	42.6	12.8	30.2
2019	46.60	34.90	41.02	34.23	4.43	9.26	12.9	2.50	6.09	56.43	43.3	14.3	30.2
平均					2.82	15.80	8.66	2.02	5.34	75.12			
是否符合 SOP：					◆	▲		◆	○	○		○	

②複查買價=平均 P/E×近 4 季 EPS
　　　　　=15×4.33 元=65.0 元
※平均 P/E≧15，取 15 計算

①基準買價=2.02 元×15=30.3 元
買入 P/E=基準買價÷近 4 季 EPS
　　　　=30.3 元÷4.33 元=7.0
※7.0＜15，OK

③近 5 年最低價= 25.45 元
※近 4 季 EPS 和異常低時用

註 1：近 5 年配股記錄：3 次配股(表 7-1a)
註 2：近 4 季(2019/Q3～2020/Q2)EPS=4.33 元
註 3：2020/Q2 每股淨值：32.38 元
註 4：2020/10/30 股價：40.55 元(P/B=1.25)
註 5：2020/10/30 適當買價：30.3 元。

註 6：買前近 4 季 EPS(自填)：
註 7：買前基準買價(自填)：
註 8：買前複查買價(自填)：
註 9：買前適當買價(自填)：
註 10：本次買入價(自填)：

②亞泥(1102)

★基本資料★

成立：1957/03/21	上市：1962/06/08	產業別：水泥業
地址：台北市大安區敦化南路 2 段 207 號 30、31 樓	電話：(02)2733-8000	發言人：周維崑 (副總經理)

主要業務(2019 年)：水泥及熟料 100.00%。

2020 年 Q2：資本額 336.1 億元，總資產 2,963 億元。

　　　Q1～Q2 累計：EPS：1.73 元，ROE：4.18 %。

表 7-2a 亞泥(1102)股利政策　　　　　　　　　　　　(單位：元)

年度	現金股利	盈餘配股	公積配股	股票股利	合計
2019	3.00	0.00	0.00	0.00	3.00
2018	2.80	0.00	0.00	0.00	2.80
2017	1.20	0.00	0.00	0.00	1.20
2016	0.90	0.00	0.00	0.00	0.90
2015	1.10	0.00	0.00	0.00	1.10
2014	2.20	0.00	0.00	0.00	2.20
2013	1.80	0.20	0.00	0.20	2.00
2012	1.70	0.20	0.00	0.20	1.90
2011	2.30	0.30	0.00	0.30	2.60
2010	1.90	0.20	0.00	0.20	2.10

表 7-2b 亞泥(1102)年度交易資訊

年度	張數	金額(仟元)	筆數(仟)	最高價	日期	最低價	日期	收盤均價
2019	2,118,687	90,561,607	930	48.90	6/27	33.55	1/4	42.62
2018	2,244,200	79,213,084	930	45.75	8/29	26.70	2/9	34.10
2017	799,204	22,290,771	347	32.00	4/6	25.50	6/19	27.74
2016	917,870	25,207,678	456	31.15	8/24	23.00	5/26	27.52
2015	894,178	31,510,984	456	39.85	4/24	26.85	12/16	35.33
2014	1,144,871	44,910,614	439	44.50	8/25	35.60	2/5	39.29
2013	1,117,938	41,582,699	392	40.30	10/17	34.85	6/25	37.41
2012	1,142,541	41,489,119	406	40.10	8/13	32.90	5/18	36.29
2011	2,367,931	86,008,127	730	48.30	7/22	28.25	9/26	35.72
2010	1,514,654	46,723,403	458	36.10	1/6	25.65	5/21	30.69

表 7-2c〉 亞泥(1102)近 4 季與近 5 年的 EPS

獲利能力 (2020 第 2 季)		近 4 季每股盈餘(EPS)		近 5 年每股盈餘(EPS)	
營業利益率	25.99%	2019 第 3 季	1.38 元	2015 年	1.55 元
稅前淨利率	37.06%	2019 第 4 季	1.27 元	2016 年	1.26 元
資產報酬率(ROA)	1.99%	2020 第 1 季	0.24 元	2017 年	1.74 元
股東權益報酬率(ROE)	3.51%	2020 第 2 季	1.49 元	2018 年	3.54 元
每股淨值	40.72 元	近 4 季 EPS 和	4.38 元	2019 年	5.56 元

表 7-2d〉 亞泥(1102)收租股買前檢查表

西元(年)	最高價(元)	最低價(元)	收盤均價(元)	每股淨值(元)	EPS(元)	本益比(P/E)	ROE(%)	現金息(元)	現金殖利率(%)	現金配息率(%)	負債比(%)	董監事持股(%)	外資持股(%)
2015	39.85	26.85	35.33	40.43	1.55	22.79	3.83	1.10	3.11	70.97	42.66	29.4	17.5
2016	31.15	(23.00)	27.52	36.49	1.26	21.84	3.45	0.90	3.27	71.43	41.01	29.4	19.8
2017	32.00	25.50	27.74	37.91	1.74	15.94	4.59	1.20	4.33	68.97	40.99	29.0	19.4
2018	45.75	26.70	34.10	41.02	3.54	9.63	8.63	2.80	8.21	79.10	43.03	29.0	26
2019	48.90	33.55	42.62	43.45	5.56	7.67	12.80	3.00	7.04	53.96	43.00	29.0	29
平均					2.73	15.58	6.66	1.80	5.19	68.89			
是否符合 SOP：						◆	X	◆	◆		○		○

②複查買價=平均 P/E×近 4 季 EPS
　　　　　=15×4.38 元=65.7 元
※平均 P/E≧15，取 15 計算

①基準買價=1.80 元×15=27.0 元
買入 P/E=基準買價÷近 4 季 EPS
　　　　=27.0 元÷4.38 元=6.2
※6.2＜15，OK

③近 5 年最低價= 23.00 元
※近 4 季 EPS 和異常低時用

註 1：近 5 年配股記錄：無
註 2：近 4 季(2019/Q3～2020/Q2)EPS=4.38 元
註 3：2020/Q2 每股淨值：40.72 元
註 4：2020/10/30 股價：41.15 元(P/B=1.01)
註 5：2020/10/30 適當買價：27.0 元。

註 6：買前近 4 季 EPS(自填)：
註 7：買前基準買價(自填)：
註 8：買前複查買價(自填)：
註 9：買前適當買價(自填)：
註 10：本次買入價(自填)：

③統一(1216)

★基本資料★

成立：1967/08/25	上市：1987/12/28	產業別：食品業
地址：台南市永康區中正路 301 號	電話：(06)253-2121	發言人：陳國輝(財務長)
主要業務： **(2019 年)**	乳品 27.13%、飲料 23.72%、速食麵 11.03%、麵包 6.60%、飼料 5.02%、咖啡豆 3.87%、豆漿及米漿 3.15%、醬油 2.63%、蛋糕 2.13%、肉品 2.11%、冰品 2.10%、麵粉 1.80%、布丁 1.66%、其他…。	
2020 年 Q2：資本額 568.2 億元，總資產 4,875 億元。 Q1～Q2 累計：EPS：1.91 元，ROE：8.95 %。		

表 7-3a 統一(1216)股利政策　　　　　　　　　　　(單位：元)

年度	現金股利	盈餘配股	公積配股	股票股利	合計
2019	2.50	0.00	0.00	0.00	2.50
2018	2.50	0.00	0.00	0.00	2.50
2017	5.50	0.00	0.00	0.00	5.50
2016	2.10	0.00	0.00	0.00	2.10
2015	2.00	0.00	0.00	0.00	2.00
2014	1.40	0.40	0.00	0.40	1.80
2013	1.50	0.60	0.00	0.60	2.10
2012	1.40	0.60	0.00	0.60	2.00
2011	1.00	0.70	0.00	0.70	1.70
2010	1.40	0.60	0.00	1.40	2.00

表 7-3b 統一(1216)年度交易資訊

年度	張數	金額(仟元)	筆數(仟)	最高價	日期	最低價	日期	收盤均價
2019	2,050,575	154,853,087	842	83.80	6/27	67.00	1/4	75.64
2018	2,220,110	162,267,137	1,017	83.80	7/18	64.60	2/9	72.86
2017	2,306,944	137,125,728	920	66.90	12/14	52.40	2/2	59.83
2016	2,327,795	136,277,828	984	67.40	7/15	50.30	1/12	58.78
2015	2,411,394	130,623,234	978	60.00	8/18	48.00	1/7	53.86
2014	2,359,804	121,154,535	867	58.60	7/29	46.70	10/15	51.78
2013	2,477,224	139,442,710	917	68.30	7/22	49.60	11/22	56.43
2012	2,252,780	106,937,976	810	55.00	8/8	40.00	4/9	47.66
2011	2,289,842	95,213,919	800	49.30	7/22	36.00	10/4	41.19
2010	2,816,160	106,108,236	879	43.90	12/9	31.90	6/7	37.58

表 7-3c 統一(1216)近 4 季與近 5 年的 EPS

獲利能力 (2020 第 2 季)		近 4 季每股盈餘(EPS)		近 5 年每股盈餘(EPS)	
營業利益率	7.68%	2019 第 3 季	0.91 元	2015 年	2.48 元
稅前淨利率	9.83%	2019 第 4 季	0.50 元	2016 年	2.56 元
資產報酬率(ROA)	1.96%	2020 第 1 季	0.79 元	2017 年	7.01 元
股東權益報酬率(ROE)	5.19%	2020 第 2 季	1.12 元	2018 年	3.07 元
每股淨值	18.12 元	近 4 季 EPS 和	3.32 元	2019 年	3.35 元

表 7-3d 統一(1216)收租股買前檢查表

西元(年)	最高價(元)	最低價(元)	收盤均價(元)	每股淨值(元)	EPS(元)	本益比(P/E)	ROE(%)	現金息(元)	現金殖利率(%)	現金配息率(%)	負債比(%)	董監事持股(%)	外資持股(%)
2015	60.00	(48.00)	53.86	16.95	2.48	21.72	14.63	2.00	3.71	80.65	60.97	13.0	51.2
2016	67.40	50.30	58.78	16.61	2.56	22.96	15.41	2.10	3.57	82.03	59.67	13.2	50.4
2017	66.90	52.40	59.83	21.13	7.01	8.53	33.18	5.50	9.19	78.46	53.87	12.5	53.5
2018	83.80	64.60	72.86	18.72	3.07	23.73	16.40	2.50	3.43	81.43	58.17	12.5	55.3
2019	83.80	67.00	75.64	19.08	3.35	22.58	17.56	2.50	3.31	74.63	63.56	9.9	53.2
平均					3.69	19.91	19.44	2.92	4.64	79.44			
是否符合 SOP：					X	○		▲		○	X		○

②複查買價=平均 P/E×近 4 季 EPS
　　　　　=15×3.32 元=49.8 元
※平均 P/E≧15，取 15 計算

①基準買價=2.92 元×15=(43.8 元)
買入 P/E=基準買價÷近 4 季 EPS
　　　　=43.8 元÷3.32 元=13.2
※13.2＜15，OK

③近 5 年最低價= 48.00 元
※近 4 季 EPS 和異常低時用

註 1：近 5 年配股記錄：無
註 2：近 4 季(2019/Q3～2020/Q2)EPS=3.32 元
註 3：2020/Q2 每股淨值：18.12 元
註 4：2020/10/30 股價：61.30 元(P/B=3.38)
註 5：2020/10/30 適當買價：43.8 元。

註 6：買前近 4 季 EPS(自填)：
註 7：買前基準買價(自填)：
註 8：買前複查買價(自填)：
註 9：買前適當買價(自填)：
註 10：本次買入價(自填)：

④台塑(1301)

★基本資料★

成立：1954/11/05	上市：1964/07/27	產業別：塑膠業
地址：高雄市仁武區水管路100號	電話：(02)2712-2211	發言人：林勝冠(資深副總經理)

主要業務(2019年)	PVC粉及液鹼30.50%、聚丙烯16.74%、其他9.37%、高密度聚乙烯(HDPE)8.18%、丙烯酸酯7.12%、聚乙烯醋酸乙烯酯(EVA)6.47%、丙烯(月青)(AN)6.24%、高吸水性樹脂(SAP)3.17%、其他…。
2020年Q2：資本額636.6億元，總資產4,679億元。 Q1～Q2累計：EPS：-0.16元，ROE：-0.33％。	

表7-4a 台塑(1301)股利政策 (單位：元)

年度	現金股利	盈餘配股	公積配股	股票股利	合計
2019	4.40	0.00	0.00	0.00	4.40
2018	5.80	0.00	0.00	0.00	5.80
2017	5.70	0.00	0.00	0.00	5.70
2016	4.60	0.00	0.00	0.00	4.60
2015	3.60	0.00	0.00	0.00	3.60
2014	1.70	0.00	0.00	0.00	1.70
2013	1.90	0.00	0.00	0.00	1.90
2012	1.20	0.40	0.00	0.40	1.60
2011	4.00	0.00	0.00	0.00	4.00
2010	6.80	0.00	0.00	0.00	6.80

表7-4b 台塑(1301)年度交易資訊

年度	張數	金額(仟元)	筆數(仟)	最高價	日期	最低價	日期	收盤均價
2019	1,502,402	153,450,395	691	115.50	7/1	90.00	8/15	101.98
2018	1,871,148	198,721,183	797	119.50	9/21	95.50	2/6	105.72
2017	1,367,416	125,671,629	624	98.80	12/28	86.50	1/19	91.98
2016	1,466,182	117,841,552	694	92.50	12/12	70.10	1/11	80.22
2015	1,392,951	103,039,665	666	81.70	4/29	59.50	8/24	73.88
2014	1,139,580	84,755,349	501	80.60	7/2	65.00	12/17	74.88
2013	1,595,624	119,101,731	660	82.10	1/10	67.30	6/24	75.08
2012	1,947,485	157,893,624	767	93.90	2/20	67.40	11/15	81.36
2011	2,655,110	254,262,761	953	117.00	5/3	76.00	9/26	96.01
2010	2,499,966	188,384,517	817	97.90	12/17	61.80	6/2	74.46

表 7-4c 台塑(1301)近 4 季與近 5 年的 EPS

獲利能力 (2020 第 2 季)		近 4 季每股盈餘(EPS)		近 5 年每股盈餘(EPS)	
營業利益率	5.63%	2019 第 3 季	2.46 元	2015 年	4.85 元
稅前淨利率	-0.25%	2019 第 4 季	0.49 元	2016 年	6.19 元
資產報酬率(ROA)	-0.08%	2020 第 1 季	-0.06 元	2017 年	7.76 元
股東權益報酬率(ROE)	-0.21%	2020 第 2 季	-0.10 元	2018 年	7.78 元
每股淨值	45.60 元	近 4 季 EPS 和	(2.95 元)	2019 年	5.86 元

表 7-4d 台塑(1301)收租股買前檢查表

西元(年)	最高價(元)	最低價(元)	收盤均價(元)	每股淨值(元)	EPS(元)	本益比(P/E)	ROE(%)	現金息(元)	現金殖利率(%)	現金配息率(%)	負債比(%)	董監事持股(%)	外資持股(%)
2015	81.70	(59.50)	73.88	45.15	4.85	15.23	10.74	3.60	4.87	74.23	32.13	24.4	34.4
2016	92.50	70.10	80.22	49.18	6.19	12.96	12.59	4.60	5.73	74.31	31.29	24.4	37.4
2017	98.80	86.50	91.98	54.20	7.76	11.85	14.32	5.70	6.20	73.45	27.53	14.9	38.3
2018	119.50	95.50	105.72	55.86	7.78	13.59	13.93	5.80	5.49	74.55	29.10	14.9	38.9
2019	115.50	90.00	101.98	54.85	5.86	17.40	10.68	4.40	4.31	75.09	29.76	14.9	38.5
平均					(6.49)	14.21	12.45	4.82	5.32	74.33			
是否符合 SOP：					○	○		◆		○	○	○	○

②複查買價=平均 P/E×近 4 季 EPS
=14.21×2.95 元=41.9 元

③近 5 年最低價=59.50 元
※近 4 季 EPS 和異常低時用

①基準買價=4.82 元×15=72.3 元
買入 P/E=基準買價÷近 4 季 EPS
=72.3 元÷2.95 元=24.5
※24.5＞15，不可

註 1：近 5 年配股記錄：無
註 2：近 4 季(2019/Q3～2020/Q2)EPS=2.95 元
註 3：2020/Q2 每股淨值：45.60 元
註 4：2020/10/30 股價：79.10 元(P/B=1.73)
註 5：2020/10/30 適當買價：近 5 年最低價 59.50 元。

註 6：買前近 4 季 EPS(自填)：
註 7：買前基準買價(自填)：
註 8：買前複查買價(自填)：
註 9：買前適當買價(自填)：
註 10：本次買入價(自填)：

⑤南亞(1303)

★基本資料★

成立：1958/08/22	上市：1967/11/05	產業別：塑膠業
地址：台北市敦化北路 201 號	電話：(02)2712-2211	發言人：吳嘉昭(董事長)

主要業務：聚酯纖維 17.30%、其他 12.33%、印刷電路板(PCB)10.86%、乙二醇
(2019 年) (EG)10.72%、銅箔基板(CCL)9.29%、環氧樹脂 9.26%、丙二酚 4.88%、
銅箔 4.34%、可塑劑(DOP)及硬化劑 3.99%、硬質膠布 2.85%、其他…。

2020 年 Q2：資本額 793.1 億元，總資產 5,493 億元。
　　　Q1～Q2 累計：EPS：0.40 元，ROE：1.09 %。

表 7-5a 南亞(1303)股利政策　　　　　　　　　　(單位：元)

年度	現金股利	盈餘配股	公積配股	股票股利	合計
2019	2.20	0.00	0.00	0.00	2.20
2018	5.00	0.00	0.00	0.00	5.00
2017	5.10	0.00	0.00	0.00	5.10
2016	4.50	0.00	0.00	0.00	4.50
2015	3.30	0.00	0.00	0.00	3.30
2014	2.30	0.00	0.00	0.00	2.30
2013	1.90	0.00	0.00	0.00	1.90
2012	0.30	0.10	0.00	0.10	0.40
2011	2.10	0.00	0.00	0.00	2.10
2010	4.70	0.00	0.00	0.00	4.70

表 7-5b 南亞(1303)年度交易資訊

年度	張數	金額(仟元)	筆數(仟)	最高價	日期	最低價	日期	收盤均價
2019	1,473,040	108,924,454	640	79.90	6/25	66.00	8/16	73.73
2018	1,787,180	145,998,092	772	88.40	7/3	72.00	12/12	81.30
2017	1,804,881	133,573,877	687	80.20	2/16	69.20	3/10	74.00
2016	1,554,349	98,372,719	719	74.50	12/12	54.90	1/22	63.07
2015	1,688,616	111,226,864	772	79.50	4/24	49.85	8/24	65.70
2014	1,411,043	93,362,321	594	75.00	7/3	58.60	10/17	66.29
2013	1,796,497	109,228,340	717	70.00	12/30	51.00	4/11	61.02
2012	1,546,152	90,048,666	628	72.80	2/29	46.00	11/15	58.16
2011	2,865,506	215,504,887	915	89.00	4/25	54.00	12/20	74.01
2010	2,582,784	161,056,087	778	74.50	11/9	49.60	6/9	63.14

表 7-5c〉 南亞(1303)近 4 季與近 5 年的 EPS

獲利能力 (2020 第 2 季)		近 4 季每股盈餘(EPS)		近 5 年每股盈餘(EPS)	
營業利益率	5.47%	2019 第 3 季	1.01 元	2015 年	4.50 元
稅前淨利率	4.84%	2019 第 4 季	0.52 元	2016 年	6.16 元
資產報酬率(ROA)	0.50%	2020 第 1 季	0.13 元	2017 年	6.87 元
股東權益報酬率(ROE)	0.75%	2020 第 2 季	0.27 元	2018 年	6.65 元
每股淨值	38.99 元	近 4 季 EPS 和	1.93 元	2019 年	2.91 元

表 7-5d〉 南亞(1303)收租股買前檢查表

西元(年)	最高價(元)	最低價(元)	收盤均價(元)	每股淨值(元)	EPS(元)	本益比(P/E)	ROE(%)	現金息(元)	現金殖利率(%)	現金配息率(%)	負債比(%)	董監事持股(%)	外資持股(%)
2015	79.50	49.85	65.70	40.89	4.50	14.60	11.01	3.30	5.02	73.33	34.22	17.8	28.4
2016	74.50	54.90	63.07	42.68	6.16	10.24	14.43	4.50	7.13	73.05	34.65	18.6	29.3
2017	80.20	69.20	74.00	44.84	6.87	10.77	15.32	5.10	6.89	74.24	32.51	18.3	30.2
2018	88.40	72.00	81.30	47.37	6.65	12.23	14.04	5.00	6.15	75.19	32.15	18.3	30.6
2019	79.90	66.00	73.73	43.45	2.91	25.34	6.70	2.20	2.98	75.60	35.90	18.2	30.6
平均					5.42	14.63	12.30	4.02	5.64	74.28			
是否符合 SOP：						○	○		◆	○	○		○

②複查買價=平均 P/E×近 4 季 EPS
　　　　 =14.63×1.93 元=28.2 元

①基準買價=4.02 元×15=60.3 元
買入 P/E=基準買價÷近 4 季 EPS
　　　 =60.3 元÷1.93 元=31.2
※31.2＞15，不可

③近 5 年最低價=49.85 元
※近 4 季 EPS 和異常低時用

註 1：近 5 年配股記錄：無	註 6：買前近 4 季 EPS(自填)：
註 2：近 4 季(2019/Q3～2020/Q2)EPS=1.93 元	註 7：買前基準買價(自填)：
註 3：2020/Q2 每股淨值：38.99 元	註 8：買前複查買價(自填)：
註 4：2020/10/30 股價：58.70 元(P/B=1.51)	註 9：買前適當買價(自填)：
註 5：2020/10/30 適當買價：近 5 年最低價 49.85 元。	註 10：本次買入價(自填)：

⑥台化(1326)

★基本資料★

成立：1965/03/05	上市：1984/12/20	產業別：塑膠業
地址：彰化市中山路3段 359號	電話：(02)2712-2211	發言人：洪福源 (副董事長)

主要業務： 純對苯二甲酸(PTA)16.67%、ABS樹脂14.20%、其他7.97%、聚苯乙
(2019年) 烯(PS)7.46%、合成酚6.96%、聚丙烯6.35%、布4.93%、苯乙烯(SM)4.28%、油品3.72%、電力3.71%、聚碳酸酯樹脂3.67%、其他…。

2020年Q2：資本額586.1億元，總資產5,103億元。
Q1～Q2累計：EPS：-0.59元，ROE：5.95%。

表 7-6a 台化(1326)股利政策　　　　　　　　　　　　　　(單位：元)

年度	現金股利	盈餘配股	公積配股	股票股利	合計
2019	3.80	0.00	0.00	0.00	3.80
2018	6.20	0.00	0.00	0.00	6.20
2017	7.00	0.00	0.00	0.00	7.00
2016	5.60	0.00	0.00	0.00	5.60
2015	3.50	0.00	0.00	0.00	3.50
2014	1.20	0.00	0.00	0.00	1.20
2013	2.50	0.00	0.00	0.00	2.50
2012	0.65	0.30	0.00	0.30	0.95
2011	4.00	0.00	0.00	0.00	4.00
2010	7.50	0.00	0.00	7.50	7.50

表 7-6b 台化(1326)年度交易資訊

年度	張數	金額(仟元)	筆數(仟)	最高價	日期	最低價	日期	收盤均價
2019	1,309,095	129,814,381	629	113.50	5/2	85.00	8/16	98.20
2018	1,853,757	209,706,380	789	130.00	9/21	99.60	12/25	112.66
2017	1,362,493	127,700,603	611	105.50	12/29	88.10	5/10	93.79
2016	1,317,879	111,033,037	663	100.00	12/1	66.70	1/11	83.55
2015	1,060,414	76,208,963	547	80.40	4/30	59.00	8/24	71.78
2014	897,531	65,166,442	442	84.00	1/2	61.80	12/17	72.43
2013	1,172,315	89,262,134	511	86.10	12/11	66.20	6/21	76.48
2012	1,445,681	113,634,191	620	93.70	3/6	58.70	11/15	78.53
2011	2,542,877	242,448,182	903	119.00	4/11	73.80	8/9	95.65
2010	1,923,217	151,458,778	649	99.20	12/16	66.30	1/29	77.17

表 7-6c 台化(1326)近 4 季與近 5 年的 EPS

獲利能力 (2020 第 2 季)		近 4 季每股盈餘(EPS)		近 5 年每股盈餘(EPS)	
營業利益率	4.55%	2019 第 3 季	2.17 元	2015 年	4.72 元
稅前淨利率	3.55%	2019 第 4 季	0.46 元	2016 年	7.50 元
資產報酬率(ROA)	0.41%	2020 第 1 季	-0.79 元	2017 年	9.33 元
股東權益報酬率(ROE)	0.52%	2020 第 2 季	0.20 元	2018 年	8.36 元
每股淨值	50.64 元	近 4 季 EPS 和	2.04 元	2019 年	4.89 元

表 7-6d 台化(1326)收租股買前檢查表

西元(年)	最高價(元)	最低價(元)	收盤均價(元)	每股淨值(元)	EPS(元)	本益比(P/E)	ROE(%)	現金息(元)	現金殖利率(%)	現金配息率(%)	負債比(%)	董監事持股(%)	外資持股(%)
2015	80.40	59.00	71.78	48.41	4.72	15.21	9.75	3.50	4.88	74.15	35.07	23.2	35.8
2016	100.00	66.70	83.55	54.77	7.50	11.14	13.69	5.60	6.70	74.67	30.27	24.3	39.6
2017	105.50	88.10	93.79	61.31	9.33	10.05	15.22	7.00	7.46	75.03	26.88	24.3	38.7
2018	130.00	99.60	112.66	63.39	8.36	13.48	13.19	6.20	5.50	74.16	26.74	5.7	40.8
2019	113.50	85.00	98.20	60.95	4.89	20.08	8.02	3.80	3.87	77.71	25.66	5.7	37.4
平均					6.96	13.99	11.97	5.22	5.68	75.14			
是否符合 SOP：					○	◆		○	◆	○	○		○

②複查買價=平均 P/E×近 4 季 EPS
=13.99×2.04 元=28.5 元

③近 5 年最低價=59.00 元
※近 4 季 EPS 和異常低時用

①基準買價=5.22 元×15=78.3 元
買入 P/E=基準買價÷近 4 季 EPS
=78.3 元÷2.04 元=38.4
※38.4＞15，不可

註 1：近 5 年配股記錄：無
註 2：近 4 季(2019/Q3～2020/Q2)EPS=2.04 元
註 3：2020/Q2 每股淨值：50.64 元
註 4：2020/10/30 股價：68.80 元(P/B=1.36)
註 5：2020/10/30 適當買價：近 5 年最低價 59.00 元。

註 6：買前近 4 季 EPS(自填)：
註 7：買前基準買價(自填)：
註 8：買前複查買價(自填)：
註 9：買前適當買價(自填)：
註 10：本次買入價(自填)：

⑦正新(2105)

★基本資料★

成立：1969/12/19	上市：1987/12/07	產業別：橡膠業
地址：彰化縣大村鄉黃厝村 　　　美港路 215 號	電話：(04)852-5151	發言人：羅永勵 　　　　(財務部副總經理)
主要業務：輻射層汽車外胎41.96%、輻射層卡車外胎21.55%、機車外胎11.56%、 **(2019 年)**　其他輪胎 11.35%、自行車外胎 8.70%、內胎 4.49%、其他⋯。		
2020 年 Q2：資本額 324.1 億元，總資產 1,534 億元。 　　　　　Q1～Q2 累計 EPS：0.09 元，ROE：0.48 %。		

表 7-7a　正新(2105)股利政策　　　　　　　　　　　　　　　(單位：元)

年度	現金股利	盈餘配股	公積配股	股票股利	合計
2019	1.00	0.00	0.00	0.00	1.00
2018	1.10	0.00	0.00	0.00	1.10
2017	1.80	0.00	0.00	0.00	1.80
2016	3.00	0.00	0.00	0.00	3.00
2015	3.00	0.00	0.00	0.00	3.00
2014	3.00	0.00	0.00	0.00	3.00
2013	3.00	0.00	0.00	0.00	3.00
2012	1.50	1.50	0.00	1.50	3.00
2011	1.40	1.40	0.00	1.40	2.80
2010	2.00	2.00	0.00	2.00	4.00

表 7-7b　正新(2105)年度交易資訊

年度	張數	金額(仟元)	筆數(仟)	最高價	日期	最低價	日期	收盤均價
2019	962,337	40,945,791	466	48.80	10/22	38.25	8/6	42.28
2018	1,055,859	49,131,802	559	53.20	1/18	37.70	11/13	46.29
2017	1,038,719	62,927,983	500	67.10	2/15	50.40	12/26	60.69
2016	1,514,358	97,190,754	737	72.90	8/10	48.55	1/21	63.27
2015	1,060,522	67,790,727	540	78.10	2/24	48.80	8/24	64.46
2014	1,687,263	129,593,536	733	91.00	4/3	65.10	9/24	75.94
2013	1,747,500	148,502,444	748	103.00	4/22	72.70	11/11	83.92
2012	1,556,188	113,414,228	594	81.80	8/1	64.50	1/2	72.70
2011	1,659,629	116,854,919	691	90.80	7/18	58.20	9/26	70.33
2010	1,988,971	136,269,923	764	84.60	8/2	57.70	2/6	67.62

表 7-7c 正新(2105)近 4 季與近 5 年的 EPS

獲利能力 (2020 第 2 季)		近 4 季每股盈餘(EPS)		近 5 年每股盈餘(EPS)	
營業利益率	6.59%	2019 第 3 季	0.09 元	2015 年	3.94 元
稅前淨利率	12.06%	2019 第 4 季	0.13 元	2016 年	4.09 元
資產報酬率(ROA)	1.63%	2020 第 1 季	-0.61 元	2017 年	1.71 元
股東權益報酬率(ROE)	3.07%	2020 第 2 季	0.70 元	2018 年	1.09 元
每股淨值	22.42 元	近 4 季 EPS 和	0.31 元	2019 年	1.07 元

表 7-7d 正新(2105)收租股買前檢查表

西元(年)	最高價(元)	最低價(元)	收盤均價(元)	每股淨值(元)	EPS(元)	本益比(P/E)	ROE(%)	現金息(元)	現金殖利率(%)	現金配息率(%)	負債比(%)	董監事持股(%)	外資持股(%)
2015	78.10	48.80	64.46	27.51	3.94	16.36	14.32	3.00	4.65	76.14	45.80	15.9	11.6
2016	72.90	48.55	63.27	26.99	4.09	15.47	15.15	3.00	4.74	73.35	47.51	13.9	14.7
2017	67.10	50.40	60.69	25.36	1.71	35.49	6.74	1.80	2.97	105.26	53.71	11.9	11.6
2018	53.20	37.70	46.29	24.43	1.09	42.47	4.46	1.10	2.38	100.92	54.33	11.9	11.6
2019	48.80	38.25	42.28	23.88	1.07	39.51	4.48	1.00	2.37	93.46	52.47	11.9	14.0
平均					2.38	29.86	9.03	1.98	3.42	89.83			
是否符合 SOP：					X	▲		X	○	○			◆

②複查買價=平均 P/E×近 4 季 EPS
=15×0.31 元=4.7 元
※平均 P/E≧15，取 15 計算

①基準買價=1.98 元×15=29.7 元
買入 P/E=基準買價÷近 4 季 EPS
=29.7 元÷0.31 元=95.8
※95.8＞15，不可

③近 5 年最低價=37.70 元
※近 4 季 EPS 和異常低時用

註 1：近 5 年配股記錄：無
註 2：近 4 季(108Q3～109Q2)EPS=0.31 元
註 3：2020/Q2 每股淨值：22.42 元
註 4：2020/10/30 股價：36.10 元(P/B=1.61)
註 5：2020/10/30 適當買價：近 5 年最低價 37.7 元。

註 6：買前近 4 季 EPS(自填)：
註 7：買前基準買價(自填)：
註 8：買前複查買價(自填)：
註 9：買前適當買價(自填)：
註 10：本次買入價(自填)：

⑧光寶(2301)

★基本資料★

成立：1989/03/17	上市：1995/11/17	產業別：電腦及週邊設備業
地址：台北市內湖區瑞光路 392 號 22 樓	電話：(02)8798-2888	發言人：朱崑城(財務總經理)
主要業務：資訊產品 66.93%、光電通訊 15.91%、存儲類產品 12.13%、其他 5.03%。(2019 年)		
2020 年 Q2：資本額 235.1 億元，總資產 1,789 億元。Q1～Q2 累計：EPS：2.16 元，ROE：6.84 %。		

表 7-8a 光寶(2301)股利政策 　　　　　　　　　　　　　　　　(單位：元)

年度	現金股利	盈餘配股	公積配股	股票股利	合計
2019	3.20	0.00	0.00	0.00	3.20
2018	2.92	0.00	0.00	0.00	2.92
2017	2.92	0.00	0.00	0.00	2.92
2016	2.92	0.00	0.00	0.00	2.92
2015	2.19	0.05	0.00	0.05	2.24
2014	1.97	0.05	0.00	0.05	2.02
2013	2.71	0.05	0.00	0.05	2.76
2012	2.34	0.05	0.00	0.05	2.39
2011	2.27	0.05	0.00	0.05	2.32
2010	2.87	0.05	0.00	0.05	2.92

表 7-8b 光寶(2301)年度交易資訊

年度	張數	金額(仟元)	筆數(仟)	最高價	日期	最低價	日期	收盤均價
2019	1,552,417	72,247,392	733	51.50	11/6	40.05	1/4	46.50
2018	1,484,440	58,173,703	681	44.30	2/27	32.80	10/12	38.88
2017	1,661,619	76,154,434	731	55.00	3/23	36.05	11/14	47.05
2016	1,403,972	60,433,530	705	50.60	12/15	29.70	1/11	43.10
2015	1,399,019	50,978,709	644	42.90	3/13	27.00	8/24	35.85
2014	1,380,276	61,170,444	589	55.50	7/28	35.15	12/19	45.23
2013	1,387,686	66,915,164	590	54.10	5/7	38.00	1/10	48.36
2012	1,127,392	41,661,003	476	40.25	12/7	33.70	4/23	36.93
2011	1,193,979	40,472,908	468	41.70	1/17	26.75	10/4	34.26
2010	1,462,174	58,863,098	567	49.50	1/19	33.50	6/7	40.07

表 7-8c〉光寶(2301)近 4 季與近 5 年的 EPS

獲利能力 (2020 第 2 季)		近 4 季每股盈餘(EPS)		近 5 年每股盈餘(EPS)	
營業利益率	8.72%	2019 第 3 季	1.34 元	2015 年	3.10 元
稅前淨利率	10.72%	2019 第 4 季	1.04 元	2016 年	4.05 元
資產報酬率(ROA)	1.99%	2020 第 1 季	0.68 元	2017 年	1.13 元
股東權益報酬率(ROE)	4.99%	2020 第 2 季	1.48 元	2018 年	3.42 元
每股淨值	29.45 元	近 4 季 EPS 和	4.54 元	2019 年	4.03 元

表 7-8d〉光寶(2301)收租股買前檢查表

西元(年)	最高價(元)	最低價(元)	收盤均價(元)	每股淨值(元)	EPS(元)	本益比(P/E)	ROE(%)	現金息(元)	現金殖利率(%)	現金配息率(%)	負債比(%)	董監事持股(%)	外資持股(%)
2015	42.90	27.00	35.85	32.92	3.10	11.56	9.42	2.19	6.11	70.65	61.99	8.4	44.5
2016	50.60	29.70	43.10	32.67	4.05	10.64	12.40	2.92	6.77	72.10	62.40	8.0	59.6
2017	55.00	36.05	47.05	30.34	1.13	41.64	3.72	2.92	6.21	258.41	61.17	8.0	53.6
2018	44.30	32.80	38.88	30.69	3.42	11.37	11.14	2.92	7.51	85.38	62.12	8.0	49.6
2019	51.50	40.05	46.50	31.18	4.03	11.54	12.92	3.20	6.88	79.40	60.01	5.9	59.2
平均					3.15	17.35	9.92	2.83	6.70	113.19			
是否符合 SOP：					▲	▲		○	○		▲		○

②複查買價=平均 P/E×近 4 季 EPS
=15×4.54 元=68.1 元
※平均 P/E≧15，取 15 計算

①基準買價=2.83 元×15=42.5 元
買入 P/E=基準買價÷近 4 季 EPS
=42.5÷4.54 元=9.4
※9.4＜15，OK

③近 5 年最低價=27.00 元
※近 4 季 EPS 和異常低時用

註 1：近 5 年配股記錄：1 次配股(表 7-8a)
註 2：近 4 季(108Q3～109Q2)EPS=4.54 元
註 3：2020/Q2 每股淨值：29.45 元
註 4：2020/10/30 股價：46.55 元(P/B=1.58)
註 5：2020/10/30 適當買價：42.5 元。

註 6：買前近 4 季 EPS(自填)：
註 7：買前基準買價(自填)：
註 8：買前複查買價(自填)：
註 9：買前適當買價(自填)：
註 10：本次買入價(自填)：

⑨鴻海(2317)

★基本資料★

成立：1974/02/20	上市：1991/06/18	產業別：其他電子業
地址：新北市土城區自由街2號	電話：(02)2268-3466	發言人：邢治平

主要業務(2019年)： C電子產品97.79%、勞務及管理費2.21%。

2020年Q2：資本額1,386.3億元，總資產30,839億元。
　　　　Q1～Q2累計：EPS：1.80元，ROE：2.04％。

表7-9a 鴻海(2317)股利政策 (單位：元)

年度	現金股利	盈餘配股	公積配股	股票股利	合計
2019	4.20	0.00	0.00	0.00	4.20
2018	4.00	0.00	0.00	0.00	4.00
2017	2.00	0.00	0.00	0.00	2.00
2016	4.50	0.00	0.00	0.00	4.50
2015	4.00	1.00	0.00	1.00	5.00
2014	3.80	0.50	0.00	0.50	4.30
2013	1.80	1.20	0.00	1.20	3.00
2012	1.50	1.00	0.00	1.00	2.50
2011	1.50	1.00	0.00	1.00	2.50
2010	1.00	1.00	0.00	1.00	2.00

表7-9b 鴻海(2317)年度交易資訊

年度	張數	金額(仟元)	筆數(仟)	最高價	日期	最低價	日期	收盤均價
2019	9,181,982	736,876,934	3,811	97.20	4/18	67.00	1/4	78.40
2018	9,876,083	828,171,110	4,216	97.40	1/22	67.60	12/10	82.66
2017	9,917,178	1,026,854,378	3,991	122.50	8/8	83.00	1/19	102.91
2016	8,276,962	673,953,822	3,509	90.10	8/9	72.50	5/10	81.29
2015	8,592,516	769,729,306	3,442	99.70	6/25	77.90	8/24	89.07
2014	8,173,169	761,158,674	3,305	113.00	7/14	78.90	1/7	93.33
2013	8,881,721	697,643,021	3,634	89.90	1/2	68.80	6/21	78.46
2012	10,423,266	963,562,343	3,987	117.00	3/29	79.00	8/3	92.08
2011	8,822,441	780,479,430	3,673	126.50	2/8	61.50	8/25	92.89
2010	7,150,418	900,982,359	3,068	155.50	1/5	106.00	9/9	126.81

表 7-9c 鴻海(2317)近 4 季與近 5 年的 EPS

獲利能力 (2020 第 2 季)		近 4 季每股盈餘(EPS)		近 5 年每股盈餘(EPS)	
營業利益率	1.99%	2019 第 3 季	2.21 元	2015 年	8.54 元
稅前淨利率	3.09%	2019 第 4 季	3.45 元	2016 年	8.60 元
資產報酬率(ROA)	1.12%	2020 第 1 季	0.15 元	2017 年	8.01 元
股東權益報酬率(ROE)	1.88%	2020 第 2 季	1.65 元	2018 年	8.03 元
每股淨值	84.38 元	近 4 季 EPS 和	7.46 元	2019 年	8.32 元

表 7-9d 鴻海(2317)收租股買前檢查表

西元 (年)	最高價 (元)	最低價 (元)	收盤均價 (元)	每股淨值 (元)	EPS (元)	本益比 (P/E)	ROE (%)	現金息 (元)	現金殖利率 (%)	現金配息率 (%)	負債比 (%)	董監事持股 (%)	外資持股 (%)
2015	99.70	77.90	89.07	64.44	8.54	10.43	13.25	4.00	4.49	46.84	54.06	13.3	49.8
2016	90.10	72.50	81.29	62.26	8.60	9.45	13.81	4.50	5.54	52.33	56.26	12.4	49.4
2017	122.50	83.00	102.91	62.57	8.01	12.85	12.80	2.00	1.94	24.97	65.61	9.5	49.3
2018	97.40	67.60	82.66	87.43	8.03	10.29	9.18	4.00	4.84	49.81	60.59	9.7	41.8
2019	97.20	(67.00)	78.40	89.46	8.32	9.42	9.30	4.20	5.36	50.48	57.85	9.7	46.8
平均					8.30	10.49	11.67	3.74	4.43	44.89			
是否符合 SOP：						○	◆		▲	X	▲		○

②**複查買價**=平均 P/E×近 4 季 EPS
=10.49×7.46 元=78.3 元

①**基準買價**=3.74 元×15=56.1 元
買入 P/E=基準買價÷近 4 季 EPS
=56.1 元÷7.46 元=7.5
※7.5＜15，OK

③**近 5 年最低價**=67.00 元
※近 4 季 EPS 和異常低時用

註 1：近 5 年配股記錄：1 次配股(表 7-9a)
註 2：近 4 季(2019/Q3～2020/Q2)EPS=7.46 元
註 3：2020/Q2 每股淨值：84.38 元
註 4：2020/10/30 股價：77.50 元(P/B=0.92)
註 5：2020/10/30 適當買價：56.1 元。

註 6：買前近 4 季 EPS(自填)：
註 7：買前基準買價(自填)：
註 8：買前複查買價(自填)：
註 9：買前適當買價(自填)：
註 10：本次買入價(自填)：

⑩仁寶(2324)

★基本資料★

成立：1984/06/01	上市：1991/02/18	產業別：電腦及週邊設備業
地址：台北市內湖區瑞光路 581 號及 581 之 1 號	電話：(02)8797-8588	發言人：呂清雄 (副總經理)

主要業務(2019 年)：C 電子產品 100.00%。

2020 年 Q2：資本額 440.7 億元，總資產 4,073 億元。
　　　　　　Q1～Q2 累計：EPS：0.60 元，ROE：2.68 %。

表 7-10a 仁寶(2324)股利政策 　　　　　　　　　(單位：元)

年度	現金股利	盈餘配股	公積配股	股票股利	合計
2019	1.20	0.00	0.00	0.00	1.20
2018	1.20	0.00	0.00	0.00	1.20
2017	1.20	0.00	0.00	0.00	1.20
2016	1.20	0.00	0.00	0.00	1.20
2015	1.20	0.00	0.00	0.00	1.20
2014	1.50	0.00	0.00	0.00	1.50
2013	1.00	0.00	0.00	0.00	1.00
2012	1.01	0.00	0.00	0.00	1.01
2011	1.40	0.00	0.00	0.00	1.40
2010	2.71	0.00	0.00	0.00	2.71

表 7-10b 仁寶(2324)年度交易資訊

年度	張數	金額(仟元)	筆數(仟)	最高價	日期	最低價	日期	收盤均價
2019	2,644,832	49,576,107	775	20.65	7/1	17.05	1/4	18.79
2018	2,142,978	41,180,913	711	22.15	1/26	16.65	10/29	19.16
2017	2,745,469	56,317,645	763	22.90	9/18	18.45	2/3	20.50
2016	2,871,446	55,458,526	940	21.65	7/21	16.55	1/8	19.24
2015	3,984,265	91,168,355	1,271	29.30	4/22	15.10	8/24	22.23
2014	4,629,603	106,499,312	1,237	30.00	7/21	19.40	12/1	23.03
2013	4,711,718	95,733,620	1,239	23.90	10/2	16.05	6/21	20.34
2012	3,230,010	84,163,982	979	35.80	2/9	17.30	11/22	27.77
2011	3,209,410	101,068,071	953	38.95	1/4	25.50	11/24	31.74
2010	6,463,081	266,816,135	1,792	49.30	1/14	35.30	9/2	40.31

表 7-10c〉 仁寶(2324)近 4 季與近 5 年的 EPS

獲利能力 (2020 第 2 季)		近 4 季每股盈餘(EPS)		近 5 年每股盈餘(EPS)	
營業利益率	0.90%	2019 第 3 季	0.41 元	2015 年	2.01 元
稅前淨利率	1.08%	2019 第 4 季	0.46 元	2016 年	1.88 元
資產報酬率(ROA)	0.62%	2020 第 1 季	0.14 元	2017 年	1.32 元
股東權益報酬率(ROE)	1.99%	2020 第 2 季	0.46 元	2018 年	2.05 元
每股淨值	23.30 元	近 4 季 EPS 和	1.47 元	2019 年	1.60 元

表 7-10d〉 仁寶(2324)收租股買前檢查表

西元(年)	最高價(元)	最低價(元)	收盤均價(元)	每股淨值(元)	EPS(元)	本益比(P/E)	ROE(%)	現金息(元)	現金殖利率(%)	現金配息率(%)	負債比(%)	董監事持股(%)	外資持股(%)
2015	29.30	(15.10)	22.23	29.26	2.01	11.06	6.87	1.20	5.40	59.70	66.58	6.2	51.0
2016	21.65	16.55	19.24	28.92	1.88	10.23	6.50	1.20	6.24	63.83	67.64	6.2	53.8
2017	22.90	18.45	20.50	32.11	1.32	15.53	4.11	1.20	5.85	90.91	70.10	5.6	58.8
2018	22.15	16.65	19.16	34.20	2.05	9.35	5.99	1.20	6.26	58.54	71.70	5.4	51.6
2019	20.65	17.05	18.79	34.23	1.60	11.74	4.67	1.20	6.39	75.00	70.01	5.4	49.8
平均					1.77	11.58	5.63	1.20	6.03	69.60			
是否符合 SOP：						○	X		○	◆		X	○

②**複查買價**=平均 P/E×近 4 季 EPS
=11.58×1.47 元=17.0 元

①**基準買價**=1.20 元×15=18.0 元
買入 P/E=基準買價÷近 4 季 EPS
=18 元÷1.47 元=12.2
※12.2＜15，OK

③**近 5 年最低價**=15.10 元
※近 4 季 EPS 和異常低時用

註 1：近 5 年配股記錄：無
註 2：近 4 季(2019/Q3～2020/Q2)EPS=1.47 元
註 3：2020/Q2 每股淨值：23.30 元
註 4：2020/10/30 股價：18.60 元(P/B=0.80)
註 5：2020/10/30 適當買價：17.0 元。

註 6：買前近 4 季 EPS(自填)：
註 7：買前基準買價(自填)：
註 8：買前複查買價(自填)：
註 9：買前適當買價(自填)：
註 10：本次買入價(自填)：

⑪廣達(2382)

★基本資料★

成立：1884/05/09	上市：1999/01/08	產業別：電腦及週邊設備業
地址：桃園市龜山區文化里 文化二路 188 號	電話：(03)327-2345	發言人：楊俊烈 (總管理處資深副總)

主要業務(2019 年)：C 電子產品 97.79%、勞務及管理費 2.21%。

2020 年 Q2：資本額 386.3 億元，總資產 5,976 億元。
　　　　Q1～Q2 累計：EPS：2.29 元，ROE：6.16 %。

表 7-11a〉 廣達(2382)股利政策　　　　　　　　　　　　　　(單位：元)

年度	現金股利	盈餘配股	公積配股	股票股利	合計
2019	3.70	0.00	0.00	0.00	3.70
2018	3.55	0.00	0.00	0.00	3.55
2017	3.40	0.00	0.00	0.00	3.40
2016	3.50	0.00	0.00	0.00	3.50
2015	3.80	0.00	0.00	0.00	3.80
2014	4.00	0.00	0.00	0.00	4.00
2013	3.80	0.00	0.00	0.00	3.80
2012	4.00	0.00	0.00	0.00	4.00
2011	4.00	0.00	0.00	0.00	4.00
2010	3.60	0.00	0.00	0.00	3.60

表 7-11b〉 廣達(2382)年度交易資訊

年度	張數	金額(仟元)	筆數(仟)	最高價	日期	最低價	日期	收盤均價
2019	1,876,993	109,520,343	858	64.90	12/30	51.20	1/4	58.20
2018	1,668,538	90,519,818	768	65.20	1/25	47.00	10/25	54.31
2017	1,718,209	115,659,472	756	80.00	7/26	59.20	12/6	67.15
2016	1,507,156	89,023,381	731	69.00	7/21	47.35	1/20	58.69
2015	1,604,969	107,795,620	756	82.50	2/4	50.50	11/30	66.96
2014	1,906,751	150,449,226	803	91.00	7/1	67.60	1/3	79.31
2013	1,814,618	117,373,044	740	71.00	10/30	56.40	4/22	64.88
2012	2,615,949	192,334,777	1,034	86.40	5/4	62.10	2/1	73.57
2011	2,692,746	162,371,913	953	73.00	7/27	48.10	9/23	60.09
2010	2,619,768	151,992,039	889	72.30	1/18	45.40	9/1	58.50

表 7-11c〉 廣達(2382)近 4 季與近 5 年的 EPS

獲利能力 (2020 第 2 季)		近 4 季每股盈餘(EPS)		近 5 年每股盈餘(EPS)	
營業利益率	3.52%	2019 第 3 季	1.13 元	2015 年	4.62 元
稅前淨利率	3.05%	2019 第 4 季	1.17 元	2016 年	3.93 元
資產報酬率(ROA)	1.10%	2020 第 1 季	0.67 元	2017 年	3.73 元
股東權益報酬率(ROE)	6.21%	2020 第 2 季	1.62 元	2018 年	3.92 元
每股淨值	33.50 元	近 4 季 EPS 和	4.59 元	2019 年	4.14 元

表 7-11d〉 廣達(2382)收租股買前檢查表

西元(年)	最高價(元)	最低價(元)	收盤均價(元)	每股淨值(元)	EPS(元)	本益比(P/E)	ROE(%)	現金息(元)	現金殖利率(%)	現金配息率(%)	負債比(%)	董監事持股(%)	外資持股(%)
2015	82.50	50.50	66.96	34.44	4.62	14.49	13.41	3.80	5.68	82.25	73.65	28.2	34.8
2016	69.00	47.35	58.69	34.47	3.93	14.93	11.40	3.50	5.96	89.06	76.22	13.4	37.4
2017	80.00	59.20	67.15	34.36	3.73	18.00	10.86	3.40	5.06	91.15	77.37	12.5	35.0
2018	65.20	(47.00)	54.31	35.00	3.92	13.85	11.20	3.55	6.54	90.56	78.58	13.0	26.8
2019	64.90	51.20	58.20	35.19	4.14	14.06	11.76	3.70	6.36	89.37	76.91	13.0	28.0
平均					4.07	15.07	11.73	3.59	5.92	88.48			
是否符合 SOP：						◆	◆		◆	○	X		○

②複查買價=平均 P/Ex近 4 季 EPS
　　　　　=15×4.59 元=68.9 元
　※平均 P/E≧15，取 15 計算

①基準買價=3.59 元×15=53.9 元
　買入 P/E=基準買價÷近 4 季 EPS
　　　　　=53.9 元÷4.59 元=11.7
　※11.7＜15，OK

③近 5 年最低價=47.00 元
　※近 4 季 EPS 和異常低時用

註 1：近 5 年配股記錄：無	註 6：買前近 4 季 EPS(自填)：
註 2：近 4 季(2019/Q3～2020/Q2)EPS=4.59 元	註 7：買前基準買價(自填)：
註 3：2020/Q2 每股淨值：33.50 元	註 8：買前複查買價(自填)：
註 4：2020/10/30 股價：72.00 元(P/B=2.15)	註 9：買前適當買價(自填)：
註 5：2020/10/30 適當買價：53.9 元。	註 10：本次買入價(自填)：

⑫富邦金(2881)

★基本資料★

成立：2001/12/19	上市：2001/12/19	產業別：金融保險業
地址：台北市建國南路一段 237 號	電話：(02)6636-6636	發言人：韓蔚廷 (總經理)

主要業務： 保險業務淨收益 55.37%、公平價值變動之金融資產與金 37.27%、
(2019 年) 淨利息收益 30.51%、透過其他綜合損益按公允價值 3.75%、除列
按攤銷後成本衡量金融資 1.19%、投資性不動產 0.93%、其他…。

2020 年 Q2：資本額 1,150 億元，總資產 85,712 億元。
Q1～Q2 累計：EPS：3.36 元，ROE：6.64%。

表 7-12a 富邦金(2881)股利政策 (單位：元)

年度	現金股利	盈餘配股	公積配股	股票股利	合計
2019	2.00	0.00	0.00	0.00	2.00
2018	2.00	0.00	0.00	0.00	2.00
2017	2.30	0.00	0.00	0.00	2.30
2016	2.00	0.00	0.00	0.00	2.00
2015	2.00	0.00	0.00	0.00	2.00
2014	3.00	0.00	0.00	0.00	3.00
2013	1.50	0.00	0.00	0.00	1.50
2012	1.00	0.00	0.00	0.00	1.00
2011	1.00	0.50	0.00	0.50	1.50
2010	1.00	0.50	0.00	0.50	1.50

表 7-12b 富邦金(2881)年度交易資訊

年度	張數	金額(仟元)	筆數(仟)	最高價	日期	最低價	日期	收盤均價
2019	3,052,446	136,737,326	1,041	47.35	3/20	41.10	8/6	44.71
2018	3,154,325	160,736,790	1,065	55.00	1/16	46.10	12/25	50.79
2017	3,752,126	182,432,381	1,229	53.40	3/23	45.70	6/8	48.59
2016	5,738,305	237,265,236	1,899	53.70	12/16	34.70	1/22	41.94
2015	5,166,013	289,732,302	1,868	69.00	5/11	44.35	12/31	55.65
2014	4,085,939	185,254,770	1,242	51.90	11/10	38.85	5/6	45.35
2013	5,149,842	208,146,961	1,368	44.25	10/11	34.85	1/4	40.67
2012	4,330,662	138,359,964	1,204	36.15	2/10	27.60	6/4	31.61
2011	6,971,773	265,815,866	1,817	48.80	8/1	28.00	12/20	38.49
2010	5,932,826	223,972,738	1,396	41.65	8/10	31.20	2/6	37.80

表 7-12c 富邦金(2881)近 4 季與近 5 年的 EPS

獲利能力 (2020 第 2 季)		近 4 季每股盈餘(EPS)		近 5 年每股盈餘(EPS)	
營業利益率	0.00%	2019 第 3 季	2.29 元	2015 年	6.21 元
稅前淨利率	46.45%	2019 第 4 季	0.47 元	2016 年	4.73 元
資產報酬率(ROA)	0.16%	2020 第 1 季	2.24 元	2017 年	5.19 元
股東權益報酬率(ROE)	2.55%	2020 第 2 季	1.12 元	2018 年	4.52 元
每股淨值	51.82 元	近 4 季 EPS 和	6.12 元	2019 年	5.46 元

表 7-12d 富邦金(2881)收租股買前檢查表

西元(年)	最高價(元)	最低價(元)	收盤均價(元)	每股淨值(元)	EPS(元)	本益比(P/E)	ROE(%)	現金息(元)	現金殖利率(%)	現金配息率(%)	負債比(%)	董監事持股(%)	外資持股(%)
2015	69.00	44.35	55.65	35.92	6.21	8.96	17.29	2.00	3.59	32.21	93.72	21.5	30.2
2016	53.70	(34.70)	41.94	37.33	4.73	8.87	12.67	2.00	4.77	42.28	93.28	21.6	31.6
2017	53.40	45.70	48.59	45.08	5.19	9.36	11.51	2.30	4.73	44.32	92.94	21.6	29.3
2018	55.00	46.10	50.79	39.93	4.52	11.24	11.32	2.00	3.94	44.25	93.92	21.6	30.3
2019	47.35	41.10	44.71	52.85	5.46	8.19	10.33	2.00	4.47	36.63	92.75	21.6	27.7
平均					5.22	9.32	12.62	2.06	4.30	39.94			
是否符合 SOP：						○	○	▲	X	N/A		○	

②複查買價=平均 P/E×近 4 季 EPS
　　　　　=9.32×6.12 元=57.0 元

①基準買價=2.06 元×15≒30.9 元
　買入 P/E=基準買價÷近 4 季 EPS
　　　　　=30.9 元÷6.12 元=5.0
　※5.0＜15，OK

③近 5 年最低價=34.70 元
※近 4 季 EPS 和異常低時用

註 1：近 5 年配股記錄：無
註 2：近 4 季(2019/Q3～2020/Q2)EPS=6.12 元
註 3：2020/Q2 每股淨值：51.82 元
註 4：2020/10/30 股價：40.70 元(P/B=0.79)
註 5：2020/10/30 適當買價：30.9 元。

註 6：買前近 4 季 EPS(自填)：
註 7：買前基準買價(自填)：
註 8：買前複查買價(自填)：
註 9：買前適當買價(自填)：
註 10：本次買入價(自填)：

⑬國泰金(2882)

★基本資料★

成立：2001/12/31	上市：2001/12/31	產業別：金融保險業
地址：台北市仁愛路四段 296 號	電話：(02)2708-7698	發言人：鄧崇儀 (資深副總經理)

主要業務：保險業務淨收益 47.82%、公平價值變動之金融資產與金 37.68%、淨
(2019 年) 利息收益 35.32%、透過其他綜合損益按公允價值 5.38%、投資性不
動產 2.18%、除列按攤銷後成本衡量之金融 1.78%、其他…。

2020 年 Q2：資本額 1,470.3 億元，總資產 103,469 億元。
　　　　　Q1～Q2 累計：EPS：2.18 元，ROE：4.50 %。

表 7-13a〉國泰金(2882)股利政策　　　　　　　　　　　(單位：元)

年度	現金股利	盈餘配股	公積配股	股票股利	合計
2019	2.00	0.00	0.00	0.00	2.00
2018	1.50	0.00	0.00	0.00	1.50
2017	2.50	0.00	0.00	0.00	2.50
2016	2.00	0.00	0.00	0.00	2.00
2015	2.00	0.00	0.00	0.00	2.00
2014	2.00	0.00	0.00	0.00	2.00
2013	1.50	0.50	0.00	0.50	2.00
2012	0.70	0.68	0.00	0.68	1.38
2011	0.50	0.50	0.00	0.50	1.00
2010	0.60	0.20	0.00	0.20	0.80

表 7-13b〉國泰金(2882)年度交易資訊

年度	張數	金額(仟元)	筆數(仟)	最高價	日期	最低價	日期	收盤均價
2019	3,575,222	180,867,315	1,497	47.25	1/2	38.85	8/16	42.46
2018	4,046,112	187,247,188	1,250	56.80	1/16	45.90	12/25	52.23
2017	6,048,002	201,219,731	1,385	56.20	12/5	46.05	4/20	49.36
2016	5,364,004	238,806,726	1,966	50.50	12/16	33.60	1/21	39.17
2015	4,516,691	262,079,863	1,831	56.50	5/5	38.60	8/24	48.47
2014	6,114,398	214,108,033	1,383	54.10	7/28	42.10	5/6	47.25
2013	4,398,033	248,806,507	1,752	48.85	12/31	31.15	1/9	41.03
2012	6,212,864	138,457,536	1,276	37.00	2/10	27.80	6/4	30.96
2011	5,398,165	262,806,968	1,854	55.40	1/13	28.00	12/20	41.59
2010	13,948,244	270,210,946	1,614	61.20	1/11	42.75	6/9	50.02

表 7-13c 國泰金(2882)近 4 季與近 5 年的 EPS

獲利能力 (2020 第 2 季)		近 4 季每股盈餘(EPS)		近 5 年每股盈餘(EPS)	
營業利益率	0.00%	2019 第 3 季	1.41 元	2015 年	4.58 元
稅前淨利率	21.86%	2019 第 4 季	0.92 元	2016 年	3.79 元
資產報酬率(ROA)	0.09%	2020 第 1 季	1.77 元	2017 年	4.47 元
股東權益報酬率(ROE)	1.26%	2020 第 2 季	0.41 元	2018 年	3.95 元
每股淨值	52.77 元	近 4 季 EPS 和	4.51 元	2019 年	4.76 元

表 7-13d 國泰金(2882)收租股買前檢查表

西元(年)	最高價(元)	最低價(元)	收盤均價(元)	每股淨值(元)	EPS(元)	本益比(P/E)	ROE(%)	現金息(元)	現金殖利率(%)	現金配息率(%)	負債比(%)	董監事持股(%)	外資持股(%)
2015	56.50	38.60	48.47	36.22	4.58	10.58	12.64	2.00	4.13	43.67	93.91	2.4	26.0
2016	50.50	33.60	39.17	36.78	3.79	10.34	10.30	2.00	5.11	52.77	93.49	1.7	27.6
2017	56.20	46.05	49.36	44.72	4.47	11.04	10.00	2.50	5.06	55.93	93.12	1.7	29.0
2018	56.80	45.90	52.23	36.87	3.95	13.22	10.71	1.50	2.87	37.97	94.26	1.7	28.0
2019	47.25	38.85	42.46	52.49	4.76	8.92	9.07	2.00	4.71	42.02	92.23	1.6	23.3
平均					4.31	10.82	10.55	2.00	4.38	46.47			
是否符合 SOP：					○	◆		▲		X	N/A		▲

②複查買價=平均 P/E×近 4 季 EPS
=10.82×4.51 元=48.8 元

①基準買價=2.00 元×15=30.0 元
買入 P/E=基準買價÷近 4 季 EPS
=30.0 元÷4.51 元=6.7
※6.7<15，OK

③近 5 年最低價=33.60 元
※近 4 季 EPS 和異常低時用

註 1：近 5 年配股記錄：無
註 2：近 4 季(2019/Q3～2020/Q2)EPS=4.51 元
註 3：2020/Q2 每股淨值：52.77 元
註 4：2020/10/30 股價：38.40 元(P/B=0.73)
註 5：2020/10/30 適當買價：30.0 元。

註 6：買前近 4 季 EPS(自填)：
註 7：買前基準買價(自填)：
註 8：買前複查買價(自填)：
註 9：買前適當買價(自填)：
註 10：本次買入價(自填)：

⑭開發金(2883)

★基本資料★

成立：2001/12/28	上市：2001/12/28	產業別：金融保險業
地址：台北市南京東路五段125號12樓	電話：(02)2763-8800	發言人：張立荃 (資深副總經理)
主要業務 (2019年)	保險業務淨收益65.23%、淨利息收益26.41%、公平價值變動之金融資產與金20.12%、透過其他綜合損益按公允價值2.94%、其他利息以外淨收益1.47%、除列按攤銷後成本衡量金融資0.42%、其他…。	
2020年Q2：資本額1,497.1億元，總資產32,134億元。 Q1～Q2累計：EPS：0.21元，ROE：2.73%。		

表 7-14a〉開發金(2883)股利政策　　　　　　　　　　　　　(單位：元)

年度	現金股利	盈餘配股	公積配股	股票股利	合計
2019	0.60	0.00	0.00	0.00	0.60
2018	0.30	0.00	0.00	0.00	0.30
2017	0.60	0.00	0.00	0.00	0.60
2016	0.50	0.00	0.00	0.00	0.50
2015	0.50	0.00	0.00	0.00	0.50
2014	0.60	0.00	0.00	0.00	0.60
2013	0.40	0.00	0.00	0.00	0.40
2012	0.18	0.00	0.00	0.00	0.18
2011	0.00	0.00	0.00	0.00	0.00
2010	0.59	0.10	0.00	0.10	0.69

表 7-14b〉開發金(2883)年度交易資訊

年度	張數	金額(仟元)	筆數(仟)	最高價	日期	最低價	日期	收盤均價
2019	5,142,986	49,458,918	1,105	10.30	4/1	8.92	8/6	9.60
2018	7,776,390	83,125,128	1,555	11.70	5/22	9.46	10/26	10.67
2017	6,420,398	57,092,003	1,199	10.30	12/25	7.89	2/2	8.78
2016	5,595,539	44,425,714	1,261	8.65	3/31	6.94	1/21	7.95
2015	9,378,535	99,748,520	1,650	13.30	5/5	7.72	12/14	10.18
2014	8,155,553	77,081,563	1,281	10.50	7/29	8.30	3/24	9.39
2013	11,023,403	94,113,700	1,627	9.23	3/11	7.47	1/9	8.47
2012	9,963,569	75,805,909	1,425	10.20	2/10	6.33	11/21	7.69
2011	9,236,840	106,595,229	1,565	13.80	1/13	7.45	12/19	10.65
2010	6,889,021	66,393,481	1,043	13.00	12/31	7.88	5/27	9.05

表 7-14c 開發金(2883)近 4 季與近 5 年的 EPS

獲利能力 (2020 第 2 季)		近 4 季每股盈餘(EPS)		近 5 年每股盈餘(EPS)	
營業利益率	0.00%	2019 第 3 季	0.19 元	2015 年	0.58 元
稅前淨利率	36.20%	2019 第 4 季	0.15 元	2016 年	0.40 元
資產報酬率(ROA)	0.17%	2020 第 1 季	-0.03 元	2017 年	0.80 元
股東權益報酬率(ROE)	2.08%	2020 第 2 季	0.24 元	2018 年	0.54 元
每股淨值	12.14 元	近 4 季 EPS 和	0.55 元	2019 年	0.88 元

表 7-14d 開發金(2883)收租股買前檢查表

西元 (年)	最高價 (元)	最低價 (元)	收盤均價 (元)	每股淨值 (元)	EPS (元)	本益比 (P/E)	ROE (%)	現金息 (元)	現金殖利率 (%)	現金配息率 (%)	負債比 (%)	董監事持股 (%)	外資持股 (%)
2015	13.30	7.72	10.18	11.17	0.58	17.55	5.19	0.50	4.91	86.21	80.53	5.7	23.7
2016	8.65	(6.94)	7.95	11.16	0.40	19.88	3.58	0.50	6.29	125.00	81.27	6.0	24.7
2017	10.30	7.89	8.78	11.60	0.80	10.98	6.90	0.60	6.83	75.00	89.58	6.4	25.2
2018	11.70	9.46	10.67	10.97	0.54	19.76	4.92	0.30	2.81	55.56	91.77	6.4	30.0
2019	10.30	8.92	9.60	12.85	0.88	10.91	6.85	0.60	6.25	68.18	90.21	1.5	27.4
平均					0.64	15.81	5.49	0.50	5.42	81.99			
是否符合 SOP：					◆	X		◆	○		N/A		◆

②複查買價=平均 P/E×近 4 季 EPS
=15×0.55 元=8.3 元
※平均 P/E≧15，取 15 計算

①基準買價=0.50 元×15=7.5 元
買入 P/E=基準買價÷近 4 季 EPS
=7.5 元÷0.55 元=13.6
※13.6＜15，OK

③近 5 年最低價=6.94 元
※近 4 季 EPS 和異常低時用

註 1：近 5 年配股記錄：無
註 2：近 4 季(2019/Q3～2020/Q2)EPS=0.55 元
註 3：2020/Q2 每股淨值：12.14 元
註 4：2020/10/30 股價：8.38 元(P/B=0.69)
註 5：2020/10/30 適當買價：7.5 元。

註 6：買前近 4 季 EPS(自填)：
註 7：買前基準買價(自填)：
註 8：買前複查買價(自填)：
註 9：買前適當買價(自填)：
註 10：本次買入價(自填)：

⑮玉山金(2884)

★基本資料★

成立：2002/01/28	上市：2002/01/28	產業別：金融保險業
地址：台北市民生東路3段117號14樓及115號1樓	電話：(02)2175-1313	發言人：陳美滿 (總經理)
主要業務： (2019年)	淨利息收益 36.45%、手續費及佣金 34.34%、公平價值變動之金融資產與金 28.07%、透過其他綜合損益按公允價值 2.00%、其他利息以外淨收益 0.54%、資產減損迴轉利益(減損損失)0.01%。	
2020 年 Q2：資本額 1,256.7 億元，總資產 26,977 億元。 Q1～Q2 累計：EPS：0.77 元，ROE：5.54 ％。		

表 7-15a 玉山金(2884)股利政策　　　　　　　　　　　　　(單位：元)

年度	現金股利	盈餘配股	公積配股	股票股利	合計
2019	0.79	0.80	0.00	0.80	1.59
2018	0.71	0.71	0.00	0.71	1.42
2017	0.61	0.61	0.00	0.61	1.23
2016	0.49	0.74	0.00	0.74	1.23
2015	0.43	1.00	0.00	1.00	1.43
2014	0.44	0.87	0.00	0.87	1.30
2013	0.28	0.89	0.00	0.89	1.17
2012	0.30	1.00	0.00	1.00	1.30
2011	0.20	0.50	0.00	0.50	0.70
2010	0.20	0.70	0.00	0.20	0.90

表 7-15b 玉山金(2884)年度交易資訊

年度	張數	金額(仟元)	筆數(仟)	最高價	日期	最低價	日期	收盤均價
2019	4,953,749	125,297,289	1,408	28.30	7/24	20.00	1/4	25.25
2018	5,342,187	111,062,217	1,253	22.75	9/26	18.40	2/6	20.78
2017	5,324,849	98,527,448	1,138	19.75	8/8	17.70	8/14	18.54
2016	4,270,510	76,457,868	1,115	19.90	7/27	15.85	1/22	17.99
2015	4,067,231	80,523,721	1,000	22.15	4/28	17.95	8/24	19.80
2014	3,682,883	70,246,261	809	20.80	7/29	17.90	3/24	19.14
2013	3,940,834	73,323,214	755	20.60	9/23	15.80	1/9	18.57
2012	2,965,666	46,468,534	648	17.60	9/17	12.70	1/18	15.59
2011	3,238,496	56,882,180	627	21.85	5/23	11.95	12/20	17.67
2010	1,947,896	28,423,678	404	20.50	12/30	10.65	2/6	14.48

表 7-15c> 玉山金(2884)近 4 季與近 5 年的 EPS

獲利能力 (2020 第 2 季)		近 4 季每股盈餘(EPS)		近 5 年每股盈餘(EPS)	
營業利益率	0.00%	2019 第 3 季	0.48 元	2015 年	1.63 元
稅前淨利率	41.81%	2019 第 4 季	0.37 元	2016 年	1.40 元
資產報酬率(ROA)	0.19%	2020 第 1 季	0.39 元	2017 年	1.49 元
股東權益報酬率(ROE)	2.94%	2020 第 2 季	0.41 元	2018 年	1.58 元
每股淨值	14.91 元	近 4 季 EPS 和	1.65 元	2019 年	1.73 元

表 7-15d> 玉山金(2884)收租股買前檢查表

西元 (年)	最高價 (元)	最低價 (元)	收盤均價 (元)	每股淨值 (元)	EPS (元)	本益比 (P/E)	ROE (%)	現金息 (元)	現金殖利率 (%)	現金配息率 (%)	負債比 (%)	董監事持股 (%)	外資持股 (%)
2015	22.15	17.95	19.80	15.21	1.63	12.15	10.72	0.43	2.17	26.38	93.15	2.4	59.8
2016	19.90	(15.85)	17.99	14.66	1.40	12.85	9.55	0.49	2.72	35.00	93.14	2.4	55.4
2017	19.75	17.70	18.54	14.61	1.49	12.44	10.20	0.61	3.29	40.94	92.82	2.4	45.0
2018	22.75	18.40	20.78	14.78	1.58	13.15	10.69	0.71	3.42	44.94	93.00	2.5	45.4
2019	28.30	20.00	25.25	14.89	1.73	14.60	11.62	0.79	3.13	45.66	93.07	2.5	44.2
平均					1.57	13.04	10.55	0.61	2.95	38.58			
是否符合 SOP：					○	◆		X	X	N/A		○	

②複查買價=平均 P/E×近 4 季 EPS
=13.04×1.65 元=21.5 元

①基準買價=0.61 元×15=9.2 元
買入 P/E=基準買價÷近 4 季 EPS
=9.2 元÷1.65 元=5.6
※5.6＜15，OK

③近 5 年最低價=15.85 元
※近 4 季 EPS 和異常低時用

註 1：近 5 年配股記錄：5 次配股(表 7-15a)
註 2：近 4 季(2019/Q3～2020/Q2)EPS=1.65 元
註 3：2020/Q2 每股淨值：14.91 元
註 4：2020/10/30 股價：24.30 元(P/B=1.63)
註 5：2020/10/30 適當買價：9.2 元。

註 6：買前近 4 季 EPS(自填)：
註 7：買前基準買價(自填)：
註 8：買前複查買價(自填)：
註 9：買前適當買價(自填)：
註 10：本次買入價(自填)：

⑯元大金(2885)

★基本資料★

成立：2002/02/04	上市：2002/02/04	產業別：金融保險業
地址：台北市松山區敦化南路 1 段 66 號 6 樓、10 樓、12 樓及 13 樓	電話：(02)2781-1999	發言人：翁健 (總經理)
主要業務： **(2019 年)**	保險業務淨收益 37.86%、淨利息收益 24.29%、手續費及佣金 16.54%、公平價值變動之金融資產與金 13.05%、諮詢服務 3.16%、透過其他綜合損益按公允價值 2.69%、雜項收入 2.11%、其他…。	
2020 年 Q2：資本額 1,167.1 億元，總資產 25,595 億元。 Q1～Q2 累計：EPS：0.92 元，ROE：4.70 %。		

表 7-16a〉 元大金(2885)股利政策 　　　　　　　　　　(單位：元)

年度	現金股利	盈餘配股	公積配股	股票股利	合計
2019	0.65	0.40	0.00	0.40	1.05
2018	0.90	0.00	0.00	0.00	0.90
2017	0.56	0.00	0.00	0.00	0.56
2016	0.45	0.00	0.00	0.00	0.45
2015	0.36	0.00	0.00	0.00	0.36
2014	0.62	0.26	0.00	0.26	0.88
2013	0.65	0.25	0.00	0.25	0.90
2012	0.55	0.00	0.00	0.00	0.55
2011	0.20	0.00	0.00	0.00	0.20
2010	0.00	0.92	0.00	0.92	0.92

表 7-16b〉 元大金(2885)年度交易資訊

年度	張數	金額(仟元)	筆數(仟)	最高價	日期	最低價	日期	收盤均價
2019	4,041,979	72,718,829	784	20.45	12/30	15.00	1/4	18.14
2018	5,786,849	83,692,489	1,101	16.40	9/28	12.80	2/9	14.44
2017	4,803,960	63,102,322	864	14.15	11/23	11.85	1/4	13.11
2016	6,595,540	72,937,108	1,208	12.20	12/14	9.97	1/21	11.13
2015	7,677,350	118,600,421	1,410	18.40	4/27	11.75	8/24	14.75
2014	5,026,960	79,496,444	972	17.90	1/2	14.45	10/17	15.75
2013	4,150,089	64,939,296	802	18.00	12/31	14.10	4/18	15.55
2012	5,445,526	80,756,741	987	17.95	2/4	12.25	6/4	14.59
2011	8,088,578	154,951,622	1,396	24.05	2/8	14.10	12/20	18.65
2010	7,865,027	152,096,672	1,312	23.85	1/12	15.85	5/27	19.19

表 7-16c 元大金(2885)近 4 季與近 5 年的 EPS

獲利能力 (2020 第 2 季)		近 4 季每股盈餘(EPS)		近 5 年每股盈餘(EPS)	
營業利益率	0.00%	2019 第 3 季	0.53 元	2015 年	1.02 元
稅前淨利率	57.98%	2019 第 4 季	0.28 元	2016 年	1.16 元
資產報酬率(ROA)	0.29%	2020 第 1 季	0.35 元	2017 年	1.37 元
股東權益報酬率(ROE)	2.93%	2020 第 2 季	0.57 元	2018 年	1.59 元
每股淨值	20.32 元	近 4 季 EPS 和	1.73 元	2019 年	1.75 元

表 7-16d 元大金(2885)收租股買前檢查表

西元(年)	最高價(元)	最低價(元)	收盤均價(元)	每股淨值(元)	EPS(元)	本益比(P/E)	ROE(%)	現金息(元)	現金殖利率(%)	現金配息率(%)	負債比(%)	董監事持股(%)	外資持股(%)
2015	18.40	11.75	14.75	17.02	1.02	14.46	5.99	0.36	2.44	35.29	87.28	4.6	35.5
2016	(12.20)	9.97	11.13	16.96	1.16	9.59	6.84	0.45	4.04	38.79	89.83	4.2	32.3
2017	14.15	11.85	13.11	17.89	1.37	9.57	7.66	0.56	4.27	40.88	89.97	4.3	37.0
2018	16.40	12.80	14.44	18.76	1.59	9.08	8.48	0.90	6.23	56.60	89.64	4.5	39.5
2019	20.45	15.00	18.14	19.90	1.75	10.37	8.79	0.65	3.58	37.14	89.64	4.6	40.4
平均				1.38	10.61	7.55	0.58	4.11	41.74			
是否符合 SOP：				○	▲		▲	X	N/A		○	

②複查買價=平均 P/E×近 4 季 EPS
=10.61×1.73 元=18.4 元

①基準買價=0.58 元×15=8.7 元
買入 P/E=基準買價÷近 4 季 EPS
=8.7 元÷1.73 元=5.0
※5.0＜15，OK

③近 5 年最低價=9.97 元
※近 4 季 EPS 和異常低時用

註 1：近 5 年配股記錄：1 次配股(表 7-16a)	註 6：買前近 4 季 EPS(自填)：
註 2：近 4 季(2019/Q3～2020/Q2)EPS=1.73 元	註 7：買前基準買價(自填)：
註 3：2020/Q2 每股淨值：20.32 元	註 8：買前複查買價(自填)：
註 4：2020/10/30 股價：17.75 元(P/B=0.87)	註 9：買前適當買價(自填)：
註 5：2020/10/30 適當買價：8.7 元。	註 10：本次買入價(自填)：

⑰台新金(2887)

★基本資料★

成立：2002/02/18	上市：2002/02/18	產業別：金融保險業
地址：台北市大安區仁愛路 4 段 118 號 12、13、15、16、21、22 及 23 樓	電話：(02)2326-8888	發言人：林維俊 (總經理)
主要業務 **(2019 年)**	淨利利息收益 44.89%、手續費及佣金 29.64%、公平價值變動之金融資產與金 16.07%、權益法投資收益-關聯和合營公 6.07%、透過其他綜合損益按公允價值 1.72%、雜項收入 1.13%、兌換損益 0.52%。	
2020 年 Q2：資本額 1,146 億元，總資產 20,799 億元。 Q1～Q2 累計：EPS：0.58 元，ROE：3.98 %。		

表 7-17a 台新金(2887)股利政策 （單位：元）

年度	現金股利	盈餘配股	公積配股	股票股利	合計
2019	0.57	0.23	0.00	0.23	0.80
2018	0.51	0.21	0.00	0.21	0.72
2017	0.54	0.44	0.00	0.44	0.99
2016	0.53	0.43	0.00	0.43	0.96
2015	0.48	0.72	0.00	0.72	1.21
2014	0.10	0.00	0.00	0.00	0.10
2013	0.43	0.99	0.00	0.99	1.42
2012	0.22	0.89	0.00	0.89	1.11
2011	0.22	0.90	0.00	0.90	1.12
2010	0.23	0.70	0.00	0.70	0.93

表 7-17b 台新金(2887)年度交易資訊

年度	張數	金額(仟元)	筆數(仟)	最高價	日期	最低價	日期	收盤均價
2019	3,972,204	55,614,912	923	14.80	7/23	12.95	1/4	14.03
2018	4,171,460	59,549,132	928	15.35	8/21	12.95	12/26	14.28
2017	4,155,665	54,590,521	698	14.45	8/9	11.70	1/10	13.10
2016	4,647,625	54,773,537	838	13.45	8/19	9.91	1/18	11.76
2015	4,343,575	55,068,337	883	14.30	4/28	10.00	8/25	12.62
2014	5,225,077	76,171,892	878	16.55	7/29	12.15	12/17	14.52
2013	5,430,387	71,379,768	843	15.00	11/25	11.40	1/17	13.25
2012	6,223,335	70,361,537	855	12.65	3/15	9.99	1/9	11.27
2011	6,366,440	92,756,726	1,043	18.30	1/4	9.30	12/20	14.62
2010	6,336,754	84,400,509	1,022	17.60	12/31	9.91	2/8	13.20

表 7-17c　台新金(2887)近 4 季與近 5 年的 EPS

獲利能力 (2020 第 2 季)		近 4 季每股盈餘(EPS)		近 5 年每股盈餘(EPS)	
營業利益率	0.00%	2019 第 3 季	0.31 元	2015 年	1.39 元
稅前淨利率	44.30%	2019 第 4 季	0.20 元	2016 年	1.14 元
資產報酬率(ROA)	0.22%	2020 第 1 季	0.20 元	2017 年	1.15 元
股東權益報酬率(ROE)	2.55%	2020 第 2 季	0.38 元	2018 年	1.09 元
每股淨值	15.54 元	近 4 季 EPS 和	1.09 元	2019 年	1.19 元

表 7-17d　台新金(2887)收租股買前檢查表

西元 (年)	最高價 (元)	最低價 (元)	收盤均價 (元)	每股淨值 (元)	EPS (元)	本益比 (P/E)	ROE (%)	現金息 (元)	現金殖利率 (%)	現金配息率 (%)	負債比 (%)	董監事持股 (%)	外資持股 (%)
2015	14.30	10.00	12.62	12.11	1.39	9.08	11.48	0.48	3.80	34.53	91.78	1.9	25.1
2016	13.45	9.91	11.76	13.23	1.14	10.32	8.62	0.53	4.51	46.49	90.56	2.0	26.0
2017	14.45	11.70	13.10	14.40	1.15	11.39	7.99	0.54	4.12	46.96	90.74	2.0	26.7
2018	15.35	12.95	14.28	15.22	1.09	13.10	7.16	0.51	3.57	46.79	90.23	3.7	26.6
2019	14.80	12.95	14.03	15.61	1.19	11.79	7.62	0.57	4.06	47.90	91.19	4.1	28.2
平均					1.19	11.14	8.57	0.53	4.01	44.53			
是否符合 SOP：					○	▲		▲	X	N/A		○	

②複查買價=平均 P/E×近 4 季 EPS
　　　　　=11.14×1.09 元=12.1 元

①基準買價=0.53 元×15=8.0 元
買入 P/E=基準買價÷近 4 季 EPS
　　　　=8.0 元÷1.09 元=7.3
※7.3＜15，OK

③近 5 年最低價=9.91 元
※近 4 季 EPS 和異常低時用

註 1：近 5 年配股記錄：5 次配股(表 7-17a)	註 6：買前近 4 季 EPS(自填)：
註 2：近 4 季(2019/Q3～2020/Q2)EPS=1.09 元	註 7：買前基準買價(自填)：
註 3：2020/Q2 每股淨值：15.54 元	註 8：買前複查買價(自填)：
註 4：2020/10/30 股價：12.60 元(P/B=0.81)	註 9：買前適當買價(自填)：
註 5：2020/10/30 適當買價：8.0 元。	註 10：本次買入價(自填)：

⑱永豐金(2890)

★基本資料★

成立：2002/05/09	上市：2002/05/09	產業別：金融保險業
地址：台北市中山區八德路二段 306 號 3 樓及 5 至 13 樓	電話：(02)8161-8935	發言人：許如玫 (財務長)
主要業務： (2019 年)	淨利息收益 44.33%、手續費及佣金 29.58%、公平價值變動之金融資 產與金 18.94%、透過其他綜合損益按公允價值 2.68%、兌換損益 1.99%、其他利息以外淨收益 1.22%、其他…	
2020 年 Q2：資本額 1,128.1 億元，總資產 19,819 億元。 　　　　Q1～Q2 累計：EPS：0.50 元，ROE：3.85 ％。		

表 7-18a 永豐金(2890)股利政策　　　　　　　　　　(單位：元)

年度	現金股利	盈餘配股	公積配股	股票股利	合計
2019	0.70	0.00	0.00	0.00	0.70
2018	0.64	0.00	0.00	0.00	0.64
2017	0.50	0.20	0.00	0.20	0.70
2016	0.34	0.35	0.00	0.35	0.69
2015	0.43	0.50	0.00	0.50	0.93
2014	0.50	0.74	0.00	0.74	1.24
2013	0.34	0.81	0.00	0.81	1.14
2012	0.33	0.80	0.00	0.80	1.13
2011	0.14	0.32	0.00	0.32	0.45
2010	0.15	0.43	0.00	0.43	0.58

表 7-18b 永豐金(2890)年度交易資訊

年度	張數	金額(仟元)	筆數(仟)	最高價	日期	最低價	日期	收盤均價
2019	3,848,197	46,202,724	695	13.35	12/20	10.05	1/4	12.01
2018	4,236,267	45,066,962	744	11.65	8/1	9.48	2/6	10.65
2017	4,467,099	41,693,446	720	9.77	9/12	8.87	6/19	9.34
2016	3,898,081	36,690,834	880	10.70	8/10	8.01	1/22	9.35
2015	4,747,333	58,223,462	935	14.35	5/13	9.19	12/21	12.13
2014	4,340,599	59,419,789	769	15.10	8/28	12.40	12/18	13.69
2013	4,417,699	62,186,560	790	15.40	8/5	12.40	1/24	14.15
2012	4,194,685	47,049,511	771	13.25	7/30	8.56	1/16	11.10
2011	3,974,078	47,019,529	689	14.40	1/26	8.00	12/19	11.60
2010	5,415,497	60,897,967	793	13.55	12/31	9.24	6/7	11.12

表 7-18c〉永豐金(2890)近 4 季與近 5 年的 EPS

獲利能力 (2020 第 2 季)		近 4 季每股盈餘(EPS)		近 5 年每股盈餘(EPS)	
營業利益率	0.00%	2019 第 3 季	0.26 元	2015 年	1.07 元
稅前淨利率	33.00%	2019 第 4 季	0.26 元	2016 年	0.78 元
資產報酬率(ROA)	0.17%	2020 第 1 季	0.21 元	2017 年	0.82 元
股東權益報酬率(ROE)	2.25%	2020 第 2 季	0.29 元	2018 年	0.84 元
每股淨值	12.98 元	近 4 季 EPS 和	1.02 元	2019 年	1.11 元

表 7-18d〉永豐金(2890)收租股買前檢查表

西元(年)	最高價(元)	最低價(元)	收盤均價(元)	每股淨值(元)	EPS(元)	本益比(P/E)	ROE(%)	現金息(元)	現金殖利率(%)	現金配息率(%)	負債比(%)	董監事持股(%)	外資持股(%)
2015	14.35	9.19	12.13	12.95	1.07	11.34	8.26	0.43	3.54	40.19	91.70	4.9	32.1
2016	10.70	(8.01)	9.35	12.54	0.78	11.99	6.22	0.34	3.64	43.59	92.02	4.9	30.9
2017	9.77	8.87	9.34	12.51	0.82	11.39	6.55	0.50	5.35	60.98	91.35	4.9	26.4
2018	11.65	9.48	10.65	12.58	0.84	12.68	6.68	0.64	6.01	76.19	91.16	5.5	28.3
2019	13.35	10.05	12.01	13.16	1.11	10.82	8.43	0.70	5.83	63.06	91.91	5.7	32.1
平均					0.92	11.64	7.23	0.52	4.87	56.80			
是否符合 SOP：						○	▲		▲	▲	N/A		○

②複查買價=平均 P/E×近 4 季 EPS
=11.64×1.02 元=11.9 元

③近 5 年最低價=8.01 元
※近 4 季 EPS 和異常低時用

①基準買價=0.52 元×15=7.8 元
買入 P/E=基準買價÷近 4 季 EPS
=7.8 元÷1.02 元=7.6
※7.6＜15，OK

註 1：近 5 年配股記錄：3 次配股(表 7-18a)
註 2：近 4 季(2019/Q3～2020/Q2)EPS=1.02 元
註 3：2020/Q2 每股淨值：12.98 元
註 4：2020/10/30 股價：10.70 元(P/B=0.82)
註 5：2020/10/30 適當買價：7.8 元。

註 6：買前近 4 季 EPS(自填)：
註 7：買前基準買價(自填)：
註 8：買前複查買價(自填)：
註 9：買前適當買價(自填)：
註 10：本次買入價(自填)：

⑲ 中信金(2891)

★基本資料★

成立：2002/05/17	上市：2002/05/17	產業別：金融保險業
地址：臺北市南港區經貿二路 168 號 27 樓、29 樓	電話：(02)3327-7777	發言人：邱雅玲 (資深副總經理)
主要業務 **(2019 年)**	淨利息收益 41.79%、保險業務淨收益 38.48%、公平價值變動之金融資產與金 13.61%、手續費及佣金 9.24%、透過其他綜合損益按公允價值 5.42%、權益法投資收益-關聯和合營公 0.57%、其他…。	
2020 年 Q2：資本額 1,999.7 億元，總資產 63,819 億元。 Q1～Q2 累計：EPS：0.93 元，Q1～Q2 累計 ROE：5.36％。		

表 7-19a 中信金(2891)股利政策 (單位：元)

年度	現金股利	盈餘配股	公積配股	股票股利	合計
2019	1.00	0.00	0.00	0.00	1.00
2018	1.00	0.00	0.00	0.00	1.00
2017	1.08	0.00	0.00	0.00	1.08
2016	1.00	0.00	0.00	0.00	1.00
2015	0.81	0.80	0.00	0.80	1.61
2014	0.81	0.81	0.00	0.81	1.62
2013	0.38	0.37	0.00	0.37	0.75
2012	0.71	0.70	0.00	0.70	1.41
2011	0.40	0.88	0.00	0.88	1.28
2010	0.73	0.72	0.00	0.72	1.45

表 7-19b 中信金(2891)年度交易資訊

年度	張數	金額(仟元)	筆數(仟)	最高價	日期	最低價	日期	收盤均價
2019	7,331,328	153,933,324	1,713	22.50	12/30	19.70	1/4	20.96
2018	8,908,702	189,114,331	2,085	23.00	10/1	19.60	2/6	21.25
2017	8,520,458	163,200,097	1,822	20.75	7/14	17.50	1/20	19.23
2016	10,001,369	170,802,503	2,046	19.70	8/19	14.50	1/27	17.05
2015	10,386,977	211,177,368	2,090	24.80	4/28	16.05	12/14	20.44
2014	7,258,997	146,929,238	1,452	22.15	9/1	17.95	5/2	20.14
2013	9,643,072	177,856,271	1,572	20.35	12/31	16.45	1/17	18.64
2012	7,989,554	142,929,110	1,484	20.85	2/4	15.45	11/19	17.80
2011	10,631,930	235,492,313	1,787	27.10	7/27	16.10	11/23	22.35
2010	9,976,892	187,568,141	1,604	21.80	12/31	15.15	5/25	18.69

表 7-19c 中信金(2891)近 4 季與近 5 年的 EPS

獲利能力 (2020 第 2 季)		近 4 季每股盈餘(EPS)		近 5 年每股盈餘(EPS)	
營業利益率	0.00%	2019 第 3 季	0.91 元	2015 年	2.10 元
稅前淨利率	29.94%	2019 第 4 季	0.24 元	2016 年	1.43 元
資產報酬率(ROA)	0.11%	2020 第 1 季	0.62 元	2017 年	1.91 元
股東權益報酬率(ROE)	2.00%	2020 第 2 季	0.62 元	2018 年	1.85 元
每股淨值	18.08 元	近 4 季 EPS 和	2.39 元	2019 年	2.16 元

表 7-19d 中信金(2891)收租股買前檢查表

西元(年)	最高價(元)	最低價(元)	收盤均價(元)	每股淨值(元)	EPS(元)	本益比(P/E)	ROE(%)	現金息(元)	現金殖利率(%)	現金配息率(%)	負債比(%)	董監事持股(%)	外資持股(%)
2015	24.80	16.05	20.44	15.39	2.10	9.73	13.65	0.81	3.96	38.57	93.96	1.0	39.1
2016	19.70	(14.50)	17.05	14.49	1.43	11.92	9.87	1.00	5.87	69.93	94.17	1.0	39.4
2017	20.75	17.50	19.23	16.20	1.91	10.07	11.79	1.08	5.62	56.54	93.99	1.0	44.1
2018	23.00	19.60	21.25	15.89	1.85	11.49	11.64	1.00	4.71	54.05	94.52	1.0	41.3
2019	22.50	19.70	20.96	19.06	2.16	9.70	11.33	1.00	4.77	46.30	93.87	1.5	41.6
平均					1.89	10.58	11.66	0.98	4.98	53.08			
是否符合 SOP：					○	◆		▲	▲		N/A		○

②**複查買價**＝平均 P/E×近 4 季 EPS
　　　　　＝10.58×2.39 元＝25.3 元

①**基準買價**＝0.98 元×15＝14.7 元
　買入 P/E＝基準買價÷近 4 季 EPS
　　　　　＝14.7 元÷2.39 元＝6.2
　※6.2＜15，OK

③**近 5 年最低價**＝14.50 元
※近 4 季 EPS 和異常低時用

註 1：近 5 年配股記錄：1 次配股(表 7-19a)	註 6：買前近 4 季 EPS(自填)：
註 2：近 4 季(2019/Q3～2020/Q2)EPS＝2.39 元	註 7：買前基準買價(自填)：
註 3：2020/Q2 每股淨值：18.08 元	註 8：買前複查買價(自填)：
註 4：2020/10/30 股價：18.05 元(P/B＝1.00)	註 9：買前適當買價(自填)：
註 5：2020/10/30 適當買價：14.7 元。	註 10：本次買入價(自填)：

⑳遠傳(4904)

★基本資料★

成立：1997/04/11	上市：2001/12/10	產業別：通信網路業
地址：台北市敦化南路二段 207 號 28 樓	電話：(02)7723-5000	發言人：郎亞玲 (企業社會責任資深協理)
主要業務： (2019 年)	行動通信服務 49.12%、商品及其他 43.34%、數據通訊服務 4.48%、國際通信服務 1.91%、國內固定通信業務 1.16%。	
2020 年 Q2：資本額 325.9 億元，總資產 1,790 億元。 Q1~Q2 累計：EPS：1.36 元，ROE：6.34 %。		

表 7-20a〉 遠傳(4904)股利政策　　　　　　　　　　　　　　(單位：元)

年度	現金股利	盈餘配股	公積配股	股票股利	合計
2019	3.25	0.00	0.00	0.00	3.25
2018	3.75	0.00	0.00	0.00	3.75
2017	3.75	0.00	0.00	0.00	3.75
2016	3.75	0.00	0.00	0.00	3.75
2015	3.75	0.00	0.00	0.00	3.75
2014	3.75	0.00	0.00	0.00	3.75
2013	3.75	0.00	0.00	0.00	3.75
2012	3.50	0.00	0.00	0.00	3.50
2011	3.00	0.00	0.00	0.00	3.00
2010	2.50	0.00	0.00	0.00	2.50

表 7-20b〉 遠傳(4904)年度交易資訊

年度	張數	金額(仟元)	筆數(仟)	最高價	日期	最低價	日期	收盤均價
2019	606,263	44,597,047	311	79.00	6/27	70.80	8/2	73.76
2018	842,783	62,830,895	426	79.40	7/10	69.80	8/16	74.53
2017	900,145	66,675,896	436	79.90	6/26	70.20	11/1	73.77
2016	1,198,021	87,513,059	606	81.90	7/11	64.50	1/7	73.11
2015	1,085,018	78,378,997	532	80.50	2/24	65.00	12/14	72.28
2014	1,120,475	71,583,163	534	73.00	12/31	57.00	9/16	64.24
2013	1,536,074	107,856,927	609	83.00	7/23	59.60	10/22	71.04
2012	1,944,796	127,000,295	689	76.10	12/12	53.00	1/18	66.56
2011	1,444,632	69,740,646	498	61.10	11/29	41.55	2/15	46.89
2010	1,148,258	45,981,840	324	45.60	8/9	36.90	2/10	40.71

表 7-20c〉 遠傳(4904)近 4 季與近 5 年的 EPS

獲利能力 (2020 第 2 季)		近 4 季每股盈餘(EPS)		近 5 年每股盈餘(EPS)	
營業利益率	15.90%	2019 第 3 季	0.67 元	2015 年	3.52 元
稅前淨利率	14.91%	2019 第 4 季	0.66 元	2016 年	3.50 元
資產報酬率(ROA)	1.38%	2020 第 1 季	0.67 元	2017 年	3.33 元
股東權益報酬率(ROE)	3.29%	2020 第 2 季	0.69 元	2018 年	2.88 元
每股淨值	19.47 元	近 4 季 EPS 和	2.69 元	2019 年	2.68 元

表 7-20d〉 遠傳(4904)收租股買前檢查表

西元 (年)	最高價 (元)	最低價 (元)	收盤均價 (元)	每股淨值 (元)	EPS (元)	本益比 (P/E)	ROE (%)	現金息 (元)	現金殖利率 (%)	現金配息率 (%)	負債比 (%)	董監事持股 (%)	外資持股 (%)
2015	80.50	65.00	72.28	22.07	3.52	20.53	15.95	3.75	5.19	106.53	46.92	32.9	31.5
2016	81.90	64.50	73.11	21.79	3.50	20.89	16.06	3.75	5.13	107.14	45.99	32.9	35.0
2017	79.90	70.20	73.77	21.41	3.33	22.15	15.55	3.75	5.08	112.61	46.92	32.9	31.0
2018	79.40	69.80	74.53	22.50	2.88	25.88	12.80	3.75	5.03	130.21	41.62	32.9	26.1
2019	79.00	70.80	73.76	21.41	2.68	27.52	12.52	3.25	4.41	121.27	47.37	32.9	23.0
平均					3.18	23.40	14.58	3.65	4.97	115.55			
是否符合 SOP：					X	○	▲	○		○	○		○

②複查買價=平均 P/E×近 4 季 EPS
=15×2.69 元≒40.4 元
※平均 P/E≧15，取 15 計算

①基準買價=3.65 元×15=54.8 元
買入 P/E=基準買價÷近 4 季 EPS
=54.8 元÷2.69 元=20.4
※20.4＞15，不可

③近 5 年最低價=64.50 元
※近 4 季 EPS 和異常低時用

註 1：近 5 年配股記錄：無
註 2：近 4 季(2019/Q3～2020/Q2)EPS=2.69 元
註 3：2020/Q2 每股淨值：19.47 元
註 4：2020/10/30 股價：60.00 元(P/B=3.08)
註 5：2020/10/30 適當買價：40.4 元。

註 6：買前近 4 季 EPS(自填)：
註 7：買前基準買價(自填)：
註 8：買前複查買價(自填)：
註 9：買前適當買價(自填)：
註 10：本次買入價(自填)：

㉑和碩(4938)

★基本資料★

成立：2007/06/27	上市：2010/06/24	產業別：電腦及週邊設備業
地址：台北市北投區立功街76號5樓	電話：(02)8143-9001	發言人：吳薌薌(財務長)
主要業務(2019年)：C電子產品96.50%、其他3.50%。		
2020年Q2：資本額261.1億元，總資產6,283億元。		
Q1～Q2累計：EPS：3.30元，ROE：4.92%。		

表 7-21a 和碩(4938)股利政策　　　　　　　　　　　　　　(單位：元)

年度	現金股利	盈餘配股	公積配股	股票股利	合計
2019	4.50	0.00	0.00	0.00	4.50
2018	3.50	0.00	0.00	0.00	3.50
2017	4.00	0.00	0.00	0.00	4.00
2016	4.93	0.00	0.00	0.00	4.93
2015	5.03	0.00	0.00	0.00	5.03
2014	4.04	0.00	0.00	0.00	4.04
2013	2.77	0.00	0.00	0.00	2.77
2012	1.48	0.00	0.00	0.00	1.48
2011	0.00	0.00	0.00	0.00	0.00
2010	1.45	0.00	0.00	0.00	1.45

表 7-21b 和碩(4938)年度交易資訊

年度	張數	金額(仟元)	筆數(仟)	最高價	日期	最低價	日期	收盤均價
2019	1,850,140	106,396,958	861	71.50	11/21	46.75	1/8	55.89
2018	1,856,113	122,437,115	899	81.90	1/30	48.20	11/13	64.90
2017	1,886,246	156,178,254	970	100.00	7/19	67.50	12/4	84.97
2016	2,278,250	168,771,870	1,171	86.80	10/27	60.20	5/13	74.60
2015	2,550,524	216,468,821	1,284	98.40	7/20	71.20	8/24	85.32
2014	3,108,746	174,121,138	1,208	75.30	11/24	37.80	2/5	54.43
2013	2,851,797	126,205,829	1,050	55.40	5/17	33.85	11/22	43.79
2012	2,803,270	110,918,513	1,069	48.10	3/28	32.40	1/2	39.27
2011	1,596,660	51,835,041	653	42.20	1/4	24.70	8/22	32.16
2010	1,432,969	54,911,881	591	46.20	9/21	29.10	7/2	39.67

表 7-21c 和碩(4938)近 4 季與近 5 年的 EPS

獲利能力 (2020 第 2 季)		近 4 季每股盈餘(EPS)		近 5 年每股盈餘(EPS)	
營業利益率	1.97%	2019 第 3 季	2.41 元	2015 年	9.23 元
稅前淨利率	3.29%	2019 第 4 季	3.15 元	2016 年	7.50 元
資產報酬率(ROA)	1.36%	2020 第 1 季	0.59 元	2017 年	5.66 元
股東權益報酬率(ROE)	4.30%	2020 第 2 季	2.71 元	2018 年	4.25 元
每股淨值	58.60 元	近 4 季 EPS 和	8.86 元	2019 年	7.40 元

表 7-21d 和碩(4938)收租股買前檢查表

西元(年)	最高價(元)	最低價(元)	收盤均價(元)	每股淨值(元)	EPS(元)	本益比(P/E)	ROE(%)	現金息(元)	現金殖利率(%)	現金配息率(%)	負債比(%)	董監事持股(%)	外資持股(%)
2015	98.40	71.20	85.32	57.78	9.23	9.24	15.97	5.03	5.90	54.50	59.60	5.8	51.2
2016	86.80	60.20	74.60	57.58	7.50	9.95	13.03	4.93	6.61	65.73	59.00	3.8	53.1
2017	100.00	67.50	84.97	55.85	5.66	15.01	10.13	4.00	4.71	70.67	63.19	3.8	47.9
2018	81.90	48.20	64.90	57.44	4.25	15.27	7.40	3.50	5.39	82.35	68.09	3.8	40.2
2019	71.50	(46.75)	55.89	60.39	7.40	7.55	12.25	4.50	8.05	60.81	66.13	3.9	45.5
平均					6.81	11.41	11.76	4.39	6.13	66.81			
是否符合 SOP：						○	◆		○	◆	X		○

②**複查買價**=平均 P/E×近 4 季 EPS
=11.41×8.86 元=101.1 元

③**近 5 年最低價**=46.75 元
※近 4 季 EPS 和異常低時用

①**基準買價**=4.39 元×15=(65.9 元)
買入 P/E=基準買價÷近 4 季 EPS
=65.9 元÷8.86 元=7.4
※7.4<15，OK

註 1：近 5 年配股記錄：無	註 6：買前近 4 季 EPS(自填)：
註 2：近 4 季(2019/Q3～2020/Q2)EPS=8.86 元	註 7：買前基準買價(自填)：
註 3：2020/Q2 每股淨值：58.60 元	註 8：買前複查買價(自填)：
註 4：2020/10/30 股價：61.50 元(P/B=1.05)	註 9：買前適當買價(自填)：
註 5：2020/10/30 適當買價：65.9 元。	註 10：本次買入價(自填)：

㉒上海銀(5876)

★基本資料★

成立：1954/09/09	上市：2018/10/19	產業別：金融保險業
地址：台北市中山區民生東路 二段149號3樓至12樓	電話：(02)2581-7111	發言人：林志宏 (執行副總經理)

主要業務： 淨利息收益 73.13%、手續費 15.94%、透過其他綜合損益按公允價
(2019 年) 值 3.46%、公平價值變動之金融資產與金 2.42%、兌換損益 2.34%、
其他利息以外淨收益 2.25%、其他…。

2020 年 Q2：資本額 448.2 億元，總資產 21,201 億元。
Q1～Q2 累計：EPS：1.52 元，ROE：4.36 %。

表 7-22a 上海銀(5876)股利政策　　　　　　　　　　　　(單位：元)

年度	現金股利	盈餘配股	公積配股	股票股利	合計
2019	2.05	0.00	0.00	0.00	2.05
2018	2.00	0.00	0.00	0.00	2.00
2017	1.80	0.00	0.00	0.00	1.80
2016	1.50	0.00	0.00	0.00	1.50
2015	1.50	0.20	0.00	(0.20)	1.70
2014	1.50	0.50	0.00	0.50	2.00
2013	1.50	0.25	0.00	0.25	1.75
2012	1.50	0.00	0.00	0.00	1.50
2011	1.50	0.50	0.00	0.50	2.00
2010	3.00	0.00	0.00	3.00	3.00

表 7-22b 上海銀(5876)年度交易資訊

年度	張數	金額(仟元)	筆數(仟)	最高價	日期	最低價	日期	收盤均價
2019	2,201,577	109,758,095	742	58.30	6/5	39.70	1/3	50.64
2018	367,279	14,254,609	140	41.00	11/13	34.50	10/19	39.06
2017								
2016								
2015								
2014								
2013								
2012								
2011								
2010								

表 7-22c 上海銀(5876)近 4 季與近 5 年的 EPS

獲利能力 (2020 第 2 季)		近 4 季每股盈餘(EPS)		近 5 年每股盈餘(EPS)	
營業利益率	0.00%	2019 第 3 季	0.91 元	2015 年	2.98 元
稅前淨利率	40.27%	2019 第 4 季	0.80 元	2016 年	2.89 元
資產報酬率(ROA)	0.20%	2020 第 1 季	0.81 元	2017 年	3.04 元
股東權益報酬率(ROE)	2.04%	2020 第 2 季	0.71 元	2018 年	3.37 元
每股淨值	33.52 元	近 4 季 EPS 和	3.23 元	2019 年	3.50 元

表 7-22d 上海銀(5876)收租股買前檢查表

西元 (年)	最高價 (元)	最低價 (元)	收盤 均價 (元)	每股 淨值 (元)	EPS (元)	本益比 (P/E)	ROE (%)	現金息 (元)	現金 殖利率 (%)	現金 配息率 (%)	負債比 (%)	董監事 持股 (%)	外資 持股 (%)
2015					2.98			1.50			90.41	4.1	N/A
2016					2.89			1.50			90.10	4.1	N/A
2017	★2018 年 10 月上市				3.04			1.80			90.60	4.1	N/A
2018	41.00	34.50	39.06	32.07	3.37	11.59	10.51	2.00	5.12	59.35	90.59	4.1	47.5
2019	58.30	39.70	50.64	34.35	3.50	14.47	10.19	2.05	4.05	58.57	90.16	4.1	58.0
平均					3.44	13.03	10.35	2.03	4.58	58.96			
是否符合 SOP：					○	◆	▲	▲	N/A			○	

②複查買價=平均 P/E×近 4 季 EPS
　　　　　=13.03×3.23 元=42.1 元

③近 5 年最低價=34.50 元
※近 4 季 EPS 和異常低時用

①基準買價=2.03 元×15=30.5 元
買入 P/E=基準買價÷近 4 季 EPS
　　　　=30.5 元÷3.23 元=9.4
※9.4＜15，OK

註 1：近 5 年配股記錄：1 次配股(表 7-22a)	註 6：買前近 4 季 EPS(自填)：
註 2：近 4 季(2019/Q3～2020/Q2)EPS=3.23 元	註 7：買前基準買價(自填)：
註 3：2020/Q2 每股淨值：33.52 元	註 8：買前複查買價(自填)：
註 4：2020/10/30 股價：37.05 元，(P/B=1.11)	註 9：買前適當買價(自填)：
註 5：2020/10/30 適當買價：30.5 元。	註 10：本次買入價(自填)：

㉓台塑化(6505)

★基本資料★

成立：1992/04/06	上市：2003/12/26	產業別：油電燃氣業
地址：台北市敦化北路201號 後棟4樓377室	電話：(02)2712-2211	發言人：林克彥 (執行副總經理)
主要業務： (2019年)	石化產品 28.04%、柴油 27.97%、汽油 15.16%、輕油 9.01%、航空燃油及煤油 6.82%、電力 3.83%、燃料油 2.64%、基礎油 2.42%、蒸汽供應 2.25%、液化天然氣(LNG)1.88%。	
2020年 Q2：資本額 952.6 億元，總資產 3,600 億元。 Q1～Q2 累計：EPS：-1.96 元，ROE：-6.16 %。		

表 7-23a 台塑化(6505)股利政策

(單位：元)

年度	現金股利	盈餘配股	公積配股	股票股利	合計
2019	2.90	0.00	0.00	0.00	2.90
2018	4.80	0.00	0.00	0.00	4.80
2017	6.30	0.00	0.00	0.00	6.30
2016	6.00	0.00	0.00	0.00	6.00
2015	4.00	0.00	0.00	0.00	4.00
2014	0.85	0.00	0.00	0.00	0.85
2013	2.50	0.00	0.00	0.00	2.50
2012	0.26	0.00	0.00	0.00	0.26
2011	2.00	0.00	0.00	0.00	2.00
2010	3.90	0.00	0.00	0.00	3.90

表 7-23b 台塑化(6505)年度交易資訊

年度	張數	金額(仟元)	筆數(仟)	最高價	日期	最低價	日期	收盤均價
2019	648,010	68,524,338	393	119.00	6/19	94.00	8/16	105.92
2018	743,908	89,928,227	405	151.00	9/28	100.50	12/25	120.40
2017	742,963	79,609,539	386	119.00	6/27	101.00	5/10	106.66
2016	944,319	87,159,780	543	115.00	12/12	74.30	1/7	92.85
2015	902,523	67,349,124	455	84.40	10/12	63.90	8/24	74.37
2014	682,386	50,989,118	284	84.00	1/10	63.10	12/15	73.99
2013	496,916	39,492,911	251	88.50	1/3	69.00	6/25	79.56
2012	511,771	44,761,937	282	97.00	4/2	77.50	6/8	86.93
2011	813,446	75,692,289	362	112.00	7/25	76.60	8/19	93.55
2010	749,933	60,246,833	276	99.10	12/31	71.00	8/27	81.30

表 7-23c　台塑化(6505)近 4 季與近 5 年的 EPS

獲利能力 (2020 第 2 季)		近 4 季每股盈餘(EPS)		近 5 年每股盈餘(EPS)	
營業利益率	-15.00%	2019 第 3 季	1.31 元	2015 年	4.97 元
稅前淨利率	-13.87%	2019 第 4 季	0.75 元	2016 年	7.95 元
資產報酬率(ROA)	-2.37%	2020 第 1 季	-1.05 元	2017 年	8.42 元
股東權益報酬率(ROE)	-3.02%	2020 第 2 季	-0.91 元	2018 年	6.31 元
每股淨值	28.00 元	近 4 季 EPS 和	0.10 元	2019 年	3.86 元

表 7-23d　台塑化(6505)收租股買前檢查表

西元(年)	最高價(元)	最低價(元)	收盤均價(元)	每股淨值(元)	EPS(元)	本益比(P/E)	ROE(%)	現金息(元)	現金殖利率(%)	現金配息率(%)	負債比(%)	董監事持股(%)	外資持股(%)
2015	84.40	63.90	74.37	28.00	4.97	14.96	17.75	4.00	5.38	80.48	37.31	81.5	8.4
2016	115.00	74.30	92.85	32.44	7.95	11.68	24.51	6.00	6.46	75.47	31.67	81.5	9.1
2017	119.00	101.00	106.66	35.83	8.42	12.67	23.50	6.30	5.91	74.82	20.25	81.6	9.3
2018	151.00	100.50	120.40	35.45	6.31	19.08	17.80	4.80	3.99	76.07	16.05	75.8	9.0
2019	119.00	94.00	105.92	34.67	3.86	27.44	11.13	2.90	2.74	75.13	16.09	75.8	7.9
平均					6.30	17.17	18.94	4.80	4.89	76.40			
是否符合 SOP：						▲	○		▲	○	○		○

②複查買價=平均 P/E×近 4 季 EPS
　　　　　=15×0.1 元=1.5 元
　※平均 P/E≧15，取 15 計算

①基準買價=4.80 元×15=72 元
　買入 P/E=基準買價÷近 4 季 EPS
　　　　　=72 元÷0.10 元=720
　※720＞15，不可

③近 5 年最低價=63.90 元
　※近 4 季 EPS 和異常低時用

註 1：近 5 年配股記錄：無
註 2：近 4 季(2019/Q3～2020/Q2)EPS=0.10 元
註 3：2020/Q2 每股淨值：28.00 元
註 4：2020/10/30 股價：78.60 元，(P/B=2.81)
註 5：2020/10/30 適當買價：近 5 年最低價 63.9 元。

註 6：買前近 4 季 EPS(自填)：
註 7：買前基準買價(自填)：
註 8：買前複查買價(自填)：
註 9：買前適當買價(自填)：
註 10：本次買入價(自填)：

㉔寶成(9904)

★基本資料★

成立：1969/09/04	上市：1990/01/19	產業別：其他
地址：台中市西屯區台灣大道四段 600 號	電話：(04)2461-5678	發言人：何明坤 (執行協理)
主要業務：鞋類製造 59.22%、運動用品零售及品牌代理 40.51%、其他 0.27% (2019 年)		
2020 年 Q2：資本額 294.7 億元，總資產 3,590 億元。　　Q1～Q2 累計：EPS：0.22 元，ROE：-0.76 %。		

表 7-24a　寶成(9904)股利政策　　　　　　　　　　　　　(單位：元)

年度	現金股利	盈餘配股	公積配股	股票股利	合計
2019	1.25	0.00	0.00	0.00	1.25
2018	1.50	0.00	0.00	0.00	1.50
2017	2.00	0.00	0.00	0.00	2.00
2016	1.50	0.00	0.00	0.00	1.50
2015	1.50	0.00	0.00	0.00	1.50
2014	1.50	0.00	0.00	0.00	1.50
2013	1.00	0.00	0.00	0.00	1.00
2012	1.50	0.00	0.00	0.00	1.50
2011	1.30	0.00	0.00	0.00	1.30
2010	1.20	0.00	0.00	0.00	1.20

表 7-24b　寶成(9904)年度交易資訊

年度	張數	金額(仟元)	筆數(仟)	最高價	日期	最低價	日期	收盤均價
2019	1,442,249	55,217,321	660	42.50	10/21	32.00	1/2	38.18
2018	1,276,573	44,804,290	579	39.75	1/29	28.95	10/12	34.91
2017	975,080	39,256,659	469	43.95	4/11	36.00	11/30	40.14
2016	1,371,583	57,479,052	708	49.80	8/18	36.10	1/27	42.07
2015	2,291,017	104,214,876	1,074	53.60	10/6	37.00	7/9	45.00
2014	1,738,527	63,804,052	750	44.75	1/2	29.25	10/17	36.44
2013	1,770,244	58,550,452	676	45.30	12/30	27.45	6/13	32.75
2012	1,507,752	42,295,923	502	32.20	10/19	23.50	4/17	27.24
2011	1,046,206	26,502,112	349	29.25	1/13	20.10	9/26	25.10
2010	2,441,030	64,240,217	654	29.60	11/1	22.00	2/6	26.18

表 7-24c 寶成(9904)近 4 季與近 5 年的 EPS

獲利能力 (2020 第 2 季)		近 4 季每股盈餘(EPS)		近 5 年每股盈餘(EPS)	
營業利益率	-3.33%	2019 第 3 季	1.49 元	2015 年	3.24 元
稅前淨利率	-0.68%	2019 第 4 季	0.17 元	2016 年	4.43 元
資產報酬率(ROA)	-0.27%	2020 第 1 季	0.40 元	2017 年	4.38 元
股東權益報酬率(ROE)	-0.81%	2020 第 2 季	-0.18 元	2018 年	3.63 元
每股淨值	39.64 元	近 4 季 EPS 和	1.88 元	2019 年	4.01 元

表 7-24d 寶成(9904)收租股買前檢查表

西元(年)	最高價(元)	最低價(元)	收盤均價(元)	每股淨值(元)	EPS(元)	本益比(P/E)	ROE(%)	現金息(元)	現金殖利率(%)	現金配息率(%)	負債比(%)	董監事持股(%)	外資持股(%)
2015	53.60	37.00	45.00	23.51	3.24	13.89	13.78	1.50	3.33	46.30	44.84	8.8	58.3
2016	49.80	36.10	42.07	25.69	4.43	9.50	17.24	1.50	3.57	33.86	44.53	8.6	58.9
2017	43.95	36.00	40.14	28.38	4.38	9.16	15.43	2.00	4.98	45.66	47.54	8.6	56.1
2018	39.75	28.95	34.91	26.42	3.63	9.62	13.74	1.50	4.30	41.32	49.98	8.6	55.8
2019	42.50	32.00	38.18	39.84	4.01	9.52	10.07	1.25	3.27	31.17	47.70	8.6	60.9
平均					3.94	10.34	14.05	1.55	3.89	39.66			
是否符合 SOP：						○	○	X	X		○		○

②複查買價=平均 P/E×近 4 季 EPS
=10.34×1.88 元=19.4 元

①基準買價=1.55 元×15=23.3 元
買入 P/E=基準買價÷近 4 季 EPS
=23.3 元÷1.88 元=12.4
※12.4＜15，OK

③近 5 年最低價=28.95 元
※近 4 季 EPS 和異常低時用

註 1：近 5 年配股記錄：無
註 2：近 4 季(2019/Q3～2020/Q2)EPS=1.88 元
註 3：2020/Q2 每股淨值：39.64 元
註 4：2020/10/30 股價：25.20 元(P/B=0.64)
註 5：2020/10/30 適當買價：近 5 年最低價 28.95 元。

註 6：買前近 4 季 EPS(自填)：
註 7：買前基準買價(自填)：
註 8：買前複查買價(自填)：
註 9：買前適當買價(自填)：
註 10：本次買入價(自填)：

㉕中鋼(2002)

★基本資料★

成立：1971/12/03	上市：1974/12/26	產業別：鋼鐵業
地址：高雄市小港區中鋼路 1 號	電話：(07)802-1111	發言人：黃建智 (執行副總經理)
主要業務： **(2019 年)** 熱軋鋼品 38.55%、冷軋鋼 34.31%、棒鋼及線材 15.59%、鋼板 5.85%、H 型鋼 3.09%、鋼管 1.32%、其他鋼品 0.67%、商用扁鋼胚,小鋼胚, 生鐵,鈦,0.35%、窄幅鋼板 0.28%。		
2020 年 Q2：資本額 1,577.3 億元，總資產 6,480 億元。 Q1～Q2 累計：EPS：-0.24 元，ROE：-1.05 %。		

中鋼(2002)是老牌的傳統產業，資本額高達 1,577 億元，在 2012 年前，是被看好的優質定存股，也是股東(散戶)人數最多(※ 100 萬±10%)的股票，此次歷經長達 10 年的衰退期，2019 年 Q4～ 2020 年 Q2 連續 3 季 EPS 為負值(※表 7-25a)，且**買前檢查表 SOP** 出現三個"X"(※表 7-25b)，前景仍不樂觀，目前並不適合買進；不 過，對於不適用典型的**"適當買價"**權值股，可著眼於價差利得， 改以「近 5 年最低價」或「每股淨值」，作為**"適當買價"**。

對於小股民最愛的中鋼(2002)而言，只要股價跌破淨值(※即 P/B≦1.0)時，則可考慮開始"逢低承接、放長線釣大魚"，總有一 天等到你。如表 7-25b 所示，近 15 年來，中鋼(2002)曾在 2008、 2015 及 2016 年，股價 3 次跌破淨值。所以，依經驗法則，當 P/B ≦0.9 時，買進中鋼(2002)不吃虧，短期(一年內)多有 50%價差的 獲利機會，即使長抱仍可當定存股。

股素人在 2011 年 11 月首次以 27.8 元買進當定存股，此後， EPS 及股利均一蹶不振(※表 7-25b)，股素人即是每逢淨值比(P/B) ≦0.9 時再買進中鋼，最低曾買在 17.3 元，9 年來平均殖利率為 3.6%，仍高於銀行的定存利率。

表 7-25a〉 中鋼(2002)近 4 季與近 5 年的 EPS

獲利能力 (2020 第 2 季)		近 4 季每股盈餘(EPS)		近 5 年每股盈餘(EPS)	
營業利益率	-1.43%	2019 第 3 季	0.14 元	2015 年	0.49 元
稅前淨利率	-1.73%	2019 第 4 季	-0.04 元	2016 年	1.04 元
資產報酬率(ROA)	-0.12%	2020 第 1 季	-0.15 元	2017 年	1.09 元
股東權益報酬率(ROE)	-0.40%	2020 第 2 季	-0.09 元	2018 年	1.58 元
每股淨值	18.63 元	近 4 季 EPS 和	-0.14 元	2019 年	0.57 元

表 7-25b〉 中鋼(2002)收租股買前檢查表

西元(年)	最高價(元)	最低價(元)	收盤均價(元)	淨值(元/股)	均價淨值比	EPS(元)	本益比(P/E)	ROE(%)	現金息(元)	現金殖利率(%)	現金配息率(%)
2005	37.55	23.15	30.79	18.71	1.65	4.83	6.37	25.82	3.75	12.18	77.64
2006	34.95	24.40	29.68	18.48	1.61	3.56	8.34	19.26	2.78	9.37	78.09
2007	52.00	32.60	40.65	19.44	2.09	4.49	9.05	23.10	3.50	8.61	77.95
2008	54.40	19.20	39.72	19.55	2.03	2.03	19.57	10.38	1.30	3.27	64.04
2009	33.00	21.00	27.67	18.93	1.46	1.54	17.97	8.14	1.01	3.65	65.58
2010	35.80	29.25	31.90	20.02	1.59	2.83	11.27	14.14	1.99	6.24	70.32
2011	35.80	26.85	31.98	19.51	1.64	1.36	23.51	6.97	1.01	3.16	74.26
2012	30.90	24.00	27.59	18.56	1.49	0.39	70.74	2.10	0.40	1.45	102.56
2013	28.40	23.00	25.88	19.11	1.35	1.05	24.65	5.49	0.70	2.70	66.67
2014	27.00	24.60	25.71	19.72	1.30	1.43	17.98	7.25	1.00	3.89	69.93
2015	26.75	16.75	22.77	19.04	1.20	0.49	46.47	2.57	0.50	2.20	102.04
2016	25.90	17.05	21.80	19.58	1.11	1.04	20.96	5.31	0.85	3.90	81.73
2017	26.40	23.65	24.92	19.67	1.27	1.09	22.86	5.54	0.88	3.53	80.73
2018	25.55	23.20	24.20	20.25	1.20	1.58	15.32	7.80	1.00	4.13	63.29
2019	25.50	22.80	24.21	19.58	1.24	0.57	42.47	2.91	0.50	2.07	87.72
近 5 年平均					1.89		29.62	4.83	0.75	3.16	83.10
是否符合 SOP：							X	X		X	○

②複查買價=平均 P/E×近 4 季 EPS
=29.62×(-0.14)元=-4.15 元
※EPS 為負值，不可

①基準買價=0.75 元×15=11.3 元
買入 P/E=基準買價÷近 4 季 EPS
=11.3÷(-0.14)元=-80.7
※EPS 為負值，不可

③近 5 年最低價=16.75 元
※近 4 季 EPS 和異常低時用

註 1：近 5 年配股記錄：無
註 2：近 4 季(2019/Q3～2020/Q2)EPS=-0.14 元
註 3：2020/Q2 每股淨值：18.63 元
註 4：2020//10/30 股價：20.30 元(P/B=1.09)
註 5：2020//10/30 適當買價：近 5 年最低價 16.75 元。

註 6：買前近 4 季 EPS(自填)：
註 7：買前基準買價(自填)：
註 8：買前複查買價(自填)：
註 9：買前適當買價(自填)：
註 10：本次買入價(自填)：

圖表索引

NOTE

NOTE

國家圖書館出版品預行編目(CIP)資料

拒當下流老人的退休理財計劃/股素人,卡小孜作
--初版.--高雄市：凱達節能科技有限公司,2020.11
面；14.8*21.0 公分
ISBN 978-986-89257-4-8 (平裝)
1.理財 2.生涯規劃 3.退休
563   109017489

拒當下流老人的退休理財計劃

作　　者：股素人、卡小孜

排版編輯：李宜庭、何孟樺

出 版 者：凱達節能科技有限公司

　　　　　81358 高雄市左營區德威街 106 號
　　　　　電話：(07)5571755
　　　　　傳真：(07)5572055
　　　　　email：sales.tempace@msa.hinet.net
　　　　　http://www.tempace.com.tw

代理經銷：白象文化事業有限公司
　　　　　401 台中市東區和平街 228 巷 44 號
　　　　　電話：(04)2220-8589
　　　　　傳真：(04)2220-8505

製版印刷：興華印刷所

初版一刷：2020 年 11 月 20 日

定　　價：390 元

I S B N　978-986-89257-4-8